# 넘버 원
# 아프리카

# 넘버 원 아프리카

초판 3쇄 발행 2019년 8월 20일

지은이          문영규, 김안나, 고유영, 한빛나래
발행인          안유석
출판본부장      이승순
편 집          서정욱
내지디자인      박무선
표지디자인      박무선
펴낸곳          처음북스, 처음북스는 (주)처음네트웍스의 임프린트입니다.

출판등록        2011년 1월 12일 제 2011-000009호
전화            070-7018-8812  팩스 02-6280-3032
이메일          cheombooks@cheom.net
홈페이지        cheombooks.net 페이스북 /cheombooks
트위터          @cheombooks

ISBN           979-979-11-7022-171-5 03930

# 넘버 원
# 아프리카

문영규·김안나·고유영·한빛나래 지음

단 하나,
**9개국**

아프리카
가이드북

처음북스

# 아프리카 여행을 꿈꾸는 여행자들에게

## 문영규

2012년, 아프리카 땅에 첫 발걸음을 디뎠다. 스위스 여행이 끝나고 대자연에 대한 갈망으로 아프리카를 동경하게 됐고, 생각한 지 2년이 지난 스물네 살, 도전할 용기가 생겼다. 한 번 발걸음을 들이고 나서는 1~2년 단위로 방문하며 2018년 현재까지 다섯 번의 아프리카 배낭여행을 다녀올 수 있었다. 아프리카로 향하는 사람들을 보면 세계일주를 위해, 미지의 장소에 대한 로망으로, 인생의 전환점을 찾으러, 여행의 끝판왕을 보러 등 여러 목적과  생각을 가지고 출발한다. 그러나 아프리카 여행을 계획할 때 주춤하게 만드는 것들이 있다. 나 역시 이에 공감한다. 막연한 두려움이 가장 큰 장애 요인일 것이고, 실질적으로 준비하다 보면 부정확한 정보, 현지 치안, 생각보다 비싼 투어 비용 등에 부딪힌다. 그럼에도 불구하고 나는 문제 대부분에 대응하며 합리적으로 정보를 공유할 수 있는 방법을 찾아가기 시작했다. 그렇게 여러 번의 배낭여행 경험을 토대로 '아프리카 여행학교'를 열어 여행 준비와 여행 중 애로사항을 함께 해소해나갔고, 어느새 30기에 다다랐다. 이후 온라인에서 소통하다 내가 알고 있는 내용을 정리해 배포하겠다는 마음으로 책 출간에 대한 생각을 확고히 했다. 가기 전 내가 한 고민을, 내가 당한 사기와 불합리를, 내가 겪은 안전문제를 앞으로 아프리카를 여행할 여행자들이 더 이상 겪지 않았으면 한다. 당신의 아프리카 여행이 꼭! 성공적이기를 기원한다.

## 김안나

한국에서 몇 가지 사업을 하다가 문득 경쟁적인 도시 생활에서 벗어나 블루오션을 찾아 새로운 시작을 해보고 싶었다. 조건은 사업 기회가 많을 것, 남반구에 있을 것, 영어를 사용할 것 그리고 한국인이 많지 않을 것. 그렇게 찾은 나라가 남아프리카공화국이었다. 무작정 항공권을 사서 부푼 마음으로 도착한 남아프리카공화국에서 약 2년간의 시장조사와 시행착오 끝에 한국인 여성 청년 최초로 한국과 남아공을 잇는 스타트업을 시작했다. 현지

유학, 비자 발급, 기업 행사 및 전시회 유치 등의 B2C, B2B에 이어 현재는 B2G로도 사업을 확장 중이며, 비슷한 시기에 남편 또한 불평등한 현지의 사회구조를 바꾸는 데 조금이나마 도움이 될 CSV 스타트업을 시작해 남아프리카공화국에서 유망한 브랜드로 성장 중이다. 2015년 처음 남아프리카공화국을 찾았을 때, 이곳에 대한 정보가 너무 부족해 많은 고생을 했다. 가장 기본적인 비자 문제부터 시작해 한국인이 남아프리카공화국에 정착할 때 필요한 그 어떤 정보도 찾기 어려웠지만 감사하게도 남아공에서 맺은 인맥 덕분에 단기간에 남아공의 많은 곳을 둘러보고 깊이 있는 정보를 습득할 수 있었고, 이후에 현지 정보를 한국인들과 공유하는 데 큰 밑거름이 됐다. 나처럼 고생하는 한국인들이 줄어들기를 바라는 마음에 남아공의 다양한 정보를 공유하는 블로그와 카카오톡 오픈채팅방을 만들어 현재까지 운영 중이다. 아직은 생소한 '아프리카'라는 공통점으로 네 명의 저자가 한자리에 모였고, 각자의 역할을 다해 비로소 이 책을 출판할 수 있게 됐다. 이 책을 통해 아프리카를 방문하는 한국인들이 조금이나마 더 최근의, 더 정확한 정보를 접해 아프리카를 더욱 친숙하게 느낄 수 있기를 희망한다.

# 고유영

나의 20대는 여유 없고 빠르게만 지나갔다. 내가
원하는 것이, 하고 싶은 일이 무엇인지조차 몰랐
다. 남들과 마찬가지로 남들에게 뒤처질까 봐 전전
긍긍했고 뒤처지지 않으려 더 열심히 했다. 그리고
20대가 끝나갈 무렵, 공허함이 밀려왔다. 단 한 번
도 내가 하고 싶은 일을 하지 않았다는 것이 슬퍼
졌다. 직장을 미련 없이 그만두고 내가 갈 수 있는
가장 먼 곳을 찾기로 했다. 이왕이면 말이 통하지
않는 곳, 새로운 문화를 접할 수 있는 곳, 나를 시
험해 볼 수 있는 곳을 찾다 보니 아프리카라는 새로운 대륙에 가게 됐다. 세계여
행 경험도 장기여행 경험도 없던 나는 완전 초보 여행자였다. 한 달간 있을 계획
이었던 아프리카에 세 달간 머물렀다. 그리고 내가 하고 싶은 것을 찾았다. 잘 할
수 있는 것, 해보고 싶은 것 그리고 내가 해야 하는 것을 찾은 후 나는 남은 20대
를 누구보다 격렬하고 열정적으로 보냈다. 아프리카는 갇혀있던 나를 깨웠고 한
국밖에 모르던 나에게 새로운 문화와 기회를 알려줬다. 한국의 반대편은 광활
했고 오직 나만 알고 싶을 정도로 매력적이었다. 먼 곳까지 온 나에게 보상이라
도 하듯 나는 나를 위한 20대를 다시 시작할 수 있었다. 킬리만자로가 내게 준
이름, 푸라하.^furaha 내가 받은 행복을 아프리카 청년들과 함께 나눌 수 있는 일을
하려고 스타트업을 시작했다. 그들과 함께하면서 나는 아프리카를 더 가까이 느
끼고 행복을 찾고 있다. 일탈을 위해 아프리카로 떠난다면, 새로운 무언가를 찾
는다면 망설이지 말고 행복을 느끼고 오기를 바란다. 두려워하지 말고 지금 말
이다. 당신이 지금 떠나야 할 이유는 충분하다. 힘들고 지치는 여행이 될지라도
아프리카 여행은 나를 찾는 여행으로 완벽할 것이다.

# 한빛나래

## 나의, 당신의, 우리의 아프리카를 응원하며

"왜 하필 아프리카야?"라는 질문에 어떻게 대답을 해야 내가 아프리카에 빠진 '정당성'을 인정받을 수 있을지 고민하던 때가 있었다. 그러던 중 아프리카는 꽤 알려졌고, 어느 순간 나는 '겁 없는 여자아이' 대신 '부러운 여행자'가 돼 있었다. 뉴욕 월스트리트의 작은 스튜디오에서 세계지도를 펴놓고 '아프리카에 가야지'라고 결심한 나는 당돌하게 혼자 배낭을 메고 이름도 잘 모르는 아프리카의 국가들로 떠났고, 계절이 두 번이나 바뀌는 동안 그곳에서 많은 이와, 또 많은 나라와 사랑에 빠졌다. 아프리카를 여행하는 내내 가장 아쉬웠던 점은 '선택의 기회'였다. 여행자 수가 적어 주관적인 정보가 많았고, 또한 아프리카는 위험하다는 편견 때문에 그저 남들이 다녀온 곳에만 갈 수밖에 없었다. 아프리카에는 다양한 투어 회사와 호스텔이 있지만 한국인들은 가는 곳만 갔고, 그러다 보니 우리의 선택을 받은 행운의 업체들이 점점 배가 불러 결국 여행의 질이 낮아지는 불공정함이 반복됐다. 나는 여행자들이 이 책을 읽고 더 다양한 선택지를 가지고 합리적인 여행을 하기를 바란다. 또한 그 경험이 공정여행이 더욱 당연해지는 계기가 됐으면 좋겠다. 이 책 곳곳에 흔적이 남아있는, 공정여행사를 만들겠다는 내 젊은 패기의 결과물, 프라이빗 투어 전문 여행사 '뽈레뽈레 투어', 내 여행을 찬란하게 만들어 준 아프리카 여행 동행들, 믿음으로 지켜봐주는 우리 가족, 항상 나를 조용히 응원해주는 모든 친구와 길에서 만난 모든 이에게 감사의 마음을 전한다. 아프리카가 언제까지나 내가 처음 본 때의 순수한 아프리카로 남아있으면 좋겠다는 욕심은 잠시 접어두고, 이 책을 보고 많은 사람이 아프리카를 안전하게 방문하기를, 나와 같은 감정으로 돌아오기를 바란다.

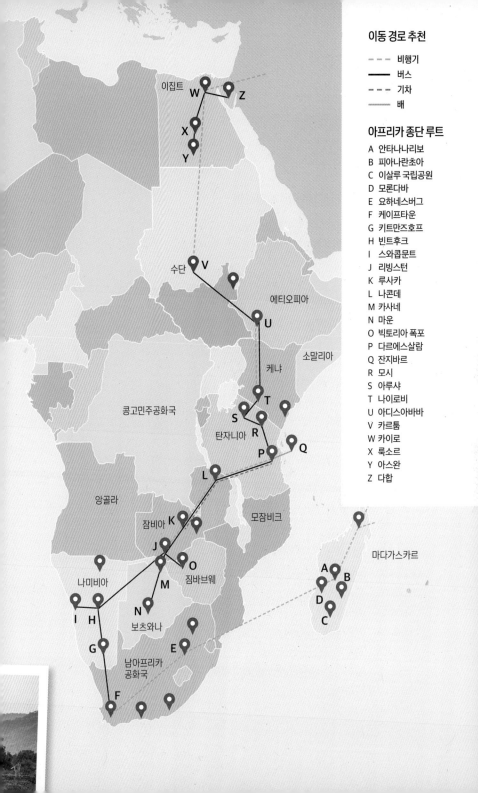

이동 경로 추천

- - - - 비행기
——— 버스
- - - - 기차
——— 배

## 아프리카 종단 루트

A 안타나나리보
B 피아나란초아
C 이살루 국립공원
D 모론다바
E 요하네스버그
F 케이프타운
G 키트만즈호프
H 빈트후크
I 스와콥문트
J 리빙스턴
K 루사카
L 나콘데
M 카사네
N 마운
O 빅토리아 폭포
P 다르에스살람
Q 잔지바르
R 모시
S 아루샤
T 나이로비
U 아디스아바바
V 카르툼
W 카이로
X 룩소르
Y 아스완
Z 다합

이집트
수단
에티오피아
소말리아
케냐
콩고민주공화국
탄자니아
앙골라
모잠비크
잠비아
짐바브웨
나미비아
보츠와나
남아프리카
공화국
마다가스카르

# CONTENTS

# Namibia

## Part 03 나미비아

# Botswana

## Part 04 보츠와나

# Zambia

## Part 05 잠비아

# Zimbabwe

**Part 06  짐바브웨**

# Tanzania

**Part 07  탄자니아**

# Ethiopia

**Part 08  에티오피아**

# Kenya

# Egypt

Africa

# PART 01

# 아프리카 여행을 계획하며

아프리카는 미디어와 인터넷에서 흔히 미개한 곳, 위험한 곳 등 야만적인 느낌으로 그려진다. 특히 인터넷에 떠도는 속칭 '썰'을 보면 '정말 여행해도 될까?'라는 두려움이 든다. 여러 차례 여행을 다녀본 결과, 그런 일이 아예 일어나지 않는 것은 아니다. 하지만 이는 아프리카뿐 아니라 세계 어디에서나 일어날 수 있는 일이며, 기본 수칙을 준수한다면 사고 확률을 많이 낮출 수 있으니 걱정하지 말자. 여기서 기본 수칙이란 밤에 돌아다니지 않기, 되도록 혼자 다니지 않기, 모르는 사람 따라가지 않기, 외진 곳이나 타운십 등 안전이 보장되지 않는 곳 가지 않기 등 우리가 흔히 알고 있는 위험한 행동을 하지 않는 것을 뜻한다.

Chapter
**01** 아프리카 여행 들어가기

## 아프리카에 대한 편견

 ### 아프리카는 한 개의 나라다?

아프리카는 하나의 국가가 아닌 약 54개의 국가로 이뤄진 집합체다. 아프리카 대륙을 '아프리카'라고 부르면서도 이곳이 많은 나라가 존재하는 커다란 대륙임을 모르는 사람이 많다. 다양한 국가의 문화와 가치관의 존재를 아는 것이 아프리카 여행의 출발점이다.

 ### 아프리카 사람들은 위험하다?

아프리카는 미디어와 인터넷에서 흔히 미개한 곳, 위험한 곳 등 야만적인 느낌으로 그려진다. 특히 인터넷에 떠도는 속칭 '썰'을 보면 '정말 여행해도 될까?'라는 두려움이 든다. 여러 차례 여행을 다녀본 결과, 그런 일이 아예 일어나지 않는 것은 아니다. 하지만 이는 아프리카뿐 아니라 세계 어디에서나 일어날 수 있는 일이며, 기본 수칙을 준수한다면 사고 확률을 많이 낮출 수 있으니 걱정하지 말자.

★ 여기서 기본 수칙이란 밤에 돌아다니지 않기, 되도록 혼자 다니지 않기, 모르는 사람 따라가지 않기, 외진 곳이나 타운십 등 안전이 보장되지 않는 곳 가지 않기 등 우리가 흔히 알고 있는 위험한 행동을 하지 않는 것을 뜻한다.

 ### 아프리카는 가난하다?

아프리카 국가들의 GDP가 우리나라 대비 낮은 것은 사실이다. 그래서 다들 다짜고짜 돈 달라며 달려들 것이라고 생각하지만, 오히려 행복지수는 아프리카가 우리나라보다 높은 편이며 국민들도 마음이 풍요롭고 나눌 줄 안다. 나라가 가난하다고 국민의 마음까지 가난하지는 않으니 그들을 동정할 필요는 없다. 실제로 으리으리한 저택과 좋은 차를 가진 부자도 매우 많다.

---

**| 함께 보면 좋은 사이트 |**

전 세계 공항 노숙 www.sleepinginairports.net  질병관리본부 www.cdc.go.kr
항공기별 등급제 www.airlinequality.com  외교부 해외안전여행 도우미 www.0404.go.kr

# Chapter 02

# 여행 계획하기

## 아프리카 들여다보기

아프리카는 크게 다섯 구획, 동, 서, 남, 북 그리고 중앙으로 나눌 수 있다. 이 중 서부는 아직 미지의 영역이다. 관광지로서의 개발도 타 국가들만큼 돼있는 편이 아니라 많이 가는 여행지로 꼽히지 않는다. 또한 중앙의 경우 중앙아프리카공화국, 콩고민주공화국 등이 있으나 역시 내전, 에볼라와 같은 좋지 않은 이유 때문에 여행 기피 지역으로 꼽힌다. 따라서 북, 동, 남아프리카를 중심으로 여행하는 경우가 대부분이다.

## 나의 여행 스타일은?

아프리카를 여행하는 방법 역시 여러 가지가 있다. 보다 공격적인 여행을 할 수도 있으며, 안전을 1순위로 여행하는 방법도 있다. 개인의 성향에 따라 선택할 수 있는 부분이니 다음 설명을 보고 나에게 가장 적합한 여행 스타일을 찾아보자.

##  자유 여행

자유 여행은 보통 '여행은 스스로 일정을 짜고 각자 꾸려나가는 것'이라고 생각하는 여행자들이 선택하는 방식이다. 여행사나 일정에 묶여있지 않으므로 쉬고 싶은 만큼 쉬고, 구경하고 싶은 만큼 구경하는 등 일정 조정이 가능하다. 하지만 아프리카 배낭여행의 경우 이미 배낭여행 경험이 있거나 어느 정도 여행 경력이 있는 사람과 동행하기를 권한다. 유럽이나 미국의 깔끔한 행정 처리와 달리 아프리카에는 생각보다 느린 일처리와 예기치 못한 일이 도사리고 있는 경우가 많으며, 때로는 부당한 일을 당하거나 뇌물을 갈취당할 수도 있다. 이때 다른 국가를 자유 여행한 경험이 있는 사람이 상황에 보다 능숙하게 대처할 수 있을 것이다. 반대로 아프리카 여행 경험이 있는 사람이라면 전 세계 어느 국가든 문제없이 여행할 수 있을 것이다.

##  패키지 여행

아프리카는 아직 패키지 투어가 많이 준비돼 있지 않다. 또한 희소성이 있는 만큼 가격이 비싸거나 불필요한 일정을 넣어 여행사에 유리하게 운영하는 경우가 많아 추천하지 않는다. 국내 메이저 여행사에도 간혹 아프리카 상품이 있으나, 일정 및 비용에서 아쉬운 면이 있다.

## 트럭킹

트럭킹은 여행 중 새로운 사람들과 어울리고 싶거나 다양한 지역을 안전하고 알차게 여행하고 싶은 사람에게 강력 추천하는 방법이다. 개조된 트럭을 타고 이미 짜여 있는 코스를 다니는데, 이동, 음식 및 숙소가 해결되므로 신경 쓸 부분은 여행을 즐기는 것뿐이다. 특히 초보 여행자라면 혼자 다니는 것보다 저렴하게 여행할 수도 있다. 단점이라면 한 트럭 안에서 여러 사람과 오랜 시간을 보내야 하고 이동거리가 길어 무리로 어울리기를 싫어하거나 빡빡한 스케줄이 부담스러운 여행자에게는 권하지 않는다.

## 렌트 여행

렌트 여행은 나미비아, 남아프리카 공화국 등 특정 나라에서만 권장한다. 다른 나라들은 도로가 잘 닦여있지 않을 뿐만 아니라 아직 렌트 시스템이 덜 갖춰진 곳이 많다. 또한 아프리카의 렌터카는 차량의 상태가 좋지 않을 때가 많아 고장도 잦은 편이다. 그러니 기본적인 차량정비 방법 정도는 알고 가는 편이 좋다. 나미비아의 성수기 때는 렌터카, 특히 오토매틱 차량을 예약하기 어려울 수 있으니 사전에 예약하기를 권한다.

## 여권 준비하기

 **서류 준비**

성인 여권발급 신청서, 여권 사진 1매, 신분증(군인의 경우 국외여행허가서)
미성년자 여권발급 신청서, 신분증, 여권 사진 1매

 **사진 준비**

가로 3.5cmX세로 4.5cm 여권 사진
얼굴에 과한 보정을 하지 말 것
흰색 배경 외의 배경을 쓰지 말 것
흰색 옷을 입지 말 것(배경과 중복)

 **여권 종류 고르기**

| 성인 | 구분 | 10년 이내 | 5년 미만 |
|---|---|---|---|
| | 24면 | 50,000원 | 15,000원 |
| | 48면 | 53,000원 | 없음 |
| 미성년자 | 구분 | 5년(8세 이상) | 5년(8세 미만) |
| | 24면 | 42,000원 | 30,000원 |
| | 48면 | 45,000원 | 33,000원 |

 **주의사항**

**유효기간 확인하기**
입·출국 시 여권 만료일이 일정 기간 이상 남아있어야 하거나 미사용 비자(사증) 페이지가 몇 장 이상 남아있어야 하는 등의 조건이 있는 나라도 있다. 또한

여권 만료일이 1년 미만인 경우 꼭 방문하려는 국가의 입국 요건을 사전에 확인해야 한다.

 **빈 사증 확인하기**

사증은 비자 또는 스탬프를 받을 수 있는 페이지다. 사증에 빈칸이 없을 경우 입국 시 비자 및 스탬프를 받을 수 없어 입국이 불가할 수 있으므로 사전에 확인해야 한다.

★ 여권 유효기간은 남았으나 빈 사증이 없다면 1회에 한해 사증 추가가 가능하다.
★ 사증 추가시 양면 모두 깨끗한 페이지가 두 쪽 이상 남아있어야 한다.
★ 국내에서는 여권 발급처에서 사증 추가 신청이 가능하며, 특정 해외 주재 한국대사관에서도 추가할 수 있다. 비용 약 5,000원.

## 여권 분실 시

**대응방법**

**해외여행 중 분실**
★ 준비물 분실 증명서, 여권 사진 2장, 한국 귀국 교통편 티켓
가까운 경찰서에서 분실 증명서police report를 발급받아 한국대사관이나 영사관에 여권 사진 두 장, 한국으로 돌아가는 교통편의 티켓과 함께 제출해야 한다. 일정 기간이 지나면 여행 증명서Travel Certificate, T/C나 단수여권을 발급해준다. 아프리카에는 한국 공관이 없는 나라도 있는데, 이 경우 해당 국가의 출입국 사무소에 분실신고 증명서를 제출하고 임시 출국 서류를 쓴 뒤 한국 대사관이 있는 나라로 이동해 발급받아야 한다.

## ☑️ 불이익

여권 분실이 잦은 경우 분실 횟수에 따라 발행 가능한 유효기간이 짧아진다. 5년 내 2회 분실 시 유효기간 5년, 5년 내 3회 분실 시 유효기간 2년으로 제한된다. 또한 1년 이내 2회 분실할 경우에도 유효기간이 2년으로 제한된다.

## 신속해외송금 지원

### 📲 신속해외송금 지원이란?

신속해외송금 지원은 해외에서 우리나라 국민이 소지품 분실, 도난 등 예상치 못한 사고로 일시적으로 궁핍한 상황에 처해 현금이 필요한 경우 국내 지인이 외교부 계좌로 긴급 경비를 입금하면 현지 대사관 및 총영사관에서 여행자에게 현지화로 전달하는 제도다. 이 제도를 이용하려면 가까운 대사관 및 총영사관에 신청하거나 영사콜센터에 상담하면 된다.

### 💲 한도 및 주의사항

1회 최대 3,000달러까지 송금 지원이 가능하며 지급 통화는 달러화, 엔화, 유로화, 파운드화를 원칙으로 하되 불가피한 경우 현지화 지급이 가능하다.

### 📋✓ 신청 절차

❶ 여행자는 현지 재외공관에 긴급 경비 지원 신청
❷ 재외공관은 신청 승인 및 송금 절차 안내
❸ 재외공관 승인을 받은 여행자는 국내 연고자에게 송금 절차를 영사콜센터에 문의하도록 연락
❹ 국내 연고자는 영사콜센터에 송금 절차 문의
❺ 영사콜센터는 국내 연고자에게 입금 계좌 정보 및 입금액 안내
❻ 국내 연고자는 해당 금액(긴급 경비, 수수료)을 외교부 협력은행(우리은행, 농협, 수협) 계좌로 입금
❼ 국내 연고자는 영사콜센터로 입금 사실 통보
❽ 영사콜센터는 은행 입금 사실 확인
❾ 영사콜센터는 재외공관에 입금 사실 통보
❿ 재외공관은 여행자에게 해당 금액 지급(근무시간 중 직접 방문 수령)

## 아프리카 주요국 나라별 비자 현황
(대한민국 여권 기준, 2018년 10월 기준)

| 국 가 | 비 자 |
| --- | --- |
| 남아프리카공화국 | 30일 무비자 |
| 나미비아 | 도착 비자 / 사전 비자 |
| 레소토 | 60일 무비자 |
| 마다가스카르 | 도착 비자 |
| 모로코 | 90일 무비자 |
| 모리셔스 | 16일 무비자 |
| 모잠비크 | 도착 비자 / 사전 비자 |
| 보츠와나 | 90일 무비자 |
| 세이셸 | 90일 무비자 |
| 스와질란드 | 60일 무비자 |
| 에티오피아 | 도착 비자 |
| 우간다 | 도착 비자 |
| 이집트 | 도착 비자 |
| 잠비아 | 도착 비자 / 유니(UNI) 비자 |
| 짐바브웨 | 도착 비자 / 유니(UNI) 비자 |
| 케냐 | 도착 비자 / 사전 비자 / E-Visa |
| 탄자니아 | 도착 비자 / 사전 비자 |

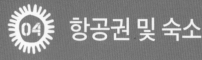

# Chapter 04 항공권 및 숙소

## 항공권

아프리카 왕복 항공권의 가격은 100만~130만 원 사이가 보편적이며, 시기와 국가에 따라 가격대가 80만 원에서 150만 원대까지 변동되기도 한다. 여러 나라를 방문할 경우 북부는 카이로 공항, 동부는 조모케냐타 공항이나 킬리만자로 공항, 남부는 요하네스버그 공항이나 케이프타운 공항으로 In/Out하는 경우가 많다. 이 공항들은 취항하는 국제선과 경유 노선이 많아 우선 이곳에 내린 뒤 다음 여행지로 이동하기도 쉽다.

우수한 아프리카 항공사로는 에티오피아 항공, 케냐 항공, 남아프리카공화국 항공이 있다. 에티오피아 항공은 아프리카 최우수 항공사로 여러 차례 뽑힌 기록이 있고, 남아공 항공은 아시아나와 스타얼라이언스로 제휴를 맺었다. 비행기 사고는 드물지만 만약을 위해 경비행기나 들어보지 못한 항공사보다는 유명한 항공사를 이용하는 편이 안전하다. ★ 여행의 첫 출발점은 티켓팅이다. 가고 싶은 나라가 생겼다면 나라별 입국 요건에 맞춰 큰 일정을 정한 후 티켓부터 구매하자. 세부적인 일정은 그 후에 맞춰봐도 충분하다.

## 숙소

아프리카의 숙소는 생각보다 저렴하지 않다. 배낭여행자가 주로 머무는 호스텔과 같은 숙소는 하룻밤에 약 15,000원에서 25,000원 정도로 예상하는 것이 좋으며, 이보다 저렴하면 숙소 상태가 좋지 않은 경우가 많다. 또한 예외 지역도 있지만 다수의 아프리카 국가에서는 오히려 숙소를 예약하고 가면 불편한 일이 생길 수도 있다. 특히 사진과 실제 상태가 다르거나 막상 가려니 너무 외져서 가기 힘든 곳이 많아 예약했다 포기하는 상황이 생길 수 있으므로 특별히 원하는 숙소가 있거나 한인 민박 또는 비자 발급 때문에 미리 예약해야 하는 경우가 아니라면 현지에서 예약하는 편이 유리할 때도 있다. 보통 여행자들이 방문하는 지역은 관광업이 발달해 인근에서 숙소를 어렵지 않게 찾을 수 있다. 호텔이 아니면 호스텔 및 백팩커스, 혹은 민박 형태의 집이라도 있을 테니 너무 걱정하지 않아도 된다.

유럽, 남미 쪽에 빈대(베드버그)가 많아 아프리카도 그런지 묻는 여행자가 종종 있는데, 아프리카는 타 국가에 비해 빈대만큼은 거의 없는 편이다. 그리고 모기가 많은 지역이나 자연 안에 있는 숙소는 모기장 및 모기약을 비치해둔 경우가 많다.

숙소를 선정할 때는 숙소가 안전한 지역에 있는지, 외부 경비가 잘 돼있는지, 중심지로 이동하기 편한지, 잠금 장치가 튼튼해 방을 비워도 도난 우려가 없는지 등 안전과 접근성 위주로 살펴보는 것이 좋다.

★ 아프리카에서는 가격에 연연하기보다 안전한 숙소를 선택하는 것이 중요하다.

# Chapter

## 05 안전의약품 | 예방접종

## 약사가 알려주는 안전의약품

###  설사(물갈이)

여행할 때 설사를 하는 이유는 보통 물과 길거리 음식 때문이다.

수돗물을 직접적으로 마신 사례는 많지 않으나, 조리 과정에서 제대로 끓이지 않거나 정수가 덜 된 물을 사용해 병에 걸리는 경우가 많다. 위생이 보장되지 않은 나라에서 물을 마시거나 물을 사용해 음식을 조리할 때는 생수 사용이 기본 원칙이다. 아프리카에는 생각보다 생수를 파는 곳이 많으니 물을 구하지 못할 걱정은 하지 않아도 된다.

물뿐 아니라 위생관리가 되지 않은 음식이 길거리에 나와 있는 경우도 많다. 벌레가 앉았던 과일이나 바닥에 떨어졌거나 오래된 음식을 파는 것을 목격한 적이 있다. 한마디로 길거리 음식은 안전성이 레스토랑보다 현저히 떨어지니 되도록이면 가게에서 사 먹기를 권한다. 물론 시장을 돌아다니며 현지 음식을 한두 번 경험 삼아 먹어보는 것은 나쁘지 않다고 생각한다.

이처럼 물이나 음식을 잘못 먹으면 가벼운 복통으로 시작해 심하면 설사까지 할 수 있는데, 아프리카는 더

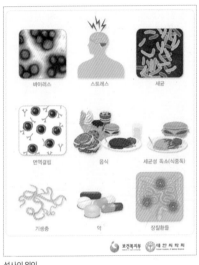

설사의 원인

운 지역이라 설사가 심할 때 탈수가 오지 않도록 조심해야 한다. 상비약으로 '스멕타' 같은 지사제를 꼭 가지고 다니자. 스멕타를 복용할 때는 다른 약이나 음식과 한 시간 정도의 간격을 두고 먹어야 한다. 평소에 속이 많이 약한 체질이라면 진경제를 가져가도 좋다. 실제로 나와 같이 간 동행 중 아프리카가 초행인 사람들은 한 번씩 물갈이를 했고, 이틀 정도는 꼬박 고생하는 경우가 많았다.

###  멀미, 구토

비행기를 이용하지 않는다면 버스나 기차를 짧게는 다섯 시간, 길게는 50시간 정도 탈 일이 많을 것이다. 이렇게 자주, 오래 흔들리는 교통편을 타다 보면 멀미가 없던 사람도 생길 수 있고, 평소 맡지 않던 현지인 특유의 냄새를 장시간 맡다 보니 어지러울 수도 있다.

멀미를 예방하는 가장 좋은 방법은 멀미약을 먹는 것이다. 멀미약은 각각 다른 제형으로 서너 가지 종류가 있는데, 흔히 사용하던 귀밑에 붙이는 '키미테'는 약제를 붙이거나 만진 뒤 씻지 않은 손으로 무심코 눈을 비비는

21

등 오용의 우려가 있어 권장하지 않는다. '토스롱'과 같은 액제형이 효과가 빠르게 나타나고, 간편하게 복용하고 싶다면 츄어블정도 괜찮다. 발달이 덜 된 국가의 경우 도시 간 이동에도 기본 여덟 시간 이상씩 걸릴 때가 많으니 멀미약을 넉넉히 들고 다니도록 하자.

다양한 멀미약 제형(액상, 패치, 시럽)

##  알레르기

평소 접하지 못한 음식을 먹고 알레르기가 올라오는 경우가 상당히 많다. 나도 두 번 정도 알레르기가 올라왔는데, 하필 에볼라가 유행하던 2014년이어서 초기증상이 비슷해 굉장히 두려워했던 기억이 있다.
알레르기는 발적, 가려움 등이 공통 증상이며 심하게는 호흡곤란도 올 수 있다. 알레르기가 올라온다면 항히스타민제를 한 알 정도 복용하는 것이 좋다. 일반의약품으로 판매하는 항히스타민제 중 하나를 가져가면 된다. 원래 알레르기가 있는 편이라면 음식을 조금씩 먹으면서 알레르기 여부를 살펴보는 것도 좋은 방법이다.

##  외상

상처가 나서 피가 흐르거나 살갗 안쪽이 노출되면 바이러스 또는 세균에 감염될 우려가 있다. 접해본 적 없는 세균은 우리에게 어떤 위해를 가할지 모른다. 멍이나 타박상 등은 휴식하면 낫지만 외상은 항생제를 먹거나 최소한 소독 후 연고를 발라주는 편이 좋다. 항생제를 사용할 경우 무분별한 항생제의 남용을 방지하는 차원에서 현지 의사와 상담하는 것이 좋으며, 외상이 꽤 심하다고 판단되면 원래 '난 무조건 병원 안 가!'라는 생각을 가지고 있어도 성공적인 여행을 위해, 그리고 건강을 위해 병원에 가기를 권장한다.

## 약사가 알려주는 예방접종 | 예방약

###  황열병

#### 2018년 기준 아프리카의 황열 오염 국가 (질병관리본부 기준)

가나, 가봉, 감비아, 기니, 기니비사우, 나이지리아, 남수단, 니제르, 라이베리아, 말리, 모리타니, 베냉, 부룬디, 부르키나파소, 세네갈, 수단, 시에라리온, 앙골라, 에티오피아, 우간다, 적도기니, 중앙아프리카공화국, 차드, 카메룬, 케냐, 코트디부아르, 콩고, 콩고민주공화국, 토고, ★잠비아(최근 추가됨)

모기를 통해 전염되는 황열 바이러스

**Q** 황열이란 무엇인가요?

**A** 황열은 황열 바이러스에 감염돼 발생하는 급성 발열성 질환이다. 황달과 같은 증상을 일으키는 동시에 발열이 있어 '황열'이라는 명칭으로 불리며 대개 모기에 물려 감염된다.

**Q** 황열 예방접종은 어느 국가를 갈 때 맞아야 하나요?

**A** 황열은 남아메리카와 아프리카에서 주로 발생한다. 2018년 1월 질병관리본부의 발표에 따르면 아프리카의 약 20여 개 국가가 황열 오염구역으로 분류돼 있으니 예방주사를 맞을지 말지 고민된다면 일단 맞고 여행을 시작하는 편이 마음이 편할 것이다.

**Q** 황열 예방접종은 언제 해야 하나요?

**A** 예방접종은 맞으면 바로 유효한 것이 아니다. 체내에서 항체를 생산하는 시간이 필요하기 때문에 해당 국가에 입국하기 최소 열흘 전에는 맞아야 한다. 출발 직전 맞는다면 유효하지 않을 수 있으니 시간적 여유를 넉넉히 갖고 맞기를 권장한다.

**Q** 황열 예방접종은 매번 해야 하나요?

**A** 기존에는 10년마다 한 번씩 예방접종을 해야 한다고 했으나 최근 연구결과에 따라 한 번 황열 예방접종을 맞은 사람은 그 효과가 평생 유효하다고 바뀌었다. 이는 예방접종약이 바뀐 것이 아니라 연구결과가 바뀐 것으로 예전에 맞은 사람은 새로 맞지 않아도 되며, 접종 센터에 가서 수수료를 내면 유효기간이 평생으로 변경된 예방접종 증명서를 발급해준다.

**Q** 황열백신 접종을 하려면 특수 의료기관에 가야 하나요?

**A** 그렇다. 황열백신은 국제 보건규약에 규정돼 있으므로 공인된 의료기관에서 백신을 접종해야 한다. ★우리나라는 12개 검역소 및 다섯 개 검역지소, 국립중앙의료원을 포함한 21개 국제 공인 예방접종기관에서 황열 예방접종을 시행하고 있다. 대학생이라면 대학병원에서 맞을 수 있으니 병원에 먼저 문의를 해보는 것도 좋은 방법이다. 또한 성수기에는 예약자가 많아 2주 이상 기다릴 수 있으니 넉넉하게 여행 가기 한 달 전쯤 맞거나 접종 일정을 잡는 편이 합리적이다.

**Q** 황열 예방접종의 가격은 얼마인가요?

**A** 정부 수입인지 비용과 진료비가 필요하다. 정부 수입인지는 우체국 또는 은행에서 약 32,000원 정도에 구입할 수 있다. 이 수입인지를 가지고 병원에 가서 진료비를 내고 예방접종을 맞으면 된다. 진료비는 병원마다 차이가 있으며 만약 15,000원 정도 나왔다면 총 약 47,000원의 비용이 발생한다.

**Q** 황열 바이러스에 감염된 모기에 물린 사람은 얼마나 지나야 증상이 나타나나요?

**A** 황열의 평균 잠복기는 3~6일이다.

**Q** 황열 진단은 어떻게 하나요?

**A** 혈액검사로 진단하며 바이러스 유전자 검출 및 항체 검사법이 있다. 병원에서 검사를 받는 것이 가장 정확하다.

★ 해외여행질병정보 센터 홈페이지(http://travelinfo.cdc.go.kr) 참조

**말라리아**

말라리아는 증상이 없어도 피검사로 검사가 가능한 질병이다. 잠복기도 길고, 균이 몸에 한 번 들어오면 나가지 않아 면역력이 떨어졌을 때 또 증세가 나타날 수 있으니 말라리아 의심지역을 방문했다면 귀국 후 증세가 없어도 피검사를 받아보기를 권장한다.

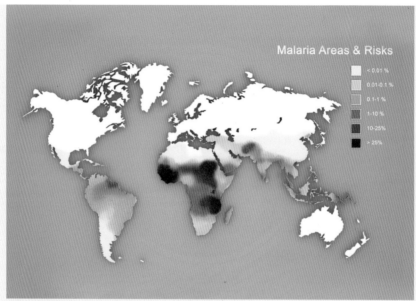

말라리아 지역별 위험도

전문의약품 말라론(좌), 라리암(우)

**Q 말라리아란 무엇인가요?**

**A** 말라리아 원충에 감염된 모기가 사람을 물면 감염되는 병이다. 초기에는 권태감 및 발열증상이 수일간 지속되며 이후 오한, 발열, 발한 후 해열이 반복적으로 나타나고 두통이나 구역, 설사 등을 동반한다.

**Q** 말라리아에 걸리면 어떻게 해야 하나요?

**A** 말라리아 의심 증상이 발생한 경우 즉시 의료기관을 방문해 치료를 받아야 한다. 고열과 설사가 반복되면 의심해보고 병원에서 정확하게 검사를 받는 편이 좋다.

**Q** 말라리아 약이 간에 부담을 준다는 이야기가 있는데, 그래도 약을 먹는 것이 낫나요?

**A** 약이 독하다는 이야기를 듣고 복용을 꺼리는 여행자가 많다. 하지만 되도록 여행가기 전에 약을 복용하기를 권장한다. 우리나라는 말라리아 약이 전문의약품으로 분류돼 있기 때문에 자세한 사항은 병원에 문의하자.

**Q** 말라리아 약에는 어떤 종류가 있나요?

**A** 말라리아는 세계에서 가장 많이 발생하는 감염병 중 하나지만 아직도 예방백신이 개발되지 않았다. 우리나라에서 구매할 수 있는 말라리아 약은 크게 두 종류로 매일 먹는 약인 말라론(atovaquone/proguanil) 류와 1주일에 한 번씩 먹는 라리암(mefloquine)이 있다. 나에게 어떤 약이 적합할지 여부는 의사와 상담해서 결정하는 것이 좋다.

 **추가적으로 맞으면 좋은 예방접종**

황열병 예방접종 외에도 다양한 예방접종이 있다. 시간적, 재정적 여유가 있다면 장티푸스, 콜레라, A형간염, 파상풍 예방접종도 맞으면 좋다.
군대를 다녀온 남성의 경우 대개 파상풍은 이미 맞았을 가능성이 높다. A형간염의 경우 제대로 접종하려면 1차 접종 후 6개월의 기간을 두고 2차 접종을 하면 된다. 콜레라는 잔지바르, 우간다 등에서 간헐적으로 유행하는데, 불필요한 물갈이를 방지하기 위해서라도 예방접종을 하고 가면 좋다.

## Chapter

# 06 여행경비

## 예산 잡기

가장 먼저 굵직한 예산을 잡아 100만 원 단위의 여행경비를 측산해야 한다. 이렇게 큰 범위의 예산을 잡아놓으면 세부적인 예산을 잡을 때 이를 기준으로 삼아 조정하기가 편하다.

## 1일 경비(숙소, 교통, 식사 포함)

1일 경비 정하기는 '내가 어떤 퀄리티로 여행할지'를 정하는 것이다. 나의 경우 배낭여행 기준 1일 7만 원으로 여행했는데, 어떤 날은 저렴한 숙박시설에서 묵고 이동도 많이 하지 않아 돈을 거의 쓰지 않았고, 어떤 날은 인터케이프 같은 좋은 버스를 타서 10만 원 넘게 쓰기도 했다. 통상적인 배낭여행자라면 7만 원이면 넉넉할 듯하다.

★ 예산을 더 줄이고 싶다면 하루 경비를 최대 6만 원으로 잡자. 5만 원 이하의 윤택한 여행을 하기 쉽지 않다.
여행자금이 넉넉하다면 이 과정이 필요 없을 수도 있으며, 유럽여행처럼 1일 10만 원 정도로 잡아서 시작해도 좋을 듯하다.

## 항공

앞에서도 말했듯이 비행기 티켓팅은 여행의 시작이다. 경비 추산의 의미도 있지만, 되도록이면 우선 티켓팅을 저질러놓고 경비, 루트 등 세부 일정을 고민해보기를 바란다. 가장 큰돈이 한 번에 들어가기 때문이다. 티켓에 얼마를 투자하느냐에 따라 경비가 20만 원에서 최대 60~70만 원까지도 차이날 수 있다. 대개 아프리카 대륙의 허브공항인 카이로 국제공항, 케냐의 조모케냐타, 케이프타운 국제공항으로 In/Out하거나 경유하는 일정을 짤 것이다. 3성급 항공(에티오피아 항공, 케냐 항공, 남아공 항공, 중국동방항공 등)의 비행기를 탄다면 80~100만 원 초반대의 견적을 낼 수 있고, 4,5성급 항공(에티하드, 카타르, 에어모로코, ANA 등)을 고른다면 120~180만 원 사이의 견적을 낼 수 있다.
항공 예약 플랫폼으로는 스카이스캐너, 카약, 구글플라이트, 인터파크투어 등 여러 업체가 있으며 In/Out 지점이 다른 경우 pc버전으로 다구간 예약을 해야 한다는 점도 참고하자.

## 빅 투어

빅 투어는 여행의 최종 경비를 결정하는 가장 중요한 요소다. 비행기나 숙소 비용은 거의 고정 비용이라 크게 가감할 부분이 없지만, 투어나 액티비티를 즐기는 비용은 천차만별이다. 빅 투어는 10만 원 이상의 투어나 액티비티라고 보면 된다. 세렝게티, 킬리만자로, 마사이마라, 소서스 블레이, 빅폴 액티비티, 남아공 액티비티 등 종류에 따라 투어당 10만 원에서 130만 원 정도까지 가격 차이가 꽤 나니 예산을 짤 때 가장 고려를 많이 해야 한다.

## 비자

비자 비용은 고정 비용이나 무시할 수 없다. 국가별로 평균 50달러 정도씩 빠져나가기 때문에 (무비자 국가 제외) 3, 4개국만 해도 20만 원 가까이 든다. 그러니 꼭 비자 비용을 염두에 두고 전체 비용을 책정하자.

## 카드/ 현금 준비하기

현금과 카드의 비중을 6대 4 정도로 두기를 추천한다. 카드 분실, 복제보다는 현금을 분실할 경우가 더 많기 때문에 카드에 더 큰 비중을 두는 것이 좋다. 예를 들어 월 여행비를 2,000달러로 잡는다면 800~900달러 정도는 현찰로 가지고 다니고, 나머지는 추가 인출 또는 카드 결제로 해결하자. 여행하다 보면 100달러, 50달러의 가치가 1달러, 5달러, 10달러의 가치보다 큰 경우가 많다. 그러니 최대한 큰 액수로 떨어지게끔 분산해놓는 편이 좋다. 남아공의 경우 카드 사용이 활발하므로 사전에 환전이 어렵다면 카드만 이용하거나 체크카드를 준비해 현지 atm에서 인출해 사용해도 된다.

★ 카드는 비자와 마스터, 아메리칸 익스프레스를 많이 사용하며 도난이나 분실, 복제를 대비해 두 개 정도 가져가는 편이 좋다. 간혹 마스터카드는 사용이 불가능한 곳이 있으니 비자카드를 함께 챙기자.

## 여행자 보험

여행자 보험은 선택이 아닌 필수다. 현대해상, 삼성생명, 동부화재 등 유명 보험사에 직접 신청할 수도 있고 여행사를 이용한다면 패키지 상품에 포함된 경우도 있다. 은행에서 환전할 때 환율우대를 덜 받는 대신 여행자 보험을 같이 들어주는 경우도 있다.
보험이 있어도 사고 시 무조건 보상을 해주지는 않는다. 경찰서에 가서 사고가 났음을 증빙하는 증명서를 떼어 가야만 보상을 받을 수 있다. 병원에 가는 경우 병원 영수증과 의사 소견서를 받아두는 편이 좋다.

# South Africa

# PART 02

# 남아프리카공화국

남아프리카공화국(이하 남아공)은 '인류의 요람'이라고 불릴 만큼 오래된 인류의 흔적 및 벽화가 많이 발견된 나라다. 아프리카 대륙의 경제를 이끄는 선도국가지만 빈부격차는 이루 말할 수 없이 극심하다. 1948년부터 1994년까지 실시한 아파르트헤이트(인종 차별 정책) 때문에 아직도 인종 차별이 타 국가에 비해 매우 심하며, 흑인이 백인을 차별하는 등의 역차별 사례도 정치·경제적으로 많이 찾아볼 수 있다. 크게 열두 흑인 민족(줄루, 코사, 수투 등)과 두 백인 집단(잉글리시, 아프리칸스)이 있으며 이외에도 컬러드, 인디언, 중국인, 유대인 등 많은 인종이 함께 공존하고 있다. 또한 기존 빈민층 외에도 기회를 좇아 남아공에 들어왔다가 정착에 실패해 정부 혜택을 받지 못하는 이주 노동자, 불법 체류자, 난민 등에 의한 사회적 문제가 매우 많은 실정이다. 나미비아, 보츠와나, 짐바브웨, 모잠비크, 스와질란드와 국경이 맞닿아 있으며 내부에 독립된 국가 레소토가 있다.

# Chapter

# 남아프리카공화국 들어가기

## 남아프리카공화국 둘러보기

### 기본 정보

| | | | |
|---|---|---|---|
| 국가명 | 남아프리카공화국<br>(Republic of South Africa) | 전 압<br>주파수<br>플러그타입 | 230 V, 50Hz,<br>C,M, 3 pins |
| 수 도 | 프리토리아(행정수도), 케이프타운(입법수도),<br>블룸폰테인(사법수도) | 종 교 | 기독교 79.8%, 카톨릭교 7.1%,<br>이슬람교 1.5%, 힌두교 1.2%, 토착신앙 0.3%,<br>유대교 0.2%, 기타 17.1% |
| 사용 언어 | 영어(8%), 아프리칸스어(13%), 줄루어(24%),<br>코사어(18%) 등 11개 공식 언어 사용 | 환 율 | 단위: ZAR(잘)또는 R(랜드)<br>1,000원=11랜드 |
| 대표 언어 | 영어 | 은 행 | FNB, NED, Standard Bank 등 |
| GDP | 3,494억 1,934만 달러, 세계 33위 | 국가번호 | +27 |

공휴일 **New Year's Day** 1월 1일 **Human Rights Day** 3월 21일 **Good Friday** 부활절 전 금요일 **Family Day** 3월 또는 4월 **Freedom Day** 4월 27일 **Worker's Day** 5월 1일 **Youth Day** 6월 16일 **National Women's Day** 8월 9일 **Heritage Day** 9월 24일 **Day of Reconciliation** 12월 16일 **Christmas** 12월 25일 **Day of Good Will** 12월 26일

남아공 전체 지도

A 요하네스버그
B 케이프타운
C 가든 루트
D 크루거 파크
E 드라켄스버그
F 더반

##  비자 정보

### 관광 30일 무비자
입국 시 남아공에서 출국하는 티켓을 소지해야 한다. 기간은 입국일과 출국일을 포함해 최대 30일이다. 인근 국가 출국 후 재입국 시 7일의 출국 준비기간이 주어진다.

### 30일 이상 90일 미만: 방문 비자(사전 비자)
30일 이상 머물 예정이라면 거주국 내 남아공대사관에서 신청하면 된다. 보통은 단수 비자로 나오며 여러 번 입·출국할 경우 충분한 서류(항공권, 숙소 예약증 등)가 있으면 복수 비자 발급이 가능하다.

### 비자 신청 시 유의사항
체류 자격이 있는 국가의 남아공대사관에서 신청하면 되며, 타 국가를 방문 중일 경우에는 신청할 수 없다. 남아공 비자는 대행 시에도 본인이 직접 대사관에 방문해 신청해야 한다.
비자 대행 문의 info@chasingcolorafrica.com
★18세 이하 미성년자 부모 동반 입·출국시 동반 미

성년자의 출생증명서(또는 가족관계증명서) 및 영문 공증본 원본 필요
★18세 이하 미성년자 단독 입·출국시 출생증명서 (또는 가족관계증명서) 및 영문 공증본 원본, 남아공 이민국 양식의 부모 동의서 필요(남아공 이민국, 해외주재 남아공대사관 또는 주남아공 대한민국 대사관등에서 발급)

##  입국 요건

- 여권에 빈 사증 페이지가 두 쪽 이상 남아있어야 하며, 방문이 끝난 후 남아공을 출국하는 시점에서 여권 만료일이 30일 이상 남아있어야 한다.
- 남아프리카공화국에서 출국하는 티켓을 지참해야 한다(인쇄물로 준비할 것).
- 황열 위험 국가에 열두 시간 이상 체류한 경험이 있는 사람에 한해 황열 예방접종 증명서 검사를 시행하고 있다. ★ 만 18세 미만 미성년자는 출생증명서 등의 필요 서류를 준비해야 한다.

##  국경

| 인접국 | 국경 명칭 | 여는 시간 | 닫는 시간 |
|---|---|---|---|
| 나미비아 | Viooolsdrif Border Control | 00:00 | 24:00 |
| | Nakop Border Control | 00:00 | 24:00 |
| 보츠와나 | Kopfontein Border Control | 06:00 | 24:00 |
| | Skilpadshek Border Post | 06:00 | 24:00 |
| | Ramatlabama Border Cotrol | 06:00 | 22:00 |
| | Groblersbrug Border Posts (Martin's Drift Border Control) | 06:00 | 18:00 |
| 짐바브웨 | Beit Bridge Border Posts | 00:00 | 24:00 |
| 레소토 | Maseru Bridge Border Posts | 00:00 | 24:00 |
| | Sani Pass Border Control | 06:00 | 18:00 |
| | Maputsoe Bridge Border Control | 00:00 | 24:00 |

| | | | |
|---|---|---|---|
| 스와질란드 | Oshoek Border Post | 06:00 | 22:00 |
| | Mahamba Border Control | 07:00 | 22:00 |
| | Jeppe's Reef Border Posts | 07:00 | 20:00 |
| 모잠비크 | Kosi Bay Border Control | 08:00 | 17:00 |
| | Lebombo Border Control | 06:00 | 24:00 |
| | Pafuri Border Control | 08:00 | 18:00 |

## 안전 수칙

 주의사항

### 치안 주의

사건이 너무 많아 오히려 뉴스에 보도되지 않는 곳이 바로 남아공 요하네스버그다. 일반적인 날치기뿐 아니라 식당가에 여러 명의 무장 강도가 침입해 휴대폰, 노트북, 지갑 등을 빼앗아가는 경우도 있다. 남아공 대도시에서는 귀중품은 되도록 숙소에 두고 다니는 것이 좋으며, 길에서는 귀중품을 꺼내지 말자. 만약 강도를 만나면 절대 눈을 마주치거나 저항하지 말고 그냥 요구하는 대로 차량, 물품 등을 주는 것이 안전하다.

### 슬럼지역 주의

남아공의 슬럼지역·타운십은 단순히 주의해야 할 지역이 아닌, 특별한 목적이 있는 것이 아니라면 개인적으로는 절대로 가지 말아야 할 곳이다. 타 국가에서 타운십 투어만 하고 다닌 여행자가 남아공의 슬럼지역에 발을 들여놓자마자 강도를 만나거나 사진작가가 개인적으로 슬럼지역을 방문했다 살해당한 경우도 있다. 다행히 여행자를 위해 슬럼지역 중 일부를 관광지로 개발해놓았다. 이런 곳은 가이드 인솔하에 안전하게 방문할 수 있으니 가고 싶다면 꼭 투어로 방문하도록 하자. 남아공의 슬럼지역은 타 국가의 슬럼지역과 비교 불가하다.

### 차량 이용 시 주의사항

(개인 차량이나 우버 이용 시)짐은 트렁크나 발밑에 놓아 창문 밖에서 보이지 않도록 한다. 차에서 내릴 때는 차 안에 물건을 두고 내리지 말고, 문을 잠근 후에는 잘 잠겼는지 재차 확인한다. 도시에서 주행할 때는 창문을 꼭 닫고, 앞 유리로 물건이나 페인트가 날아오면 와이퍼를 켜거나 차를 멈추지 말아야 한다. 타이어가 찢어지거나 사고가 났을 때도 차를 멈추지 말고 일단 안전한 지역까지 이동하도록 한다. 어두울 때 운전해야 한다면 핸드폰 불빛이 밖에서 보이지 않도록 하고, 앞차와 충분한 거리를 유지해 혹시 모를 상황에 도망칠 수 있도록 대비한다. '교통' 파트에 더 자세한 내용이 담겨있다.

### 긴급 연락처

경찰 10111, 구급차 10177

### 대사관 연락처

주소 265 Melk Street, Nieuw Muckleneuk, Pretoria 0181, South Africa
대표번호 +27 (0)12-460-2508
긴급 연락 +27 (0)72-136-7615
메일 embsa@mofa.go.kr
근무시간 오전 08:00~12:00, 오후 13:00~16:00
(단, 비자 접수 업무는 오전 8시부터 11시 30분까지, 기타 영사업무는 근무시간 중 수행)
점심시간 12:00~13:00

### 주요 병원 연락처

요하네스버그: Netcare Milpark Hospital
주소 9 Guild Rd, Parktown, Johannesburg, 2193
대표번호 +27-(0)11-480-5600
에어 앰뷸런스 +27-(0)11-541-1350
★긴급 환자, 말라리아 환자, 외국인 환자에게 적합한 병원이다.

케이프타운: Mediclinic Cape Town
주소 Hof St, 21, Gardens, 8001
대표번호 +27-(0)21-464-5500

## 기후

### 사계절이 뚜렷한 남아프리카공화국

남아공은 사계절이 뚜렷하고 계절은 우리나라와 반대며 건조하다. 이 때문에 기온이 높아도 후덥지근하지 않으며, 기온이 낮으면 꽤 서늘하다. 6월~8월에는 눈이 오는 지역도 있다. 요하네스버그는 주로 여름(11월~12월)에 비가 오고 우박도 자주 내린다. 케이프타운은 주로 겨울(7월~8월)에 비가 오며 사계절 내내 바람이 많이 분다. 겨울 아침과 저녁은 난방 기기 및 패딩이 필요할 정도로 추울 때도 있지만 그에 비해 낮은 따뜻하다. 남아공을 여행하기 가장 좋은 시기는 10월부터 1월까지다. 다만 12월은 극성수기로 관광지가 붐비고 숙박비가 많이 오른다. 사파리에서 동물을 보기 가장 적절한 시기는 8월~10월로, 한 여름만큼 덥지 않은 봄철이다.

## 남아프리카공화국 더 알아보기

### 브라이와 빌통

남아프리카공화국은 브라이|Braai(바비큐) 문화가 유명하다. 신선하고 맛있는 다양한 종류의 고기가 저렴하게 유통되고 있어 소고기, 돼지고기뿐 아니라 양고기, 타조 고기도 매우 흔하게 먹을 수 있다. 남아공식 소시지인 브로보스Boerewors도 다양한 종류가 있으니 반드시 먹어봐야 한다. 또한 남아공 하면 빌통Biltong도 빠뜨릴 수 없다. 커다란 고깃덩어리를 재운 후 매달아 건조시킨 육포를 '빌통'이라고 부른다. 빌통은 가게마다 맛과 식감이 다르며, 우리가 흔히 알고 있는 단맛이 나는 육포와는 차원이 다르다. 먹을 만한 크기로 잘라놓은 것을 구매해도 좋고, 마음에 드는 덩어리를 골라 원하는 두께로 썰어달라고 할 수도 있다. 적당히 기름이 붙어있는, 촉촉하고 간이 강한 소고기 빌통이 특히 맛있다. 브로보스를 말린 드로보스Droewors라는 빌통의 한 종류도 인기가 좋다.

브라이

빌통

## 와인

남아프리카공화국은 350년의 와인 역사를 가진 세계 8위 와인 생산국이다. 웨스턴 케이프 지역은 다양한 품종의 포도가 자라나기 적절한 기후여서 과거 유럽인들이 이곳에 수백 개의 와이너리를 세웠다. 이곳의 와이너리에서는 매우 훌륭한 품질의 와인을 저렴한 가격으로 판매하며, 대부분이 각자의 특색 있는 와인 투어를 제공한다. 와인과 더불어 풍미가 풍부한 치즈도 다양하니, 한번쯤은 와인 투어에 참여해보면 좋겠다.

TIP 겨울철인 6~8월 사이에는 문을 닫는 와이너리도 있으니 방문 전 운영 여부를 확인하는 것이 좋다.

TIP 한국 귀국 시 반입 가능한 와인은 한 병이다. 여러 병 반입하고 싶다면 와인을 살 때 받은 영수증을 세관에 보여주면 된다. 가장 비싼 한 병을 제외한 나머지 와인에는 50퍼센트의 관세가 부과되는데, 그래도 한국에서 동급의 와인을 사는 것보다 저렴한 경우가 많다.

## 오버랜드 투어(트럭킹)

흔히 '트럭킹'이라고 부르는 여행 방식의 정식 명칭은 오버랜드 투어다. 오버랜드 투어는 트럭을 개조해 약 스무 명이 함께 스케줄에 따라 여러 지역을 이동하며 여행하는 여행상품이다. 오버랜드 투어를 주관하는 대표 업체로는 노매드 투어, 아프리카 트래블코, 고어드 벤처, 아카시아 등이 있다. 남아공 내에서 이동

© 노매드 투어

하는 국내 상품뿐만 아니라 남아공, 나미비아, 빅토리아 폭포 등을 거쳐 케냐까지 이동하는 장기 투어도 인기가 좋다. 기간은 최소 일주일에서 최대 두 달 이상이며 가격은 캠핑, 숙소 등에 따라 상이하다. 앞에서도 말했듯이 오버랜드 투어는 숙식 및 이동 걱정 없이 다양한 사람들과 함께 많은 지역을 안전하고 편하게 여행할 수 있다는 장점이 있다. 하지만 단체생활 및 거의 매일 이동하는 스케줄 때문에 한적하고 여유로운 여행을 하기는 힘들다. 트럭킹 예약 http://chasingcolorafrica.com

## 팁 문화

남아공에서 팁은 필수다. 호텔에서 짐을 들어주거나 발레파킹을 해주는 경우 평균 약 10~20랜드 정도를 주며 주유소에서 주유를 해주거나 창문을 닦아주는 등의 서비스를 받으면 2~10랜드의 팁을 준다. 레스토랑에서 식사를 하는 경우 반드시 식사 비용의 10퍼센트의 팁을 줘야 하는데, 웨이터가 펜과 함께 영수증을 테이블로 가지고 오면 영수증에 적힌 금액에 1.1을 곱한 금액을 최종 금액에 기재한 후 그 자리에서 현금이나 카드로 결제한다. 기준 인원수 이상의 단체의 경우 서비스 비용이 자동으로 추가되며, 이때도 팁은 별도로 지불해야 한다. 최근 들어 고급 레스토랑에서는 12퍼센트의 팁을 주는 문화가 생기기 시작했지만 필수는 아니다.

TIP 만약 고급 레스토랑에서 그에 걸맞은 서비스를 받았다고 느낀다면 총 금액에 1.12를 곱한 금액을 최종 금액으로 기재하고 결제하면 된다.

## 항공

### 요하네스버그 국제공항
OR Tambo International Airport

24시간 운영
이용 가능 항공사 South African Airways, Singapore Airlines, Emirates, Qatar Airways, Air China, British Airways, Air Namibia, Air Botswana, Air Mauritius, Air Zimbabwe, Kulula.com, Mango Airlines, FlySafair, Festjet 등
홈페이지 http://www.airports.co.za/airports/or-tambo-international/
짐 보관소 지하 1층, A-TECK, 24시간 기준 90랜드
라운지 유료로 이용할 수 있는 비드베스트bidvest 라운지가 있다. 샤워 가능, 이용시간 제한 있음.

### 케이프타운 국제공항
Cape Town International Airport

24시간 운영
이용 가능 항공사 South African Airways, Singapore Airlines, Emirates, Qatar Airways, British Airways, Air Namibia, Air Botswana, Kulula.com, Mango Airlines, FlySafair 등
홈페이지 http://www.airports.co.za/airports/cape-town-international/
짐 보관소 1층 Parkade P2에 위치, A-TECK, 24시간 기준 90랜드
라운지 유료로 이용할 수 있는 비드베스트bidvest 라운지가 있다. 샤워 가능, 이용시간 제한 있음.

### 란세리아 국제공항
Lanseria International Airport

요하네스버그에 위치
남아프리카공화국 내 저가항공 국내 노선 대부분이 운행되며, 보츠와나, 빅토리아 폭포 등의 국제노선도 있다. 공항 홈페이지에는 국제노선에 대한 안내가 없으므로 각 항공사 홈페이지에서 노선을 확인해야 한다.
이용 가능 항공사 Kulula.com, Mango Airlines, FlySafair, Festjet, Majestic Air 등
홈페이지 https://lanseria.co.za/

### 조지 공항
George Airport

가든 루트 여행 시 많이 이용
홈페이지 http://www.airports.co.za/airports/george-airport

### 포트엘리자베스 국제공항
Port Elizabeth International Airport

홈페이지 http://www.airports.co.za/airports/port-elizabeth

### 더번 국제공항
King Shaka International Airport

홈페이지 http://www.airports.co.za/airports/king-shaka

### 스쿠쿠자 공항
Skukuza Airport

크루거 파크 내에 위치, 크루거 파크 방문 시 이용
홈페이지 http://skukuzaairport.com/

### 넬스프레이트 공항
Nelspruit Airport(Kruger Mpum-alanga International Airport)

크루거 파크 인근에 위치, 크루거 파크 방문 시 주로 이용
홈페이지 http://www.kmiairport.co.za/

# 버스

도시 간의 이동, 인접국가 이동 시에는 인터케이프 버스 또는 바즈 버스, 그레이하운드 버스를 이용하자.

### 인터케이프 버스 Intercape Bus

버스 티켓의 가격에 따라 취소·환불 규정이 상이하다.
홈페이지 http://www.intercape.co.za/

### 바즈 버스 Baz Bus

남아공 내 여러 지역을 자유롭게 오갈 수 있는, 배낭여행자에게 유용한 버스다. 예를 들어 7일짜리 케이프타운-요하네스버그 구간 티켓 구매 시 7일 동안 버스를 자유롭게 타고 내릴 수 있으며, 가격은 편도 기준 약 20만 원 정도다. 버스 내에서 와이파이, USB포트 사용이 가능하며 목적지에 도착하면 티켓이 만료된다.
홈페이지 http://www.bazbus.com/

### 그레이하운드 버스 Grey Hound Bus

다른 버스에 비해 옵션이 간단하며 가격이 저렴하다.
홈페이지 https://www.greyhound.co.za/

### 미니버스

로컬 택시와 비슷하게 생겼지만 엄연히 따로 운영되는 미니 셔틀버스다. 로컬 택시를 미니버스로 오해해 타는 일이 없도록 주의하자.
홈페이지 https://www.limetimeshuttle.co.za

### 요하네스버그 버스

하우트레인 버스가 있지만 정류장 및 거리가 관광객에게는 매우 위험하므로 우버 이용을 권한다. 관광은 레드 투어 버스 city sightseeing bus를 추천한다.
레드 투어 버스 https://www.citysightseeing.co.za/

### 케이프타운 버스

마이 시티 버스 My Citi Bus, 레드 투어 버스, 우버 등이 있다.
마이 시티 버스 https://www.myciti.org.za/en/home/
기본요금 약 8랜드
레드 투어 버스 https://www.citysightseeing.co.za/

인터케이프 버스 ⓒ Intercape Bus

바즈 버스 ⓒ bazbus

마이시티 버스 ⓒ My Citi Bus

레드 투어 버스 ⓒ City Sightseeing Bus

레드 투어 버스 ⓒ City Sightseeing Bus

# 기차

### 하우트레인Gautrain

저렴한 가격은 아니지만 단시간에 이동하기에는 합리적인 가격이다. 요하네스버그 국제공항에서 도심을 거쳐 프리토리아까지 이동할 수 있으며, 무엇보다 안전하다.

홈페이지 https://www.gautrain.co.za/
요금 공항-샌튼 기준 약 R150

### 블루트레인The Blue Train

프리토리아-케이프타운, 프리토리아-크루거 파크를 오가는 기차다. 1박 2일 또는 2박 3일짜리 티켓이 있다. 출발일은 한 달에 두세 번으로 제한적이므로 미리 날짜를 확인해야 한다.

홈페이지 https://www.bluetrain.co.za/
요금 약 180만 원부터~

하우트레인

블루트레인 ⓒ The Blue Train

블루트레인 ⓒ The Blue Train

## 렌터카 업체

허츠 https://www.hertz.co.za/
아비스 https://www.avis.co.za/
버드젯 https://www.budget.co.za/
식스트 https://www.sixt.com/car-rental/south-africa
비드베스트 https://www.bidvestcarrental.co.za/
유롭카 https://www.europcar.co.za/
퍼스트카 http://www.firstcarrental.co.za/
쓰리프티 https://www.thrifty.co.za/
카하이어 http://www.carhire.co.za/
어라운드어바웃카 https://www.aroundabout-cars.com

## 운전 시 주의사항

❶ 차에 타면 바로 문을 잠근다.
❷ 주행 중 가방 등 소지품은 발밑에 내려놓는다.
❸ 창문을 열고 주행하지 않는다.
❹ 한적한 곳을 주행할 때는 정지신호를 생각해 천천히 주행하며 완전히 멈추지 않도록 한다.
❺ 'Crime Hot Spot'이라고 적힌 빨간색 표지판이 있는 곳을 지날 때는 특히 조심한다.
❻ 사고가 나면 안전한 장소에 도착할 때까지 멈추지 않는다. 안전한 장소에 도착하면 경찰에 신고한다.
❼ 차에 물건을 두고 내리지 않는다(트렁크에 넣을 것).
❽ 차 문을 잠근 뒤에는 문이 잠겼는지 재차 확인한다.

## 차량 렌트 시 주의사항

❶ 본인 이름과 카드번호가 양각 처리된 신용카드가 있어야 렌트가 가능하다.
  체크카드만 있다면 허츠에서만 렌트할 수 있으며 체크카드도 이름과 카드번호가 양각 처리된 것만 사용할 수 있다.
❷ 렌트할 때는 유리 및 내부 손상 여부를 확인하고 필요 시 유리·바퀴 보험을 추가한다.
❸ 렌트 및 반납 시에는 주행거리 계기판을 확인하고 사진을 찍어놓는다. 추후 주행거리를 수정해 요금을 더 청구하는 경우가 있다.
❹ 반납할 때 영수증에 환불받을 디포짓 금액과 환불 예상일 및 담당직원 이름 기재를 요청한다.
❺ 추가 보험을 들 경우 하루당 R200 정도를 추가하면 자기부담금Excess Liability, Excess Fee을 0으로 설정할 수 있다.
  ★ 자기부담금은 차량 파손이나 도난 시 본인이 부담해야 할 최소 금액이다. 보험이 있더라도 자기부담금으로 먼저 처리한 후 넘는 금액만 보험 처리가 되므로 자기부담금이 적을수록 사고 시 유리하다.
❻ 국경을 넘을 일이 있으면 국경 통과용 서류를 렌터카 회사에 미리 요청한다.

## 렌터카로 타 국가 방문 시

❶ 온라인으로 예약한 후 해당 회사에 이메일 또는 전화로 국경을 넘을 예정이라고 말하면 필요한 서류를 준비해준다(서류에는 차량 번호, 엔진 번호, 제조사 등이 기재됨).
❷ 차 뒤쪽에 해당 차량이 등록된 국가의 국가 약자 스티커(예: 남아공-ZA, 나미비아-NAM)를 반드시 붙여야 한다.
❸ 빨간색 반사테이프를 앞 범퍼 양쪽에 붙여야 한다.
❹ 하얀색 반사테이프를 뒤 범퍼 양쪽에 붙여야 한다.
❺ 안전 삼각대 두 개와 차량용 소화기를 준비해야 한다.
❻ 국경을 통과할 때는 국경통과료를 지불해야 한다. 금액은 나라 및 차량에 따라 상이하다.
❼ 타 국가에서 차량을 반납할 경우 추가 비용이 발생한다.

# 남아프리카공화국 여행 루트

## 직장인을 위한 단기 코스

### 케이프타운을 알차게!
지붕이 없는 2층짜리 시티 투어 버스를 타고 케이프타운의 주요 관광지를 둘러볼 수 있다. 중간중간 관심 있는 관광지에 내려 관광한 후 다음 버스에 탑승하면 된다. 우리나라와 달리 운전석이 반대편에 있고 일방통행이 많은 케이프타운에서 운전할 자신이 없다면 가격 대비 최고의 투어 방법이다.

| 기간 | 2박 3일  | 예산 | 8만 원~
| 여행 일정 |
1일차　보캅 → 그린 마켓 광장 → 테이블 마운틴 →
　　　　캠스 베이 → 시그널 힐
2일차　물개 섬 → 펭귄 비치 → 희망봉 → 워터프런트
3일차　와이너리 → 커스텐버쉬

## 요하네스버그와 사파리
요하네스버그가 출발지거나 도착지인 투어를 이용하면 크루거 파크를 방문할 수 있으며 최소 이틀 동안 최대 세 번의 게임드라이브를 할 수 있다. 이틀에 걸쳐 알차게 크루거 파크에 다녀온 후 마지막 날 레드 투어 버스를 타고 하루 동안 요하네스버그 시티 투어를 하면 된다.

| 기간 | 2박 3일  | 예산 | 최소 55만 원~
| 여행 일정 |
1일차　요하네스버그에서 크루거 파크로 이동 → 오
　　　　후 게임드라이브 → 야간 게임드라이브
2일차　오전 게임드라이브 → 크루거 파크에서 요하
　　　　네스버그로 이동
3일차　레드 투어 버스로 요하네스버그 시티 투어
　　　　→ 칼튼 센터 → 아파르트헤이트 박물관 →
　　　　소웨토

## 배낭여행자를 위한 자유 코스

배낭여행자에게는 오버랜드 투어(트럭킹)나 렌트 여행을 권한다. 요하네스버그 → 파노라마 루트 → 크루거 파크 → 스와질란드 → 드라켄스버그 → 레소토 → 가든 루트 → 스텔렌보쉬 → 케이프타운 순으로 둘러보면 좋다.

| 기간 | 17일
| 여행 일정 (렌트) |
1일차　요하네스버그 → 블라이드 리버 캐니언
　　　　이동
2~5일차　블라이드 리버 캐니언 → 크루거 파크
　　　　이동
6~7일차　스와질란드
8일차　드라켄스버그
9~10일차　레소토
11~14일차　가든 루트
15일차　스텔렌보쉬 → 케이프타운 이동
16~17일차　케이프타운 도착

## 신혼여행 추천 코스

블루트레인은 프리토리아와 케이프타운을 오가는 럭셔리 기차로 이동 중 주요 관광지에 들르는 서비스도 제공한다. 19세기 빅토리아풍의 귀족 생활을 간접 체험할 수 있으며 여러 왕과 대통령이 이용한 기차이자 매우 고급스러운 서비스를 경험할 수 있는 기차로도 유명하다. 좋은 시설과 서비스, 식사뿐만 아니라 이동하는 내내 남아공의 장엄한 풍경을 감상하는 등 특별한 시간을 보낼 수 있다. 양방향으로 이용 가능하지만 프리토리아에서 출발해 케이프타운에 도착한 후 케이프타운을 자유여행하고 와이너리에 방문하는 코스를 추천한다.

| 기간 | 6일  | 예산 | 350만 원~
| 여행 일정 |
1~3일차　블루트레인으로 프리토리아에서 케이프타
　　　　운까지 이동
4일차　보캅 → 그린 마켓 광장 → 테이블 마운틴 →
　　　　캠스 베이 → 시그널 힐
5일차　물개 섬 → 펭귄 비치 → 희망봉 → 워터프런트
6일차　와이너리 → 커스텐버쉬

# 02 요하네스버그 Johannesburg

요하네스버그는 남부 아프리카 및 아프리카의 경제적 상징이며 남아공의 심장부라고 부를 수 있는 곳에 위치하고 있다. 1886년에 금광이 발견돼 많은 부를 축적했으며 1920년대부터 형성된 요하네스버그 시티는 1950~1980년대에 흥왕을 이뤄 세계 여느 대도시와 견주어도 부족함 없는 거대한 상공업 도시가 됐다. 그러나 1990년대 아파르트헤이트 철폐와 동시에 외국인 노동자, 빈민층 등이 일자리가 많은 요하네스버그 타운으로 이동했고, 그와 더불어 많은 범죄가 일어나 중산층은 요하네스버그 타운 외곽으로 이주하기 시작했다. 그렇게 생겨난 새로운 중심지가 샌튼이다.

**TIP** 많은 관광객이 중심지로 알고 있는 요하네스버그 타운은 우리가 흔히 생각하는 중심지가 아니다. 이곳은 치안이 매우 나쁘므로 시내 구경을 하고 싶다면 새 중심지인 샌튼으로 가야 한다. 특히 힐브로우라는 지역은 절대 가지 말 것.

요하네스버그 타운은 오랜 기간 동안 '세계에서 치안이 가장 나쁜 도시'로 방치돼 있었으나 최근 들어 주말 마켓이 들어오는 등 조금씩 변화가 일어나는 추세다. 하지만 여전히 위험한 지역이 대부분이므로 혼자 방문하는 등의 무모한 행동을 하지 않기를 바란다. 요하네스버그의 근현대사 흔적이 남아있는 요하네스버그 시티를 방문하고 싶다면 레드 투어 버스로 투어하기를 추천한다.

요하네스버그
A 로즈뱅크
B 샌튼
C 칼튼 센터
D 골드 리프시티, 아파르트헤이트 박물관
E 소웨토
F 라이언 사파리 파크
G 란세리아 공항
H OR Tombo 공항
I 인류의 요람

### 볼거리

## 시티 사이트싱 버스 | City Sightseeing Bus

요하네스버그를 안전하고 알차게 돌아볼 수 있는 2층 관광버스다.
티켓 구매 시 나눠주는 이어폰을 끼면 투어하는 동안 유머 넘치는
안내 멘트를 들을 수 있다. 티켓은 요하네스버그만 둘러보는 코스와
소웨토까지 방문하는 코스로 나눠져있으며 1일 투어, 2일 투어 등

이 있다. 1일 투어를 하고 싶다면 아침 일찍 시작해 중요한 곳만 들
시티사이트싱 버스

러 관광하면 되고, 소웨토 투어까지 하고 싶다면 2일 투어로 여유
롭게 둘러보기를 권한다. 티켓 가격은 최소 200랜드부터 시작하며
각종 입장료는 포함돼 있지 않다. 입장료는 대부분 카드 결제가 가
능하지만 비상금으로 200랜드 정도는 현금으로 가지고 있자.

시티사이트싱 버스 매표소

TIP 미리 예약하기보다는 투어 당일 날씨를 보고 결정하는 편이 좋으며, 버
스가 달리면 추울 수 있으니 겉옷을 챙기기를 권한다.

🌸 주소 Oxford Road, Rosebank, Johannes burg, 2196  전화 +27-(0)86-173-3287  가격 기본 R200  홈
페이지 https://www.citysightseeing.co.za/johannesburg/

## 콘스티튜션 힐 | Constitution Hill

콘스티튜션 힐은 정치범 수용소
로 과거 많은 흑인이 수용돼 있
었으며, 아파르트헤이트 기간뿐
만 아니라 오랜 세월 동안 시대
에 따라 다양한 용도로 사용된
장소다. 마하트마 간디와 넬슨

© https://www.constitutionhill.org.za/

© https://www.constitutionhill.org.za/

만델라도 수용됐던 장소로, 남아공의 중요한 역사들이 실제로 일어난 곳이라고 할 수 있다. 현재는 박물
관 겸 헌법재판소로 이용되고 있다. 정기적으로 개최되는 헌법 관련 행사에 참여하거나 관람할 수 있다.

🌸 주소 11 Kotze St, Johannesburg, 2017  전화 +27-(0)11-381-3100  가격 종합 투어 R85    홈페이지
https://www.constituti onhill.org.za/

## 칼튼 센터 | Carlton Centre

칼튼 센터는 1950년대에 지어진 빌딩 중 아프리카에서 가장 높은
빌딩이라고 알려져 있으며, 요하네스버그 타운 중심가에 자리 잡고
있다. 요하네스버그 타운의 슬럼화 때문에 운영이 중단된 칼튼 호텔
과 칼튼 쇼핑센터가 함께 있으며, 지금은 50층에 있는 전망대만 이

용되고 있다. 시티 투어 버스를 이용하는 경우 버스정류장에 대기하고 있는 안내원과 함께 칼튼 센터 전망대에 올라가면 한때 흥성했던, '계획적으로 건설된 부유했던 도시' 요하네스버그 타운을 한눈에 내려다볼 수 있다.

칼튼 센터 위에서 바라본 요하네스버그 타운 전경

✿ 주소 150 Comm issioner St, CBD, Johannesburg, 2001 가격 R15

## 골드 리프 시티 | Gold Reef City Casino Hotel

1971년에 문을 닫은 오래된 금광에 건설한 요하네스버그의 유원지다. 1886년에 처음 금이 발견된 금광이 테마여서 직원들이 1880년대의 의상을 입고 있으며 지하 광산 투어, 금을 캐던 시절을 재현하는 쇼 등을 보며 요하네스버그의 기원과 금광업에 대해 배울 수 있다.

© Gold Reef City Casino Hotel

✿ 주소 Northern Pkwy & Data Cres, Ormonde 99-Ir, Johannesburg, 2159 전화 +27-(0)11-248 -5000 홈페이지 https://www.tsogosun.com/gold-reef-city-casino

## 아파르트헤이트 박물관 | Apartheid Museum

아파르트헤이트는 남아프리카공화국의 인종 차별 정책을 말한다. 이 박물관은 2001년에 문을 열었으며 아파르트헤이트가 시행된 20세기 남아프리카의 역사를 잘 다룬 곳으로 인정받고 있다. 남아프리카공화국 및 남부 아프리카 국가들의 억압받던 과거 및 더 나은 미래로 나아가고자 발버둥치던 당시 사람들의 어두운 희망을 보여주는 곳이다. 콘스티튜션 힐과 달리 아파르트헤이트 기간을 기록하려는 취지에서 새롭게 세운 박물관으로, 넬슨 만델라의 자취와 남아프리카공화국의 뼈저린 인종 차별에 대해 깊이 알고 싶다면 방문해보자.

아파르트헤이트 박물관 입장권

✿ 주소 Northern Park Way and Gold Reef Rd, Johannesburg, 2001 전화 +27-(0)11-309-4700 입장료 R85

## 소웨토 | Soweto

흑인 민주화의 근원지 소웨토는 'South West Townships'의 앞 두 글자씩을 따서 지어진 이름이다. 이곳은 과거 아파르트헤이트 때문에 강제 이주한 흑인들이 머물던 지역이다. 당시 흑인들은 백인 거주 지역에 일하러 갈 때 통행증을 지참하고 검문을 받아야만 돌아다닐 수 있었고, 통행증이 없거나 통행증에 기재된 시간이 아닌 때에 돌아다니면 체포돼 투옥됐다. 넬슨 만델라 대통령의 생가가 위치한 골목은 관광지로 개발돼 많은 외지인이 방문하고 있으며, 자전거를 타고 소웨토를 둘러보는 투어도 있다. 가이드와 함께가 아니라면 관광지역을 벗어나지 말 것.

❀ 주소 Vilakazi Street, Vilakazi St, Orlando West, Soweto  자전거 투어: http://www.sowetoback packers.com/

## 샌튼 시티 | Sandton City  넬슨 만델라 광장 | Nelson Mandela Square

요하네스버그 타운의 슬럼화로 새롭게 건설된 요하네스버그의 새 중심지 샌튼에 위치하고 있으며 샌튼 지역에서 가장 번화한 장소다. 쇼핑몰 샌튼 시티는 넬슨 만델라 동상이 있는 넬슨 만델라 광장 바로 옆에 위치하며 공항에서의 접근성도 좋다. 해가 지기 전 넬슨 만델라 광장에서 만델라 동상과 사진을 찍은 후 광장을 둘러싼 식당가에서 저녁을 먹는 것을 추천한다. 또한 일요일 오전 아홉 시에서 오후 네 시까지는 광장에서 일요 마켓Sunday Artisan Market이 열린다.

넬슨 만델라 광장의 넬슨 만델라 동상

❀ 주소 Cnr Rivonia Road and Central Sand ton, 5th St, Sandown, Sandton, 2031  전화 +27-(0)11-217-6000

## 더 존 로즈뱅크 | The Zone @ Rosebank

로즈뱅크 지역에 위치한 더 존 몰 안에는 공예품 상점, 레스토랑, 카페 등이 있으며 어린이부터 성인까지 고루 즐길 거리가 다양하다. 매주 일요일에는 볼거리가 많은 루프탑 마켓도 열린다. 로즈뱅크 하우트레인 역에서 멀지 않으며 이곳에 레드

© The Zone @ Rosebank

투어 버스 티켓 구매처가 있다.

✿ 주소 177 Oxford Rd, Rosebank, Johannes burg, 2196　전화 +27-(0)11-537-3800

## 포웨이즈 파머스 마켓 | Fourways Farmers Market

포웨이즈 지역에 있는 파머스 마켓으로 이름에서 알 수 있다시피 편안한 농장 분위기가 느껴진다. 매주 일요일 오전 아홉 시부터 오후 세 시까지 운영되며 때에 따라 금요일 밤 마켓도 열린다. 다양한 먹거리와 라이브 공연이 있어 가족이 함께 시간 보내기 좋은 장소다. 길 건너편에는 영화관, 공연장 및 레스토랑 등 이 있는 몬테카지노Montecasino가 있으므로 파머스 마켓 방문 후 들를 수도 있다.

✿ 주소 1 William Nicol Dr & Montecasino Blvd, Magaliessig, Sandton, 2191　입장료 R10

ⓒ Fourways Famers Market

## 네이버굿즈 마켓 | Neighbourgoods Market_JHB

요하네스버그 타운에 위치한 일요 마켓이다. 요하네스버그의 힙스터나 패션 피플들이 모이는 곳으로 포웨이즈 파머스 마켓보다 좀 더 젊고 활발한 분위기다. 2층에서는 새로운 시도를 한 다양한 퓨전 음식을 팔며 3층에는 칵테일 바와 수공예품점이 있다. 앉을 자리가 협소해 주로 간단히 음식을 산 후 음료와 함께 들고 서서 먹는 분위기다. 타운 내에 위치하기 때문에 마켓이 열리는 빌딩 밖을 걸어 다니는 것은 추천하지 않는다.

❀ 주소 73 Juta St, Johannesburg, 2000

## 라이언 사파리 파크 | Lion & Safari Park

© Lion & Safari Park

샌튼에서 약 한 시간 정도 떨어진 거리에 위치하며 렌터카나 라이언 사파리 파크 셔틀버스를 타고 갈 수 있다. 당일치기 사파리 맛보기 체험을 하러 가기 좋은 곳이다. 아기 사자와 함께 걷기, 치타와 산책하기, 기린 먹이 주기 등 다양한 체험 활동이 준비돼 있어 도시와 가까운 곳에서 간단하게 사파리를 즐기고자 하는 여행자, 어린이가 있는 가족이 방문하기에 손색없다.

© Lion & Safari Park

❀ 주소 R512 Pelindaba Rd, Hartbeespoort, Broederstroom, 0240 전화 +27-(0)87-150-0100 입장료 R195~

## 인류의 요람 | The Cradle of humankind

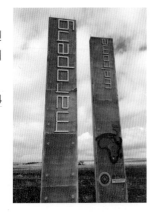

세계문화유산으로 지정됐으며 가장 오래된 인류의 뼈가 발견된 곳으로 유명하다. 인류의 요람에 대해 자세히 알 수 있는 박물관이 있으며 첫 인류가 머문 동굴, 뼈가 발견된 장소를 볼 수 있다.

❀ 주소 The Cradle of human kind, Gauteng 전화 +27-(0)14-577-9000 입장료 R175

### 시그니처 럭스 호텔 | Signature Lux Hotel

요하네스버그에 있는 숙소 중 위치, 가격 면에서 추천하는 곳이다. 샌튼 시티, 넬슨 만델라 광장에 걸어서 갈 수 있는 호텔 중 가장 가격이 저렴하다. 시설은 깔끔하지만 매우 작은 모텔 수준이다.

🌸 **주소** 135 West St, Sandown, Johannesburg, 2146 **전화** +27-(0)11-085-9500 **요금** 1박 R1,000~

© booking.com/

### 인터컨티넨탈 호텔
| InterContinental Johannesburg Sandton Towers

샌튼 시티, 넬슨 만델라 광장에 걸어서 갈 수 있는 호텔 중 시설이 가장 훌륭하며 서비스도 좋다.

🌸 **주소** 5th Street, Sandton, Johannesburg, 2146 **전화** +27-(0)11-780-5509 **요금** 1박 R3,300~

© booking.com/

### 홀리데이 인 로즈뱅크
| Holiday Inn Rosebank Johannesburg

하우트레인 로즈뱅크역과 로즈뱅크 더 존 몰에서 매우 가깝다.

🌸 **주소** 72 Bath Avenue, Rosebank, Johannesburg, Gauteng, 2146, South Africa **전화** +27-(0)11-340-0000 **요금** 1박 R1,400~

© booking.com/

### 54 온 바쓰 로즈뱅크 | 54 On Bath Rosebank

로즈뱅크 더 존 몰 바로 옆에 있어 로즈뱅크 몰까지 걸어서 갈 수 있다.

🌸 **주소** 54 Bath Ave, Rosebank, Johannesburg, 2196 **전화** +27-(0)11-344-8500 **요금** 1박 R3,500~

© booking.com/

# 🍴 먹거리

## 더 빅 마우스 | The Big Mouth

초밥, 스테이크, 파스타 등 메뉴 선택의 폭이 넓으며 음식이
대부분 맛있다. 넬슨 만델라 광장에 위치해 샌튼에서의 접근
성이 좋다.

🌸 주소 Shop No 13 & 14 of Nelson Mandela Square at
Sandton City, Corner of Maude and 5th Streets  전화 +27-
(0)63-293-8869

## 더 부처 샵 앤 그릴 | The Butcher Shop & Grill

스테이크가 주 메뉴이며 와인과 함께하는 고급스러운 한
끼를 원한다면 추천한다. 넬슨 만델라 광장에 있다.

🌸 주소 Shop 30 Nelson Mandela Square, Sandton  전화
+27-(0)11-784-8677

## 셰프 보마 레스토랑 | Chief's Boma Restaurant

아프리카 전통 분위기 속에서 다양한 고기를 마음껏 시도해
보고 싶다면 꼭 가봐야 할 곳! 쿠두, 사슴, 임팔라 등 다양한
종류의 고기를 무제한 뷔페식으로 먹을 수 있으며 식사하는
동안 전통 음악을 연주해준다. 전통의상을 입은 연주자들과
함께 사진을 찍으면 팁을 줘야 한다.

🌸 주소 cnr. William Nicol & Pieter Wenning Road,
Fourways, Johannesburg, 2055  전화 +27-(0)11-840-6600

## 지멜리 쿠지나 | Gemelli Cucina

요하네스버그에서 가장 유명한 레스토랑이다. 전 축구선수
데이비드 베컴도 다녀갔을 만큼 인기가 좋다. 저녁식사를 하
려면 미리 예약해야 하며, 입구에 바bar가 있다. 요하네스버그
현지인과 함께 바에서 자유롭게 대화를 나누며 시간을 보내
고 싶다면 꼭 가봐야 할 곳!

🌸 주소 13 Posthouse Link Centre, Main Rd, Bryanston,
Sandton, 2191  전화 +27-(0)10-591-4333

## 마나카 커피 로스터리 | Manaka Coffee Rostery

마나카는 세수투sesotho 언어로 '뿔'이라는 뜻이다. 대량 로스
팅이 아닌 스몰배치 로스팅으로 언제나 최고 퀼리티의 커피
를 제공하며 100퍼센트 아라비카 커피를 사용한다. 오너 중
한 명은 로스팅 경력 15년의 남아공에서 가장 유명한 헤드
로스터다. 이들은 직업이 없는 흑인들에게 바리스타 교육을
하고 일자리를 주며 자립할 수 있도록 지원하는 등 진정한
남아공의 커피 브랜드를 설립했다. 친근한 바리스타들에게
커피를 배우며 대화를 나눌 수 있다.

✿ 주소 Waterfall Drive, Waterwal 5-lr, Midrand, 1682　전화 +27-(0)66-486-3019　홈페이지 http://
manaka.coffee

## 파더 커피 | Father Coffee

힙스터들이 만든 브랜드로 조용한 분위기에서 맛있는 커피
를 마실 수 있다. 항상 같은 맛을 내려고 파더 커피만의 규칙
을 정확하게 지켜 퀼리티를 유지한다. 유명한 블렌드로는 에
티오피아 커피콩을 이용한 엘룸 커피Heirloom coffee가 있다.

✿ 주소 The Zone, 177 oxford street, Rose bank, Johan
nesburg, 2001　전화 +27-(0)82-513-4258

# 한식당 ——————— Korean Restaurant

**한국관** Korean Garden
주소 53 Troupant Ave, Magaliessig, Sandton, 2191　**전화** +27-(0)71-228-4267

**아리랑** Arirang
주소 Leaping Frog Shopping Centre, 23 William Nicol Dr, Fourways, Johannesburg, 2086　**전화** +27-(0)11-465-3562

**대장금** Dae Jang Kum
주소 22-24, Early Dawn Mall, 20 9th Ave & Rivonia Street, Edenburg, Johannesburg, 2128　**전화** +27-(0)11-234-7292

**반찬** BANCHAN
주소 Corner and, 10th St & Elizabeth Ave, Parkmore, Sandton, 2196　**전화** +27-(0)72-913-3269

**코코로**(한인 수퍼마켓)KOKORO
주소 #4, Rivonia Road & Mutual Road, Rivonia, Sandton, Gauteng/Leaping Frog Shopping Centre, 23 William Nicol Dr, Fourways, Johannesburg, 2086　**전화** +27- (0)79-756-0814

# 프랜차이즈 ——————— Franchise

**심플리 아시아** Simply Asia
태국 팟타이, 볶음밥 판매
**추천** 치킨 팟타이

**로코마마스** Rocomamas
다양한 수제 버거 판매, 재료를 골라 커스텀 버거 주문 가능
**추천** 칠리치즈밤 버거, 머쉬룸 스위즈버거

**난도스** Nandos
순한 맛부터 매운 맛까지 단계별 로스티드 치킨 판매
**추천** 모잠 파프리카 소스 치킨+난도스롤+코올슬로

**오션 바스켓** Ocean basket
남아공 대표 시푸드 레스토랑
**추천** 초밥, 플래터

**타샤** Tashas
샌드위치, 파스타 등 음식의 맛은 무난. 디저트 및 커피를 즐기기 좋은 레스토랑
**추천** 케이크 등 카페 메뉴

## Chapter

### 03 케이프타운 Cape Town

케이프타운은 남아프리카공화국의 입법수도이자 항구도시다. 또한 1652년 4월 6일에 처음으로 네덜란드인들이 정착한 장소인 테이블 베이가 있는 도시이자 요하네스버그가 개발되기 전까지는 남부 아프리카에서 가장 큰 도시였다. 세계적으로 손꼽히는 다문화 도시 중 한 곳이며 새로운 문화에 열려있는 사람이 많은 편이다. 또한 웅장한 테이블 마운틴이 바다, 도시와 함께 어우러져 장관을 이룬다. 2014년 <뉴욕타임즈>와 영국 <데일리텔레그래프>가 '세계에서 가장 방문하기 좋은 장소'로 선정한 남아공 최대의 관광도시이기도 하다.

관광객이 많이 찾는 롱스트릿은 친숙한 이름과 달리 크고 작은 사건이 자주 일어나는 곳이다. 그러니 항상 몸을 가볍게 하고 귀중품을 들고 다니지 않는 것이 좋다.

**TIP** 강도를 만나면 저항하지 말고 그들이 원하는 대로 들어주는 편이 안전하다. 최고의 방법은 가까운 거리라도 우버를 이용하는 것이다.

**케이프타운 지도**
A 케이프타운
B 하우트 베이
C 케이프 포인트
D 케이프타운 공항
E 스텔렌보쉬

## 🔭 볼거리

### 시티 사이트싱 버스
### City Sightseeing Bus

케이프타운의 아름다운 자연경관을 2층 버스에 앉아 감상할 수 있다. 가장 합리적인 가격으로 케이프타운의 대표 관광지를 골고루 둘러볼 수 있으며 더 비싼 투어를 고를수록 운하 크루즈, 물개 섬, 하우트 베이 등 볼거리가 다양해진다. 요하네스버

그 투어 버스와 마찬가지로 재치 있는 안내 멘트를 듣고 싶다면 티켓을 살 때 나눠주는 이어폰을 이용하자.

🌼 **주소 워터프런트:** Dock Road, V&A Waterfront (V&A Water front Ticket Office), Cape Town | **캠스 베이:** 69 Victoria Rd, Camps Bay, Cape Town, 8040 **전화** +27-(0)86-173-3287 **가격** R200 **홈페이지** https://www.citysightseeing.co.za/cape-town/

© City Sightseeing Bus

## V&A 워터프런트 | V&A Waterfront

케이프타운에서 관광객 및 현지인에게 가장 인기 있는 쇼핑몰로 야외 공연장, 레스토랑, 기념품 상점 및 호텔이 있고 경치가 아름답다. 로빈 아일랜드로 가는 배, 케이프타운을 둘러볼 수 있는 헬기 투어 등이 시작되는 곳이기도 하다. 워터프런트 입구 쪽에 있는 워터 쉐이드Water Shade에서는 독특한 디자인 상품, 아프리카에서 만들어진 수공예품 등을 판매하며 짐 보관소도 있다. 관람차 뒤편으로 걸어가면 아프리카를 상징하는 기념품을 판매하는 가게가 늘어서 있고 테이블 마운틴을 배경으로 사진을 찍을 수 있는 포토존도 있다.

🌼 **주소** V & A Waterfront, Cape Town, 8001 **전화** +27-(0)21-408-7600

워터프런트 짐 보관소

## 로빈 아일랜드 | Robben Island

워터프런트에서 배로 약 30분 정도 거리에 위치한 섬이다. 넬슨 만델라 대통령이 아파르트헤이트 시절 수감된 곳으로, 당시 현장을 둘러볼 수 있도록 재현한 박물관이 있다. 1999년 유네스코 세계문화유산으로 등재됐다. 아홉 시, 열한 시, 오후 한 시에 워터프런트에서 출발하는 배가 있다.

🌼 **가격** R360 **홈페이지** http://www.robben-island.org.za/tours

© https://whc.unesco.org/

## 오라냐제크 시티 팜 마켓 | Oranjezicht City Farm Market at Granger Bay

워터프런트 근처에서 열리는 토요 마켓이다. 유기농 채소, 고기, 로컬 수공예품 등을 판매하는데, 그 중 음식이 정말 훌륭하다. 아직은 관광객보다는 현지인 위주로 운영되고 있으며 특히 토요일 아침에 브런치를 먹고 일주일치 식자재를 사려고 방문하는 단골 현지인이 많다. 오전 여덟 시부터 오후 두 시까지 운영한다.

🌸 주소 Granger Bay Blvd, V & A Waterfront, Cape Town, 8051 전화 +27-(0)83-628-3426

© Oranjezicht City Farm Market

## 테이블 마운틴 | Table Mountain

'케이프타운의 상징'이라고 불릴 정도로 유명한 산이다. 평평한 윗면이 탁자 같아 테이블 마운틴이라는 이름이 붙었다. 고도에 따라 다양한 식물이 자라며 산 아래에서 구름과 날씨에 따라 매일매일 달라지는 풍경을 바라보는 것만으로도 자연의 경이로움을 느낄 수 있다. 날씨가 구름 한 점 없이 맑다면 고민하지 말고 바로 케이블카를 타고 산 위로 올라가기를 추천한다. 테이블 마운틴의 날씨는 시시각각 변화하며, 구름이 있으면 산 위에 올라가도 케이프타운 전경이 보이지 않는다.

TIP 01 매년 7월 말에서 8월 초까지 약 2주 정도 케이블카 운행을 하지 않는다. 걸어서 올라갔다 내려오는 것은 가능하다. TIP 02 가장 대중적인 등산로는 올라가는 데 약 두 시간 정도 걸리며 아주 쉽지도, 많이 힘들지도 않다.

✺ 케이블카 이용료 오전 R330, 오후 R290 홈페이지 https://www.tablemountain.net/

## 라이언즈 헤드 | Lion's Head

사자가 엎드려있는 모양과 흡사해 '라이언즈 헤드'라고 불린다. 여유로운 자태로 케이프타운을 지키고 있는 듯한 모습이며 하이킹으로 유명한 곳이다. 테이블 마운틴 케이블카가 운행하지 않는다면 라이언즈 헤드를 등반하는 것도 좋다. 난이도는 높지만 이곳에 올라가면 열두 사도 절벽과 대서양을 한눈에 바라볼 수 있는 멋진 사진 포인트가 있다.

## 시그널 힐 | Signal Hill

군대 전통에 따라 매일 정오에 이곳에서 대포를 발사하는데, 이 때문에 시그널 힐이라고 불린다. 야경으로 유명한 장소지만 낮 시간에 패러글라이딩을 즐기려고 방문하는 젊은이도 많다. 한 마리의 새가 돼 케이프타운 상공을 날아보는 것도 잊지 못할 추억이 될 것이다.

© Cape Town Tourism

## 보캅 | Bo-Kaap

'케이프말레이'라는 인종이 모여 사는, 케이프타운 내에 위치한 작은 동네다. 주택을 다채로운 색으로 칠해 화사한 분위기이며 지역이 크지 않아 잠시 들러 사진 찍기 좋다. 1790년대에 건설된 남아공 최초의 이슬람 사원 오우왈 모스크Auwal Mosque와 보캅 박물관에서 이슬람 이민자들의 역사를 배울 수 있다. 매년 1월 2일 정오에는 케이제르스흐라흐트Keizersgracht에서 시작해 보캅(로즈 스트리트)에서 끝나는 케이프타운 스트릿 퍼레이드Cape Town Street Parade, Tweede Nuwe Jaar Minstrel Parade라는 이름의 카니발이 열린다. 연초에 케이프타운을 방문할 계획이라면 화려한 색으로 치장한 케이프말레이들과 함께 새해를 맞이하면 어떨까?

✺ 주소 71 Wale St, Schotsche Kloof, Cape Town, 8001

### 그린 마켓 광장 | Green Market Square

케이프타운에서 두 번째로 오래된 시장이며 아프리카 각지에서 이주해온 상인들이 형형색색의 공예품 및 아프리카 전통의상을 판매한다. 안전을 위해 일행과 함께, 오후 한 시 이전에 방문하기를 권하며 소매치기 및 카드복제에 유의하도록 하자

✿ 주소 Burg St & Longmarket Street, Cape Town City Centre, Cape Town, 8000

ⓒ Wikipedia

### 클리프턴 비치 | Clifton Beaches

클리프턴 비치는 빅토리아 로드를 따라 시포인트에서 캠스 베이로 가는 길에 위치한 작고 아름다운 해변이다. 여름에 모델과 운동선수가 많이 방문하는 것으로 유명하며, 좁은 계단을 한참 내려가야 만날 수 있는 숨겨진 장소다. 1년 내내 물이 얼음장처럼 차가우므로 꼭 발을 담가볼 것!

ⓒ 트립어드바이저

### 캠스 베이 카 파크 | Camps Bay Car Park

클리프턴 비치와 캠스 베이 사이에 있는 주차장이다. 차를 세우고 구도를 잘 잡으면 열두 사도 절벽과 캠스 베이 해변이 한눈에 들어오는 멋진 사진을 찍을 수 있다.

✿ 주소 OE Victoria Rd, Clifton, Cape Town, 8005

## 채프먼스 피크 | Chapman's Peak

케이프 반도의 서쪽에 있는, '채피스'라고도 불리는 희망봉 가는 길에 위치한 해안 도로로 웅장한 바위산과 아찔한 굽은 길이 말로 표현할 수 없는 훌륭한 광경을 자아낸다.

✾ 주소 1 Chapmans Peak Dr, Hout Bay Harbour, Cape Town, 7806  통행료 R45

## 희망봉 Cape of Good Hope(Cape Point)

한때 아프리카의 최남단이라고 알려져 유명해진 케이프 포인트(희망봉)는 1488년에 포르투갈인 바르톨로메우 디아스가 처음 발견했다. 사나운 바다 때문에 '폭풍의 곶'이라고 불렸으나 1497년에 포르투갈 국왕이 '희망의 곶'으로 이름을 바꿨다. 유럽에서 인도로 향하는 배들의 이정표가 되던 곳이기도 하다. 케이프타운의 테이블 마운틴과 거대한 산맥으로 이어져 있다. 케이프 포인트에서 희망봉까지는 걸어서 약 한 시간 반 정도 걸리고, 실제 아프리카의 최남단인 케이프 아굴라스Cape Agulhas 와는 약 150킬로미터 떨어져 있다. 모노레일 티켓은 편도로도 구입할 수 있다.

✿ 주소 Cape Point Rd, Cape Town, 8001  전화 +27-(0)21-780-9010 입장료 R303, 모노레일: R70 홈페이지 https://capepoint.co.za/

희망봉

## 볼더스 비치 | Boulders Penguin Colony

사이몬스 타운에 위치한 볼더스 비치는 아프리카 펭귄이라 불리는 자카스Jackass 펭귄이 서식하고 있는 해변으로, 세계적으로 유명한 곳이다. 투어나 개인 차량으로 가는 방법 외에도 케이프타운역에 서 기차를 타고 사이몬스 타운역에 내려 우버로 갈 수 있다. 기차는 치안이 좋지 않은 편이니 안전에 유의할 것.

볼더스 비치 © SA Tourism

✿ 주소 4, Boulders Place, Secluse Ave, Simon's Town, Cape Town, 7995  전화 +27-(0)21-786- 2329 입장료 R152

## 두이커 섬 | Duiker Island(Seal Island)

하우트 베이에서 보트를 타고 물개 섬이라고 알려진 두이커 섬을 돌며 수천 마리의 물개가 살고 있는 서식지를 관광할 수 있다.

✿ 주소 Harbour Rd, Hout Bay, 7806  전화 +27-(0)21-791-4441 물개 섬 관광보트 가격 R90

두이커 섬 © 트립어드바이저

## 뮤진버그 | Muizenberg

케이프타운의 서핑 메카로 알려진 뮤진버그는 백사장에 알록달록하게 줄 서있는 탈의실 덕분에 더욱 유명해졌다. 서핑 입문자들에게 좋은 서핑 스폿이며, 개인 강습 및 자유 서핑이 가능하다.

🌸 가격 1시간 약 R350, 장비 렌트 포함

뮤진버그

## 더 베이 하버 마켓 | The Bay Harbour Market

주말에 열리는 아프리카 스타일의 크라프트 마켓으로 케이프타운 중심지에서 약 30분 정도 걸린다. 가는 길이 매우 예쁘다.

🌸 주소 31 Harbour Rd, Hout Bay, Cape Town, 7872 전화 +27-(0)83-275-5586

ⓒ The Bay Harbour Market

## 와이너리

1659년 프랑스 뮈스까델 종의 포도로 최초의 남아프리카공화국 와인이 만들어졌으며 이를 시발점으로 스텔렌보쉬, 파알, 프란스훅, 섬머셋 웨스트 지역에 수백 개의 와이너리가 들어섰다. 일반 와이너리부터 관광지화된 와이너리, 아름다운 궁전 같은 고급 와이너리까지 다양한 와이너리가 웨스턴 케이프 지역에 자리 잡고 있다. 렌터카로 직접 갈 수 있으며, 시티 투어 버스 또는 개별 투어를 신청해서 갈 수도 있다. 직접 가는 경우 예약 및 오픈 여부를 확인하자.

# 추천 와이너리

## Winery

### 스피어 와인 팜 Spier Wine Farm
베이커리류, 피자 등을 팔고 와인 투어를 할 수 있으며 피크닉을 신청해 와이너리의 음식을 가지고 피크닉을 즐길 수 있다.

주소 R310 Baden Powell Drive, Stellenbosch, 7603  전화 +27-(0)21-809-1100

### 빌라리아 와인 Villiera Wines
와인 투어, 야외 공연, 피크닉을 즐길 수 있다.

주소 Cnr R304 & R101 Koelenhof, Stellenbosch, 7530  전화 +27-(0)21-865-2002

### 그루트 콘스탄시아 Groot Constantia
역사가 깊고 관광지로 유명해 거의 1년 내내 방문할 수 있다.

주소 Private Bag X1, Constantia, 7848  전화 +27-(0)21-794-5128

### 보쉰달 Boschendal
와인, 베이커리, 고기, 레스토랑이 유명한 와이너리다. 프란스훅에 있으며 스텔렌보쉬에도 레스토랑이 있다.

주소 Boschendal Estate Pniel Road Groot Drakenstein, Franschhoek, 7680
전화 +27-(0)21-870-4200

### 란제락 와인 이스테이트 Lanzerac Wine Estate
5성급 호텔이 함께 있는 만큼 고급스러운 서비스가 제공된다. 와인 투어, 스파 등을 즐길 수 있다.

주소 1 Lanzerac Rd, Jonkershoek, Stellenbosch, 7600  전화 +27-(0)21-887-1132

### 도니어 와인 이스테이트 Dornier Wine Estate
식사를 하러 레스토랑에 가면 눈앞에 펼쳐진 장관에 반할 것이다. 음식이 훌륭하며 숙박비도 저렴한 편이다.

주소 Dornier Road, Upper Blaauwklippen Rd, Stellenbosch, 7600
전화 +27-(0)21-880-0557

### 스파이스 루트 Spice Route
훌륭한 레스토랑과 수제 초콜릿, 맥주, 아이스크림 등이 있으며 와인 시음뿐만 아니라 빌통 시식도 할 수 있다. 유리공예점, 주얼리숍도 함께 있다. 5분 거리에 알파카 카페가 있다.

주소 Suid Agter Paarl Road, Suider Paarl, South Africa  전화 +27-(0)21-863-5200

### 알파카 카페 The Alpaca Loom Coffee Shop and Weaving Studio
주소 Suid-Agter-Paarl Rd, Southern Paarl, 7624  전화 +27-(0)84-793-3666

# H 숙소

### 91루프 | 91 Loop Boutique Hostel

한국인이 가장 많이 찾는 백패커스다. 동행을 구하기 좋은
곳이다.

✿ 주소 91 Loop Street, City Bowl, Cape Town, 8000 전화
+27-(0)21-286-1469

© booking.com/

### 아샨티 | Ashanti Lodge Backpackers

숙소와 함께 투어 회사를 운영하는 곳으로 다양한 투어를
알아볼 수 있다는 장점이 있다. 일반 백패커스보다는 가격대
가 있는 편이다.

✿ 주소 11 Hof St, Gardens, Cape Town, 8001 전화 +27-
(0)21-423-8721

© booking.com/

### 빅블루 백패커스 | Big Blue Backpackers

그린포인트에 위치하며 워터프런트에서 가깝다. 주변 환경이
시내보다 쾌적하다.

✿ 주소 7 Vesperdene Road, Green Point, Green Point,
8001 Cape Town, South Africa 전화 +27-(0)21-439-0807

© booking.com/

### 모조 호텔 | Mojo Hotel

시포인트에 위치하며 바닷가, 버스정류장, 마트 등이 가깝다.
1층에는 푸드코트가 있다.

✿ 주소 30 Regent Rd, Sea Point, Cape Town, 8060 전화
+27-(0)87-940-7474 요금 1박 R320~

© booking.com/

### 페닌슐라 올 스위트 호텔 | Peninsula All Suite Hotel

시포인트에 위치하며 시설이 깔끔하다. 발코니에서 바다를
바라볼 수 있고 걸어서 해변에 갈 수도 있다.

✿ 주소 313 Beach Rd, Sea Point, Cape Town, 8060 전화
+27-(0)21-430-7777 요금 1박 R1,700~

© booking.com/

## 하버엣지 아파트
### Harbouredge Apartments

합리적인 가격에 이용할 수 있는 아파트형 숙소로 가족 단위 여행자에게 적합하다.

✿ 주소 10 Hospital St, De Waterkant, Cape Town, 8051 전화 +27-(0)21-418-4164

© booking.com/

## 래디슨 레드 호텔 | Radisson Red Hotel

워터프런트 내에 있으며 시설이 좋은 호텔이다. 성수기 때는 가격이 두 배 이상 올라간다.

✿ 주소 Silo 6, South Arm Road, V&A Waterfront, Cape Town, 8001, South Africa 전화 +27-(0)87-086-1578

© booking.com/

## 서던 선 케이프 선 호텔 | Southern Sun Cape Sun

아프리카의 유명 체인 호텔로 케이프타운 중심가에 위치한다. 테이블 마운틴을 한눈에 담을 수 있는 객실이 있고 시설도 좋다.

✿ 주소 23 Strand St, Cape Town City Centre, Cape Town, 8000 전화 +27-(0)21-488-5100 요금 1박R2, 100~

© booking.com/

## 빅토리아 앤 알프레드 호텔 | Victoria & Alfred Hotel

워터프런트 내에 있어 가격이 있는 편이지만 분위기가 고풍스럽고 훌륭한 음식, 서비스를 제공받을 수 있다. 넓은 워터프런트를 치안 걱정 없이 자유롭게 걸어 다닐 수 있다는 것이 큰 장점이다. 항상 인기가 있으니 미리 예약하기를 권장한다.

✿ 주소 PierHead, on the, Dock Rd, V & A Waterfront, Cape Town, 8001 전화 +27-(0)21-419-6677 요금 1박 R2,500~

© booking.com/

# 🍽️ 먹거리

### 성북정 | Korean Soul Kitchen

음식이 깔끔한 한식당이다. 미리 예약하면 메뉴에 없어도 원하는 음식을 대부분 먹을 수 있다. 다만 한인 행사가 잦아 개인 손님을 받지 않을 때가 간혹 있으니 전화로 확인해보고 갈 것.

✱ 주소 2nd floor, 111 Main Rd, Claremont, Cape Town, 7708 전화 +27-(0)21-671-4604

### 갈비 레스토랑 | Galbi Restaurant

남아프리카공화국 현지인이 모던하게 꾸민 한식당으로 현지인에게도 인기가 매우 좋다. 남아공인의 관점에서 재해석된 한식을 먹어보고 싶다면 방문해보자.

✱ 주소 210 Long St, Cape Town City Centre, Cape Town, 8001 전화 +27-(0)21-424-3030

© Galbi Restaurant

### 마마 아프리카 | Mama Africa

아프리카의 음악과 함께 아프리카 전통음식을 먹을 수 있다. 입뿐 아니라 눈과 귀도 즐거워지는 장소다. 여행자에게 인기가 많은 레스토랑이므로 반드시 미리 예약할 것.

✱ 주소 178 Long Street, Cape Town City Centre, Cape Town, 8001 전화 +27-(0)21-426-1017

© 트립어드바이저

### 파랑가 레스토랑 | Paranga Restaurant

캠스 베이 해변 바로 앞에 위치한 레스토랑 겸 바다. 오전부터 열어 낮에 바닷바람을 맞으며 점심을 먹기 제격이며 해가 지기 직전 자리를 잡고 노을을 바라보며 저녁식사를 해도 훌륭하다. 음식도 맛있고 분위기도 좋다.

✱ 주소 Victoria Rd, Camps Bay, Cape Town, 8040 전화 +27-(0)21-438-0404

### 더 부처 샵 앤 그릴 | The Butcher Shop & Grill

요하네스버그 샌튼에도 있는 레스토랑이다. 스테이크가 주
메뉴지만 해산물 요리도 맛있다. 바닷가가 보이는 창가 쪽에
자리를 잡고 스테이크에 와인을 곁들이며 케이프타운의 저
녁노을을 감상하면 어떨까?

✿ 주소 125 Beach Rd, Mouille Point, Cape Town, 8005 전
화 +27-(0)21-434-0758

© The Butcher Shop & Grill

### 아주르 레스토랑 | Azure Restaurant

The Twelve Apostles 호텔에 위치한 파인 다이닝 레스토랑
이다. 케이프타운에서 알아주는 고급 레스토랑인 만큼 분위
기가 차분하고 서비스도 훌륭하다. 방문 전 반드시 예약을
해야 한다.

✿ 주소 Victoria Road, Camps Bay, Cape Town, 8005 전화
+27-(0)21-437-9029

### 더 팟 럭 클럽
| The Pot Luck Club (더 테스트 키친 The Test Kitchen)

케이프타운에서 매우 유명한 레스토랑으로 분위기가 활기
차고 음식이 굉장히 맛있다. 항상 만석이니 방문 전 반드시
예약을 해야 한다. 올드비스킷밀에 위치한다.

✿ 주소 The Silo, The Old Biscuit Mill, 373-375 Albert Rd,
Woodstock, Cape Town, 7915 전화 +27-(0)21-447-0804

© The Pot Luck Club

### 올드비스킷밀 | The Old Biscuit Mill

올드비스킷밀은 작은 시장 같은 곳이다. 각종 예술품과 공예
품점, 디자인숍 등과 함께 먹거리, 마실 거리 등이 있어 관광
객들이 좋아하는 장소 중 하나다. 매주 토요일 오전 아홉 시
부터 네 시까지 열린다.

✿ 주소 The Old Biscuit Mill 373-375 Albert Road,
Woodstock, Cape Town 전화 +27-(0)21-447-8194

© SA Tour

## 워터프런트 푸드 마켓 | V&A Food Market

워터프런트 내에 위치한다. 옛날 느낌이 나는 자연스러운 분위기의 가게에서 다양한 음식을 판매한다. 바로 옆에는 기념품 상점도 있다.

🌸 주소 V&A Food Market, Dock Rd, Victoria & Alfred Waterfront, Cape Town, 8001 전화 +27-(0)21-418-1605

© 트립어드바이저

## 제이슨 베이커리 | Jason Bakery

케이프타운의 그린포인트와 시내, 두 곳에 위치한다. 케이프타운의 커피 마니아들이 많이 찾는 곳이다. 커피 맛을 아는 사람들은 이곳 커피가 트루스 커피보다 맛있다고 이야기하기도 한다. 주말에는 아침식사를 하러 오는 사람으로 붐벼 줄을 서야 하는 경우도 있다.

🌸 주소 83 Main Rd, Green Point, Cape Town, WC 8051 전화 +27-(0)21-433-0538

## 트루스 커피 로스팅 | Truth Coffee Roasting

케이프타운에서 매우 유명한 카페 겸 레스토랑이다. 분위기가 독특하며 음식도 맛있어 항상 붐빈다. 세계적으로도 유명한 커피 로스터리니 꼭 들러볼 것.

🌸 주소 36 Buitenkant St, Cape Town City Centre, Cape Town, 8000 전화 +27-(0)21-200-0440

## 코리아마트 | Korea Mart

케이프타운의 한인마트다. 케이프타운 내 스파Spar에서 코리아마트 제품을 구할 수 있다.

🌸 주소 Korea Mart, Corner of Main St and Sussex Road, Near McDonalds Drive Thru, Observatory, Cape Town 전화 +27-(0)21-448-3420

© google map

# 가든 루트 Garden Route

남아공 여행자가 꼭 방문해야 할 장소 중 하나인 가든 루트는 서쪽의 모슬 베이에서 동쪽의 스톰 리버까지 약 200킬로미터 거리의 N2도로를 지칭하는 이름이다. 가든 루트를 따라 이 동하는 동안 남아공의 특색 있는 여러 작은 마을, 아름다운 풍경, 다양한 식물 및 야생동물 을 볼 수 있으며 다양한 액티비티도 즐길 수 있다. 주로 케이프타운에서 출발하거나 타 지역 에서 조지 공항으로 이동한 후 차를 렌트해 케이프타운 방향으로 이동한다.

**가든 루트**
A 하머너스    D 모슬 베이    G 플레튼버그 베이
B 아굴라스    E 오츠혼      H 스톰 리버
C 스왈렌담    F 나이즈나     I 아도 코끼리 국립공원

## 👀 볼거리

### 하머너스 | Hermanus

하머너스 케이프타운에서 약 122킬로미터 떨어진 곳에 위치해 케이프타운-하머너스 당일치기 여행도 가능하다. 많은 고래를 볼 수 있는 세계적인 고래 관찰 지역으로 유명한 곳이다. 곳곳에 고래 조형물이 설 치돼 있으며 고래가 잘 보이는 장소에는 표지판이 세워져 있다. 6월부터 12월이 고래를 볼 수 있는 적기 고 매년 9월에는 하머너스 고래 축제가 열린다.

#### 하머너스 고래 축제 | Hermanus Whale Festival
라이브 공연, 푸드 마켓 및 어린이를 위한 놀거리 등 다양한 즐길 거리가 있어 가족 및 젊은이들에게도 인기 있는 축제다.

#### 호이스 코피 | Hoy's Koppie
하머너스 지역을 360도로 볼 수 있는 곳이다.
주소 Magnolia St, Hermanus, 7200

### 토요 마켓 Hermanus Country Market
주소 Fairways Ave & Jose Burman Dr, Hermanus, 7200

### 고래 관람 포인트 Gearing's point Seivers ponit
- Gearing's point
- Seivers point

### 클리프 절벽 트레일 Cliff Path Walking Trail
뉴 하버 New Harbour에서 클라인 강 Klein River까지 바닷가에 있는 절벽을 따라 약 8킬로미터 정도 걸을 수 있는 코스다.

하머너스 고래 투어 © experitour.com/

# 케이프 아굴라스 | Cape Agulhas

케이프 아굴라스는 아프리카 대륙의 최남단이며 인도양과 대서양이 만나는 곳이기도 하다. 이 곳에 있는 아굴라스 등대는 아프리카의 최남단을 상징하는 건축물이어서 많은 관광객이 그 앞에서 기념사진을 찍는다.

### 아굴라스 등대 Cape Agulhas Lighthouse
1849년 3월 1일에 세워졌으며 남아공에서 두 번째로 오래된 등대이자 암초로 구성된 거친 아굴라스 곶을 밝혀주는 희망의 불빛이다. 입장료를 내고 올라가면 박물관을 구경할 수 있다.
입장료 R26

### 아굴라스 국립공원 Agulhas National Park
5.5킬로미터 정도 하이킹을 할 수 있고 인도양과 대서양이 만나는 지점에서 멋진 사진을 찍을 수도 있다. 등산로를 따라가다 보면 메이쇼 마루 Meisho Maru 난파선을 만날 수 있다.
입장료 R170

아굴라스 등대

인도양과 대서양이 만나는 지점

## 스왈렌담 | Swellendam

정확히 말하면 가든 루트에 있는 곳은 아니지만 시간이 있다면 들러도 좋을 장소다. 오버버그Overburg의 밀밭과 랑게버그Langeberge 산맥으로 둘러싸여 있는 남아공의 오래된 마을 중 하나며, 리틀 카루Little Karoo 를 방문하기 좋다.

### 말로스 자연 보호 구역Marloth nature reserve / Duiwelsbos-waterfall trail

스왈렌담 마을에서 3킬로미터 정도 떨어져 있는 곳에 있는 자연 보호 구역이다. 입장료를 내고 나무로 만들어진 표지판을 따라 약간 경사가 있는 산책로를 올라가다 보면 선녀탕 같은 신비로운 분위기의 작은 폭포를 만날 수 있으며, 특히 10월과 11월에는 예쁜 꽃을 볼 수 있다.

### Two Feathers Horse Trails

말을 타고 산책코스를 도는 체험으로 한 시간 30분에서 이틀 코스까지 선택할 수 있다. 말 타기 경험 여부는 상관없으며, 사전에 예약을 해야 한다.

© Two Feathers Horse Trails

## 오츠혼 | Oudtshoorn

1860년대 후반에 백인 상류층 여성이 죽으면 타조 깃털로 머리를 장식해 무덤에 묻는 유행 때문에 발달한 도시다. 광활한 반 사막 고원지대로 1780년대에 발견된 캉고 동굴에서 구석기시대의 것으로 추정되는 벽화를 보며 동굴 탐험을 할 수 있으며 타조 먹이주기 체험, 타조 타기 체험 등을 할 수 있는 타조 농장도 방문할 수 있다.

### 캉고 동굴Cango Cave

캉고Cango는 코이산 어로 '산 사이를 흐르는 물', '젖은 장소'라는 의미다. 오츠혼 타운을 조금 지난 곳에 위치하며 동굴 안을 걸으며 오랜 시간에 걸쳐 만들어진 자연의 예술품을 관람할 수 있다. 투어는 미리 예약하는 것이 좋으며, 동굴이 습하고 산소가 부족하므로 노약자는 건강상태를 잘 점검한 후 가도록 하자.

헤리티지 투어Heritage tour 가이드와 함께하는 간단한 동굴투어
투어시간 1시간 가격 R120

어드벤처 투어Adventure Tour 가이드와 함께하는 상세한 동굴투어 및 액티비티
투어시간 1시간 30분 가격 R180

### 타조 농장Cango Ostrich Farm

타조 만지기, 타조 먹이주기, 타조 마사지 체험을 할 수 있으며
타조 스테이크를 먹을 수 있는 레스토랑이 있다.

© Cango Ostrich Farm

### CP 넬 박물관CP Nel Museum

타조 및 카루Karoo의 역사적 유물을 볼 수 있는 이 박물관은 1906
년에 완성된 사암 건물에 자리 잡고 있다. 박물관 입장권에는 고급
스럽고 오래된 가구로 안을 꾸며 '깃털 궁전'으로 불리는 르 룩스
타운하우스Le Roux Townhouse 입장료가 포함돼 있다.

주소 3 Baron van Rheede Street, Oudtshoorn, 6620 홈페이지 http://www.cpnelmuseum.co.za/

### 미어캣 어드벤쳐Meerkat Adventures

귀여운 미어캣들이 야생에서 살아가는 신비로운 모습을 볼 수 있는 투어다. 아침 햇살에 각자 굴에서
나오는 미어캣을 볼 수 있는 아침에 가면 더욱 새로운 경험을 할 수 있을 것이다. 10세 미만 어린이 입장
금지.

주소 R62, Oudtshoorn, 6625 가격 R660 홈페이지 http://fiveshymeerkats.co.za

## 모슬 베이 | Mossel Bay

모슬 베이는 케이프타운과 포트엘리자베스의 중간 지점에 위치한, 가든 루트의 시작점이라고 할 수 있다. 사파리,
사자와 함께 걷기, 마운틴 바이크, 샌드 보딩, 보트 투어, 스쿠버다이빙, 스카이다이빙 등 다양한 액티비티를 할 수
있으며 레스토랑과 숙소도 밀집돼 있다.

### 디아스 박물관Dias Museum Complex

15세기에 아프리카 남단을 최초로 여행하고 희망봉을 발견한 포루투갈인 바르톨로메우 디아스의 이
름을 딴 이 박물관에는 당시 여러 탐험가가 아프리카 남단을 항해했다는 내용을 담은 전시물이 있
다. 또한 바르톨로메우 디아스가 당시에 탄 배를 재현해 그와 같은 경로로 항해한 후 이곳에 전시했다.
1488년과 똑같이 재현한 배의 곳곳을 구경하며 과거로 떠나보자.

### 케이프 성 블레이즈 동굴Cape St. Blaize Cave

1888년에 처음 발굴됐으며, 약 20만 년 전 석기시대 사람들이 살던 흔적이 발견된 곳이다. 오전 열 시
에서 오후 세 시까지만 들어갈 수 있다.

### 상어 다이빙

케이지다이빙을 해 바닷속 백상아리를 볼 수 있다.

업체명 White Shark Africa 가격 R2,050 예약 http://www.whitesharkafrica.co.za/

### 스카이다이빙

해발 3000미터에서 뛰어내리는 액티비티다. 날씨와 조수가 좋으면 디아스 비치에 착륙할 수 있다.

## 나이즈나 | Knysna

나이즈나는 보존이 잘 된 울창한 숲, 잔잔한 호수와 아름다운 해변으로 이뤄져 있다. 아기자기하고 아늑한 작은 마을로 가든 루트에서 가장 유명하며 숲에 살고 있는 코끼리와 함께 걷는 투어가 있는 등 여행자들에게 매력적인 요소가 많은 도시다. 운이 좋으면 돌고래를 볼 수 있고, 매년 7월에는 굴 축제가 열린다. 남아공의 액티비티 메카라고 불리는 만큼 암벽 하강, 패러글라이딩, 쿼드바이크, 번지점프, 스쿠버다이빙 및 워터 액티비티도 다양하다.

### 나이즈나 석호 Knysna Lagoon

바다에서 분리돼 만들어진 호수다. 낚시, 요트, 카약 서핑, 웨이크보드 등 다양한 워터 액티비티를 즐길 수 있다.

업체명 Knysna Charters  예약 www.knysnacharters.com

### 나이즈나 전망대 Knysna Head

평화롭게 펼쳐진 나이즈나와 잔잔한 나이즈나 만을 한눈에 볼 수 있는 곳으로 바로 옆으로는 거칠고 차가운 바다를 볼 수 있다.

### 나이즈나 워터프런트

나이즈나 해안가를 따라 자리잡은 쇼핑몰이다. 기념품 상점, 레스토랑이 있고 정박해있는 요트 등 구경거리가 많다.

### 우드밀레인 몰 Woodmill Lane Shopping Centre

워터프런트와는 또 다른 느낌의 쇼핑몰이다. 기념품 상점, 레스토랑 등이 있다.

주소 Main Street, Knysna Central, Knysna, 6571  전화 +27-(0)44-382-3045

## 플레튼버그 베이 | Plettenberg Bay

가파른 언덕에 세워진 리조트 타운인 플레튼버그 베이는 남아공에서 상대적으로 오래된 역사를 가지고 있다. 15~16세기에는 포르투갈 탐험가가 정기적으로 방문했으며 1700년대 후반부터는 유럽인들이 이주해 살기 시작했다. 백인들이 주로 찾는 남아공의 휴양지 중 한 곳이며 해양 액티비티가 발달돼 있고 고급 호텔부터 다양한 가격대의 숙박시설이 잘 갖춰져 있다.

### 오션 사파리 | Ocean Safaris

보트를 타고 돌고래와 고래를 보는 체험을 할 수 있다.

전화 +27-(0)82-784-5729 예약 http://oceansafaris.co.za/tours/

### 플레트 게임리저브 | Plett Game Reserve

타 사파리에 비해 크기가 크지는 않지만 다른 사파리에 갈 시간적 여유가 없다면 맛보기로 가기 좋다. 두 시간 동안 오픈 사파리 차 또는 말을 타고 사파리 구경을 하는 이색 체험을 할 수 있다.

가격 R750~ 예약 http://www.plettgamereserve.com

### 몽키랜드 | Monkeyland

약 700마리의 영장류가 보호를 받으며 살고 있다. 세계 최초의 원숭이 사파리를 경험할 수 있는 장소며 이외에도 레스토랑, 기념품 가게, 전망대 등이 있다. 더불어 다양한 새를 볼 수 있는 새의 천국Birds of Eden과 포유류를 볼 수 있는 주카니 야생동물 보호 구역Jukani Wildlife Sanctuary도 근처에 있어 쉽게 갈 수 있다.

전화 +27-(0)44-534-8906 예약 https://www.monkeyland.co.za/

© Ocean Safaris

# 치치캄마 국립공원 |Tsitsikamma National Park, 스톰 리버 |Storms River

가든 루트의 정원이라고 불리는 치치캄마 지역은 다양한 생태계를 보호하고 있는 울창한 숲과 아름다운 강이 조화를 이루고 있다. 스톰 리버를 가로지르는 블로우크란스 다리The Bloukrans Bridge에서는 세계에서 가장 높은 번지점프(216미터)를 할 수 있고, 강을 따라 카약킹, 라일로(고무뗏목)등의 액티비티도 즐길 수 있다.

© Tesh Mbaabu

### 번지점프The Bloukrans Bridge Bungy Jump
가격 R1,350~ 예약 https://faceadrenalin.activitar.com/services/5097

### 캐노피 투어Tsitsikamma Canopy Tours
아프리카에 첫 번째로 설치된 캐노피 투어다. 500년 이상 된 나무들 위에 설치돼 있으며 10개의 짚라인과 흔들다리Suspension Bridge 한 개가 있다. 짚라인을 타며 울창하고 아찔한 치치캄마 국립공원을 시원하게 내려다볼 수 있다.
전화 +27-(0)42-281-1836 가격 R660  소요시간 약 3시간 예약 https://www.stormsriver.com/

### 튜빙Tubing
고무보트 같은 튜브를 타고 스톰 리버를 타고 내려오는 액티비티다. 비가 많이 왔거나 반대로 너무 가물면 이용하지 못할 수 있다.
예약 http://www.blackwatertubing.net/

### 빅 트리
약 1000년 동안 살아온 나무다. 트레킹을 하거나 전동 킥보드를 타고 국립공원을 돌아볼 수 있는데, 이때 빅 트리를 볼 수 있다.
전동 킥보드 투어 예약 https://www.tsitsikammabackpackers.co.za/

# 아도 코끼리 국립공원 | Addo Elephant National park

포트엘리자베스에서 약 70킬로미터 떨어진 거리에 있는, 남아프리카공화국에서 세 번째로 큰 국립공원이다. 아프리카 코끼리의 고향이라고 불릴 정도로 오래전부터 많은 코끼리가 서식하고 있으며 현재 약 600마리 이상의 코끼리가 서식하고 있다. 개인 차량으로 셀프드라이브가 가능하며 더 많은 동물을 보고 싶다면 투어를 이용하는 것이 좋다.

❀ 주소 R335 Paterson Road, Addo, 6105  전화 27-(0)42-233-8600   입장료 R307 / 셀프드라이브 가능  예약 https://www.sanparks.org/parks/addo/   투어 가이드 예약 addoenquiries@sanparks.org

## 하머너스 부티크 게스트하우스
### Hermanus Boutique Guest House

창밖으로 바다가 보이는 유럽풍의 부티크 호텔이다. 탁월한
위치, 친절한 직원, 아름다운 경관이 조화를 이룬다.

✿ 주소 9 Marine Drive, Hermanus, South Africa, 7200 전
화 +27-(0)28-313-1433 요금 1박 R1,820~

© booking.com/

## 웨일 락 럭셔리 롯지 | Whale Rock Luxury Lodge

꾸준한 리모델링으로 깔끔하게 유지되고 있으며, 친절한 직
원과 고객을 세심하게 살펴주는 매니저가 있다.

✿ 주소 26 Springfield Avenue, Hermanus, Westcliff,
South Africa, 7200 전화 +27-(0)28-313-0014

© booking.com/

## 하머너스 백패커스
### Hermanus Backpackers & Budget Accommodation

하머너스에 위치한 백패커스로 편안한 가정집 같은 분위
기다.

✿ 주소 26 Flower St, Hermanus, 7200 전화 +27-(0)28-
312 4293 요금 1박 R200~

© booking.com/

## 라 펜션 게스트 하우스 | La Pension Guest House

오츠혼 지역에 위치한다. 한적하고 고요하며 예쁜 정원이
있다. 내 집 같은 편안함으로 며칠 머물기 좋다.

✿ 주소 169 Church Street, Oudtshoorn, 6620 전화 +27-
(0)44-279-2445 요금 1박 R1,160~ 예약 http://www.
lapension.co.za/

© booking.com/

## 샌토스 익스프레스 | Santos Express

모슬 베이에 있는 폐 기차를 개조해 만든 숙소다. 화장실과 욕실을 공동으로 사용해야 한다는 불편함은 있지만 침대 바로 옆에서 들리는 파도 소리와 밤하늘을 감상할 수 있다.

✿ 주소 Munro Rd, Santos Beach, Mossel Bay, 6500  전화 +27-(0)83-900-7797 요금 1박 R420~

© booking.com/

## 브렌톤 헤븐 비치프론트 리조트
| Brenton Haven Beachfront Resort

나이즈나 바닷가 앞에 자리잡고 있는 숙소로 발코니에서 내려다보이는 풍경이 멋지다.

✿ 주소 198 CR Swart Drive, Brenton on Sea, Knysna, Western Cape, 6570, South Africa  전화 +27-(0)44-381-0040 요금 1박 R1,270~

© booking.com/

## 페줄라 호텔 | Pezula Hotel

나이즈나에 있는 숙소로 백사장 바로 앞에 위치한다. 고급스러운 여행을 원한다면 추천한다.

✿ 주소 Lagoon View Dr, Sparrebosch, Knysna, 6571  전화 +27-(0)44-302-3333 요금 1박 R3,350~

© booking.com/

## 랄라 판지 | Lala Panzi B&B

플레튼버그 베이에 위치한 아름다운 숙소다. 휴가 분위기가 물씬 나 여름에 방문하면 좋다.

✿ 주소 1 Pendeen Crescent, Plettenberg Bay, Western Cape, 6600, South Africa  전화 +27-(0)44-533-0807 요금 1박  R1,000~

© booking.com/

## 빌라쿠아 부티크 게스트 빌라
### Vilacqua Boutique Guest Villa

플레튼버그 베이에 위치하며 해변에서 약 4분 거리에 있다.
시설이 깔끔해 인기가 많다.

✿ 주소 29 Pladda Dr, Plettenberg Bay, 6600  전화 +27-
(0)44 -533-1495

© booking.com/

## 오션 와치 게스트 하우스
### An Ocean Watch(Ocean Watch Guest House)

플레튼버그 베이의 바다가 시원하게 내려다보이는 곳에 위
치한다. 시설이 깔끔하고 훌륭한 서비스가 제공되며 가격도
좋다.

✿ 주소 12 Perestrello St, Plettenberg Bay, 6600  전화
+27- (0)44-533-1700 요금 1박 R1,000~

© booking.com/

## 치치캄마 백팩커스 | Tsitsikamma Backpackers

롯지, 패밀리 룸, 글램핑 이용이 가능하다. 세그웨이(전동 킥
보드의 한 종류)를 타고 빅 트리를 볼 수 있는 투어도 있다.

✿ 주소 54 Formosa Street, Stormsriver Village, 6308
전화 +27-(0)42-281-1868 메일 stay@tsitsik ammaback
packers.co.za 예약 https://www.tsitsikammabackpackers.
co.za/

© booking.com/

## 튜브앤 악스 부티크 | Tube'n Axe Boutique

스톰리버에 위치한 백패커스이다. 개인룸부터 도미토리 이
용이 가능하다. 가격이 저렴하며 액티비티가 가능한 장소들
에서 멀지 않으며, 셔틀 서비스도 제공한다.

✿ 주소 Cnr Darnell & Saffron Streets, Stormsrivier, 6308,
Eastern Cape, South Africa Storms River, 6308 전화 +27-
(0)42-281-1757 예약 https://www.tubenaxe.co.za

© booking.com/

### 아도 레스트 캠프 | Addo Rest Camp

아도 코끼리 국립공원 내에 위치한 숙소다. 가족 샬렛, 롯지, 캠핑, 카라반 등의 다양한 옵션이 있다.

✱ 주소 Addo Elephant National Park, R342, Addo, 6105 전화 +27-(0)42-233-8600 메일 addoenquiries @sanparks. org 예약 https://www.sanparks.org/parks/addo/camps/ addo/tourism/accommodation.php

© sanparks.org/parks/addo/camps/

## 먹거리

### 드 베트 모슬 흐루엣브락 | De Vette Mossel Grootbrak

모슬 베이에 있는 맛있는 해산물 요리를 파는 식당으로 백사장 위에 위치한다. 시원한 해산물 스튜가 일품이며 손님을 만족시켜주려는 주인의 노력이 돋보인다.

✱ 주소 Souwesia Beach, Groot Brakrivier, Mossel Bay, 6525 전화 +27-(0)79-339-0170

© Hennie DU Preez

### 카이 포 브라이 레스토랑 | Kaai 4 Braai Restaurant

모슬 베이에서 유명한 레스토랑으로 격식을 차리지 않고 편하게 식사할 수 있는 곳이다. 누구나 구경할 수 있는 화덕에서 구운 큼지막한 생선과 고기를 먹을 수 있다. 장작불에 요리되는 음식 냄새와 함께 바닷바람을 맞으며 시원하게 맥주한 잔 하기 좋다.

✱ 주소 Quay 4, Mossel Bay Harbour, Mossel Bay 전화 +27 -(0)79-980-3981

© Kaai 4 Braai Restaurant

### 더 블루 셰드 커피 로스터리
| The Blue Shed Coffee Roastry

커다란 창고를 리모델링해 만든 모슬 베이의 카페다. 투박해 보이지만 은근한 아늑함이 느껴지는 곳이다. 식사 후 케이크와 커피로 입가심하기 좋다.

© The Blue Shed Coffee Roastry

✿ 주소 33 Bland St, Mossel Bay, 6500  전화 +27-(0)44-691-0037

## 앵커리지 레스토랑 | Anchorage Restaurant

나이즈나의 해산물 전문 레스토랑으로 워터프런트와 가깝다. 생굴과 해산물 플래터를 추천한다.

✿ 주소 11 Gray St, Knysna Central, Knysna, 6570  전화 +27- (0)44-382-2230

© Anchorage Restaurant

## 더 올리브 트리 | The Olive Tree

나이즈나의 레스토랑이다. 가격대는 주변 레스토랑에 비해 약간 비싼 편이지만 스테이크가 맛있다.

✿ 주소 Wood Mill Lane Centre, Main Road, Knysna, 6571 전화 +27-(0)44-382-5867

© google map

## 메릴린 식스티즈 다이너 | Marilyn's 60's diner

스톰 리버 지역에 있다. 오래전 미국 여행을 다녀온 주인이 60년대 미국을 재현해 만든 미국식 빈티지 레스토랑이다.

✿ 주소 Darnell Street, Storms River, 6308  전화 +27-(0)42-281-1711

© Marilyn's 60's diner

## 엘 엠 인 플레트 | L M in Plett

플레튼버그 베이에 있는 포르투갈 레스토랑이다. 화이트와인을 곁들인, 그릴에 구운 해산물 플래터와 포르투갈식 베이비 치킨을 추천한다.

✿ 주소 6 Yellowwood Ctr, Main St, Plettenberg Bay, 6600 전화 +27-(0)44-533-1420

© Daniel Marinho

## 응구니 레스토랑 | Nguni Restaurant

플래튼버그 베이에 있는 고급 레스토랑이다. 여유롭게 고급
서비스를 받으며 식사를 하고 싶다면 추천한다. 아프리카의
느낌이 자연스럽게 녹아있는 유럽식 레스토랑이다.

✿ 주소 6 Crescent St, Plettenberg Bay, 6600  전화 +27-
(0)44-533-6710

ⓒ 트립어드바이저

## 더 테이블 레스토랑 앤 바
| The Table Restaurant and Bar

플래튼버그 베이에 위치한다. 합리적인 가격으로 깔끔하고
훌륭한 음식과 서비스를 경험할 수 있는 패밀리 레스토랑 같
은 곳이다.

✿ 주소 9 Main St, Plettenberg Bay, 6600  전화 +27-
(0)44- 533-3024

ⓒ Cedric Sennepin

# 크루거 국립공원 스페셜

## 크루거 국립공원 | Kruger National Park

크루거 파크는 약 19633제곱킬로미터 규모의, 남아공을 대표하는 사파리 국립공원이다. 모잠비크와 맞닿아있는 국경을 기준으로 왼쪽은 남아프리카공화국의 크루거 국립공원, 오른쪽은 모잠비크의 림포포 국립공원Limpopo National Park으로 나뉜다. 요하네스버그에서 차로 약 일곱 시간, 비행기로 약 50분 거리에 있으며 남아공의 사파리 매니아들이 해마다 찾는 곳이기도 하다. 개인 차량으로 셀프드라이브를 할 수 있다는 것이 장점이며 그 외에도 다양한 사파리 체험 프로그램이 있다. 여름철에는 말라리아 모기에 물리지 않도록 주의해야 한다.

## 크루거 파크 방문 계획 세우기

- 공원의 규모가 크기 때문에 사파리를 처음 방문하는 여행자들은 막연히 다니기보다 크루거 파크에 입장할 때 어떤 게이트를 이용할지 정한 후 휴게소나 캠프장을 기준으로 굵직하게 경로를 짜서 다니는 것이 좋다.
- 개인 차량 없이 롯지 및 투어 이용 시에는 롯지나 투어 회사가 넬스푸르트 또는 스쿠쿠자 공항에서 픽업을 해주는지 여부를 확인하는 것이 좋다. 스쿠쿠자 공항에서는 렌터카도 이용할 수 있다.
- 게이트마다 당일 방문자수 제한Daily visitor limit이 있다. 만약 국립공원 밖에 숙소를 잡았다면 온라인으로 입장권을 미리 구매하는 것이 좋다. 또한 출입 허가증은 크루거 파크를 떠나는 순간까지 잘 보관해야 한다.
- 🌼 입장료 성인 R372/일
- 많은 동물이 이른 아침과 해질녘에 활동하는 경향이 있다. 특히 날이 더운 봄이나 여름철에는 새벽 활동이 더욱 활발하다. 새벽 다섯 시나 여섯 시쯤부터 투어를 시작하면 더 많은 동물을 볼 확률이 높다.

# 지역별 특징

### 남부 크루거Southern Kruger
크루거 파크의 남쪽 지역은 크루거 파크에서 가장 아름다운 곳이라고 불릴 정도로 광활한 경치를 자랑한다. 북쪽 지역보다 배로 많은 강우량 때문에 다양한 식물이 자라고, 그 덕분에 많은 동물이 서식하고 있다. 다만 여름철에는 덤불이 우거져있는 등의 이유로 동물을 발견하기 쉽지 않을 수 있다. 주로 넬스프루트 공항, 스쿠쿠자 공항, 말레인 게이트, 눔비 게이트 등을 통해 가며 스쿠쿠자, 사비 파크Sabie park 등을 주요 거점으로 두고 움직인다.

### 중부 크루거Central Kruger
중부 크루거는 올픈 게이트와 팔라보르와 게이트를 이용해 방문할 수 있으며 사타라 캠프 지역 주변으로는 넓은 열대 초원이 펼쳐져 있다. 남부 크루거보다는 생물 다양성이 덜하지만 표범과 치타의 서식률이 높은 지역이다.

### 북부 크루거Northern Kruger
올리판츠 강Olifants River 기준 북쪽을 북부 크루거라고 부른다. 아래 지역과 달리 열대지방의 특성을 가지고 있으며, 특히 코끼리가 좋아하는 모파인 나무Mopane tree가 우거져 있어 코끼리 무리를 어렵지 않게 만날 수 있다. 또한 푼다 마리아Punda Maria와 파푸리Pafuri 지역은 완전한 열대지방으로 남쪽 지역에서 볼 수 없는 식물과 생물이 산다.

# 크루거 파크 게이트 안내

### 말레인 게이트Malenane Gate, 눔비 게이트Numbi Gate
주유소, 카페, 상점, 레스토랑 등 편의시설이 위치한 프레토리우스콥 캠프Pretoriuskop Camp에 가기 쉬우며 넬스프루트에서 멀지 않은 남쪽 게이트다. 관광객이 많이 이용하는 편이다.

### 크로커다일 브릿지 게이트Crocodile Bridge Gate
남쪽에 있는 게이트로 크루거의 최남단 지점부터 위로 올라가며 여행할 수 있다. 이름에서 알 수 있듯이 많은 악어를 볼 수 있다.

### 폴 크루거 게이트Paul Kruger Gate, 파베니 게이트Phabeni Gate
스쿠쿠자 지역에 가기 쉽고 사비샌드와도 가깝다.

### 올픈 게이트Orpen Gate, 팔라보르와 게이트Phalaborwa Gate
파노라마 루트와 블라이드 리버 캐니언에 가기 편하다.

## 푼다 마리아 게이트
### Punda Maria Gate
가장 북쪽에 위치한 게이트다.

## 스쿠쿠자 공항
요하네스버그와 케이프타운을 오가
는 항공편을 이용할 수 있는 공항이다.
차량 렌트도 가능하다.

## 캠프사이트 예약
크루거 파크 내에 위치한 캠핑장, 방
갈로, 롯지, 살렛, 크루거 파크 바깥에
위치한 숙소 등 다양한 숙소 옵션이
있다.

예약 https://www.sanparks.org/parks/
kruger/

**크루거 파크 게이트 [ 📍 ]**
A 크로커다일 브릿지 게이트
B 말레인 게이트
C 눔비 게이트
D 파베니 게이트
E 폴 크루거 게이트
F 스쿠쿠자 공항
G 올픈 게이트
H 팔라보르와 게이트
I 푼다 마리아 게이트

**크루거 파크 캠프 [ 📍 ]**
A 사비 캠프
B' 프레토리우스콥 캠프
C 올픈 캠프
D 사타라 캠프
E 레타바 캠프
F 모파니 캠프
H 푼다 마리아 캠프

# 사파리 체험하기

### 셀프드라이브 Self Drive
개인 차량 또는 렌터카를 이용해 돌아보는 방법이다. 시간을 정해 진행하는 투어에 비해 시간에 구애
받지 않고 자유롭게 여기저기 다닐 수 있다는 장점이 있다. 반면 초보자일 경우 게임레인저와 함께하
는 투어에 비해 동물을 많이 보지 못할 수 있다는 단점도 있다. 보통 이용객이 이용하는 일반 셀프드라
이브와 미리 예약 후 특정 가이드와 함께 다니는 오프로드 드라이브가 있다.

### 게임드라이브 Game Drive
사파리를 '게임'이라고 부른다. 게임드라이브는 사파리 내에서 게임레인저와 함께 사파리 차를 타고
이동하며 동물을 찾는 투어를 말한다. 계절에 따라 다르지만 보통 새벽(모닝) 게임드라이브, 저녁(선
셋) 게임드라이브, 밤(나이트) 게임드라이브가 있다. 지형에 익숙한 게임레인저의 인솔 하에 다양한
동물을 볼 수 있다. 크루거 파크 내 각 캠프사이트 또는 투어 업체를 통해 신청하면 된다.

### 와일드라이프 워크Wildlife Walks

숙련된 게임레인저와 함께 동물의 배설물, 발자국을 보고 동물을 찾는 투어로 오전에 한 번, 오후에 한 번 할 수 있다. 차를 타고 다니는 것만큼 많은 동물을 볼 확률은 낮지만 동물의 흔적 및 이동경로를 보다 자세히, 자연과 가까운 곳에서 체험할 수 있다. 다만 덤불이 우거진 여름철에는 안전사고에 대비해 깊이 진행하지 않는 경우도 있다. 또한 종종 굵은 가시나무가 신발을 뚫고 발을 찌를 수 있으므로 튼튼한 신발을 준비하자. 게임드라이브와 마찬가지로 크루거 파크 내 각 캠프사이트 또는 투어 업체를 통해 신청하면 된다.

4x4 게임드라이브 차량 　　　　　　　　　　　　　　　　　　　ⓒ 파비앙Fabien Yoon

## 주의사항

### ❶ 정해진 지역이 아닌 곳에서는 차 안에 머무를 것

개인 차량 또는 투어 차량 이용 시 동물과 함께 사진을 찍겠다고 차 밖으로 몸을 내밀거나 차에서 내리면 안 된다. 갑작스러운 동물의 공격에 사고를 당할 수 있기 때문이다.

### ❷ 큰 소리를 내지 말 것

사람 소리 또는 차 소리 때문에 근처에 있는 동물이 놀라 공격적인 행동을 할 수 있다. 동물 서식지에 인간이 방문한 것이니 그들의 서식지를 보호해주자.

### ❸ 제한속도 지키기

크루거 파크의 제한속도는 50km/h다. 빠른 속도는 아니지만 길을 오고가는 동물을 치지 않도록 유의하며 운전하자. 동물이 주변에 있을 때는 속도를 20~40km/h로 줄여 동물이 놀라지 않도록 한다.

### ❹ 말라리아 주의

남아프리카공화국은 말라리아 안전지역이지만 크루거 파크에서는 말라리아에 유의해야 한다. 특히 기온이 높아지며 모기가 늘어나는 봄과 여름(9월부터 3월까지)에는 모기 기피제, 모기 향초 등을 이용해 모기에 물리지 않도록 조심해야 한다.

# 블라이드 리버 캐니언(파노라마 루트)
## Blyde River Canyon

블라이드 리버 캐니언은 R532 길을 따라가다 나오는 파노라마 루트Panorama Route에 위치한 곳으로, 아름다운 자연경관을 볼 수 있으며 세계에서 세 번째로 큰 녹지 협곡이다. 파노라마 루트 입구에서 길을 따라가다 보면 블라이드 리버 캐니언 주변으로 여러 뷰포인트를 찾아볼 수 있다. 경이로운 협곡을 끼고 흐르는 강을 보며 하이킹 및 짚라인 체험도 할 수 있다. 크루거 파크를 이용하는 경우 올픈 게이트 또는 팔라보르와 게이트를 이용하면 블라이드 리버 캐니언을 방문하기 편하다.

블라이드 리버 캐니언 전경 ⓒ Chris Eason

# 블라이드 리버 캐니언 뷰포인트
뷰포인트에 들어가려면 각 장소마다 입장료를 지불해야 한다.

### 쓰리 론다벨즈Three Rondavels
블라이드 리버 캐니언에서 가장 유명한 뷰포인트가 아닐까 싶다. 론다벨Rondavel은 남아공의 전통가옥 형태를 말한다. 세 개의 봉우리가 론다벨과 같은 모양을 하고 있어 붙은 이름이다.

### 부크스 럭 포트홀Bourke's Luck Potholes
블라이드 강Blyde River과 트뤼에 강Treur River이 합류하는 지점으로, 두 강이 오랜 시간 소용돌이치며 지반을 깎아 만든 여러 구멍을 볼 수 있다.
하이킹, 데이워크 등의 투어를 신청할 수 있다.

### 신의 창문God's Window
지평선 너머까지 펼쳐진 울창한 숲을 볼 수 있는 포인트다.

### 그 외
레인포레스트Rainforest, 피너클 락The Pinnacle Rock, 베를린 폭포Berlin waterfall, 리스본 폭포Lisbon waterfall 등

쓰리 론다벨즈 ⓒ 트립어드바이저

부크스 럭 포트홀 ⓒ 트립어드바이저

신의 창문 ⓒ Sa tourism

# 드라켄스버그
## Drakensberg & uKhahlamba-Drakensberg Park

드라켄스버그는 남아프리카 공화국과 레소토의 경계에 있는 거대한 바위산맥이다. 구불구불 이어진 산맥이 마치 용과 같아 '용의 산'이라는 뜻의 드라켄스버그라는 이름이 붙었다. 1000킬로미터가 넘는 길이의 산맥이 펼쳐져 있고 3000미터 이상 높이의 특색있는 봉우리도 여러 개 자리잡고 있다. 산맥을 따라 이동하다 보면 웅장

©Sanpark

한 바위산맥과 동굴, 계곡, 폭포, 강 및 아찔한 절벽이 만든 환상적인 풍경에 압도당할 것이다. 남아공 최고의 하이킹 장소 중 하나로 손꼽히며 차로 이동할 수도 있고 산책로 같은 등산 코스, 전문 가이드의 인솔 하에 등반이 가능한 수준 높은 코스 등 다양한 코스도 있다. 부시먼들이 4000년 전에 새겨놓은 암벽화를 보존해둔 장소도 흥미롭다.


## 드라켄스버그 방문 계획 세우기

드라켄스버그 산맥은 매우 광활하고 거칠어 조난 사고에 대비해 산행 전에 숙소 및 게이트에 예상 경로를 작성해 제출해야 하며, 가이드를 동반하거나 산행 허가증을 받아야 한다. 가고자 하는 포인트 및 경로를 정하고 근교 숙소까지 차로 이동한 다음 계획에 맞춰 움직이자. 산에 올라갔다 내려오는 것 또는 다른 지점까지의 이동도 계획한 대로 움직여 해가 진 후 산에서 조난당하는 일이 없도록 한다.

TIP 01 장거리 산행을 할 때는 드라켄스버그에 위치한 숙소의 도움을 받거나 가이드 및 안내자와 철저히 계획을 세우고, 등산장비를 모두 갖추는 것이 좋다.

TIP 02 4월~7월이 하이킹을 즐기기 가장 좋은 시기다. 여름에는 비와 홍수, 겨울에는 서리와 눈에 대비해 계획을 세우기를 권장한다.

# 드라켄스버그 주요 산행 경로

## 무지개 협곡 트레일
### Rainbow Gorge Trail

대성당 봉우리Cathedral Peak 지역에서 경치가 아름답다고 알려진 하이킹 코스 중 하나로, 초보자 및 어린이가 있는 가족이 함께하기에도 좋은 약 두 시간짜리 코스다. 디디마 캠프Didima Camp에서 시작해 우드랜드Woodland, 은두메니 강 Ndumeni River의 상류를 지난다. 코스의 끝에서 작은 폭포를 만날 수 있는데, 쏟아지는 물 위에 무지개가 생겨 아름다운 경치를 자아낸다. 운이 좋으면 곳곳에서 야생동물을 발견할 수도 있다.

## 체인 사다리 하이킹
### Chain Ladders Hike

드라켄스버그에서 가장 힘든 하이킹 중 하나다. 숙련된 등반가 또는 전문가의 동행 하에 등반이 가능한 이 코스는

### 드라켄스버그 주요 포인트 [ 📍 ]

A  Sentinel
B  Mont-Aux-Sources
C  Mponjwana
D  Cathedral Peak
E  Bell
F  Pyramid
G  Monk's Cowl
H  Mafadi
I  Giant's Castle
J  Thaba Ntlenyana
K  Sani Pass
L  Rhino Peak

### 드라켄스버그 주요 캠프 [ 📍 ]

A  디디마 캠프
B  몽크 카울 캠프
C  자이언트 캐슬 캠프

대여섯 시간부터 이틀에 걸쳐 진행되기도 한다. 1200미터 높이 절벽에 설치된 사다리를 타고 올라가 평평하게 펼쳐진 엠피시어터Amphitheater와 세계에서 두 번째로 높다는 투겔라 폭포Tugela Waterfall도 볼 수 있다. 센티넬 주차장Sentinel car park 또는 Witsiehoek Mountain Resort에서 출발하면 된다.

## 대성당 봉우리 트레일Cathedral Peak - Cathedral Ridge Trail

대성당 봉우리Cathedral Peak를 오르는 데는 하루 정도 걸리며, 숙련된 등반가와 동행하기를 권한다. 3004미터 높이의 봉우리 중반부까지는 무난할지 몰라도 최종 봉우리에서는 안전을 위해 로프를 사용해야 한다. 드라켄스버그의 일반적인 등반 코스 중 하나로, 가이드와 상의해 동굴에서 하룻밤을 지내는 1박 2일 코스로도 즐길 수 있다. 카씨드럴 피크 호텔Cathedral Peak Hotel에서 출발한다.

### 음느웨니 서킷 트레일The Mnweni Circuit Trail

일반적으로 이틀에 걸쳐 진행되는 장거리 하이킹 코스다. 전문가들 사이에서 아름다운 지역 중 하나로 손꼽히며 약 46킬로미터 길이, 2000미터 고도를 오르는 루트로 초보자용 경로는 아니다. 대성당 봉우리의 전망과 작은 웅덩이들을 만날 수 있는 보석과도 같은 코스다. 음느웨니 문화센터Mnweni Cultural Center에서 출발한다.

### 플라우맨즈 콥 트레일Ploughman's Kop Trail

로얄 나탈 공원Royal Natal Park의 마하이Mahai 캠프장에서 출발하는 이 경로는 대략 7킬로미터 길이며 완주하는 데 약 세 시간이 걸린다. 짧지만 힘든 코스로, 매우 가파른 경사를 올라가야 한다. 트레일 도중 웅덩이가 여러 개 있어 걷기 힘들 때마다 물놀이를 하거나 휴식을 취할 수 있다.

### 자이언트 컵 트레일Giant's Cup Trail

드라켄스버그의 모든 하이킹 코스 중 가장 유명한 곳인 68킬로미터의 자이언트 컵 트레일Giant 's Cup은 보통 5일 정도의 일정으로 진행된다. 프리미어 리조트 사니패스Premier Resort Sani Pass에서 출발해 부시먼스 넥 헛Bushman's Nek Hut에서 마무리되는 코스다. 거리는 길지만 크게 힘든 부분은 없으며, 산San족이 남긴 오래된 암벽화도 볼 수 있다. 레소토의 세라바테베Sehlabathebe 국립공원까지 갈 수 있으며 여권을 필수적으로 지참해야 한다.


# 드라켄스버그 주요 방문지 안내


### 북부Northern Berg

- 로얄 나탈 국립공원Royal Natal National Park  선데이 폭포Sundays falls(입장료 R40) 투어, 하이킹 투어 등이 있다.

- 러그드 글렌 자연 보호 구역The Rugged Glen Nature Reserve  로얄 나탈 국립공원 인근에 있는 곳으로 산책로를 걷거나 승마 체험을 할 수 있다.

- 투겔라 폭포Tugela Waterfall  투겔라 폭포(900미터)를 볼 수 있는 하이킹 코스가 있다. 대여섯 시간 정도 걸리며 가파른 절벽에 설치된 사다리를 이용해야하는 등 쉽지 않은 코스다. 출발은 Witsiehoek Mountain Resort 방면에서 하는 것이 좋다.

- 엠피시어터Amphitheate  로얄 나탈 공원에 위치한다. 투겔라 폭포에서 그리 멀지 않은 곳에 있다.

- 센티넬 피크 트레일Sentinel Peak trail  센티넬 주차장에서 출발한다. 바위산을 쇠사슬로 만들어진 사다리를 타고 올라가는 코스로 유명하다.

- 그 외 악마의 이빨Devil's Tooth, 이스턴 버트레스Eastern Buttress

투겔라 폭포 ⓒ Sanpark

엠피시어터 ⓒSanpark

센티넬 피크 트레일(산록아트) ⓒ Sanpark

## 중부(Central Berg)

- 디디마 산 록 센터Didima san rock art centre 남아공 고대 부족인 산족(부시먼)이 남긴 벽화를 볼 수 있다.

- 몽크 카울Monks Cow 하이킹 및 암벽 등반을 할 수 있다.

- 샴페인 캐슬Champangne Castle 길이 180미터의 암벽지대가 있는 3300미터가 넘는 봉우리다.

- 샴페일 벨리Champangne Vally 카페, 레스토랑, 베이커리 등이 있어 관광객이 방문하기 좋은 관광지다.

- 그 외 배쓰플러그Bathplug 동굴의 고대 산족의 암벽화San Rock Art, 캐노피 투어 등

디디마 산 록 센터 ⓒ Sanpark

몽크 카울 ⓒ Sanpark

샴페인 캐슬 ⓒ Sanpark

### 남부Southern Berg

- 사니패스Sani Pass 아프리카에서 가장 높은 국경으로 2873미터 높이에 있으며 여기서 레소토로 입국할 수 있다.

ⓒ Sanpark

---

## 🏨 숙소

### 샴페인 캐슬 호텔 | Champagne Castle Hotel

✹ 주소 R600 Champagne Valley, Central Drakensberg, Winterton, South Africa 전화 +27-(0)36-468-1063 예약 https://champagnecastle.co.za

### 마하이 캠프 | Mahai camp

✹ 주소 Royal Natal National Park, Drakensberg 전화 +27-(0)36-438-6303

### 디디마 캠프 | Didima Camp

✹ 주소 Didima -Cathedral Peak, Ezemvelo KZN Wildlife, Winterton, 3340 전화 +27-(0)33-845-1000

### 사니 롯지 | Sani lodge

✹ 주소 Sani Pass Rd, southern drakensberg, sani pass, 3257 전화 +27-(0)33-702-0330

# 남아프리카공화국의
# 소득 불평등(극심한 빈부격차)

인종차별로 유명한 남아공은 인종차별보다 더욱 심한 빈부격차로도 유명하다. 약 5700만의 인구를 가지고 있는 남아공의 빈부격차는 상상 이상으로 극심하다. 통계에 따른 월 소득으로 소득 차를 구분하자면 전체 인구의 상위 2퍼센트만이 월 약 180만 원 이상의 소득을 얻으며, 상위 3퍼센트는 약 100만 원, 상위 5퍼센트는 약 70만 원의 소득을 얻는다. 2018년 기준으로 남아공에서 최소한의 생활이 가능한 비용은 달에 약 60만 원이라고 한다. 하지만 인구 중상위권의 10퍼센트는 월 35만 원, 25퍼센트는 약 10만 원의 소득밖에 얻지 못하며 더 밑인 중위권의 15퍼센트는 약 7만 원, 하위권의 15퍼센트는 약 5만 원의 소득뿐이다. 최하위 25퍼센트는 소득이 통계에 잡히지 않는다. 하위권 15퍼센트 인구의 한 달 소득인 5만 원은 남아공 기준으로 성인이 하루에 필요로 하는 2100칼로리를 충족하고 비상 시 생존 가능한 최소 금액이다. 반면에 월 180만 원 이상의 소득을 얻는 상위 2퍼센트 중에는 월 1000만 원 이상 혹은 억 단위로 소득을 얻는 이도 어렵지 않게 찾을 수 있으며 많은 백만장자, 억만장자도 많이 존재한다.

이렇듯 남아공의 계층 간 부의 분배는 매우 불균형하다. 이런 소득 격차 및 부의 세습 때문에 계층 간 교육수준과 생활수준이 달라 현실적으로 빈곤층이 중산층으로, 중산층이 상류층으로 진입하기가 매우 어려우며 이러한 현상은 남아공에 많은 사회적 문제를 야기하기도 한다.

현재 나와 남편은 이런 불평등을 조금이나마 개선하기 위해 남아공에서 CSV 사업을 추진하고 있다. 사회 취약층 및 차별로 대우받지 못하는 사회적 약자들을 교육하고 채용해 인재를 양성하고 있으며, 나아가 우리와 함께 성장한 이들을 사회에 내보내 그들이 받은 것을 다시 사회에 환원할 수 있도록 자립시키겠다는 비전을 가지고 있다.

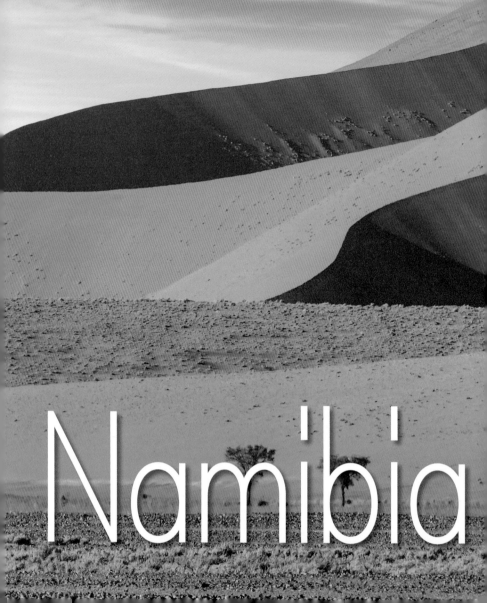

# Namibia

# PART 03

# 나미비아

나미비아는 오랜 기간 독일의 식민지였으며 1차 세계대전 발발 후에는 남아프리카공화국이 74년간 식민통치했다. 이때 아파르트헤이트(인종 차별 정책)도 함께 시행됐다. 1990년에 남아공에서 독립해 식민지 역사는 끝이 났지만 오랜 기간 동안 식민지로 있었던 탓에 언어, 화폐, 건축물, 음식, 문화 등 식민 잔재가 아직도 많이 남아있으며 경제적으로도 여전히 남아공에 대한 의존도가 심각하다. 발달된 도시에서는 유럽풍의 정갈함을 볼 수 있는 반면 발달되지 않은 곳은 사막지대와 같은 자연 그대로의 아름다움이 남아있다. 나미비아의 국경은 북쪽은 앙골라, 동쪽은 보츠와나, 남쪽은 남아프리카공화국, 북동부는 잠비아와 접해있으며 서쪽은 대서양에 맞닿아있다.

# 나미비아 들어가기

## 나미비아 둘러보기

### 기본 정보

| 국가명 | 나미비아 (Republic of Namibia) | 전 압 주파수 플러그타입 | 220V, 50Hz, D, M |
|---|---|---|---|
| 수 도 | 빈트후크(Windhoek) | 종 교 | 기독교 80%, 토착 종교 20% |
| 사용 언어 | 공용어-영어 사용 언어-영어, 아프리칸스어, 토착 언어 | 환 율 | 나미비아 달러(NAD, N$) 1,000원 = N$11(남아공 랜드와 1:1) |
| 대표 언어 | 영어 | 은 행 | FNB, Standard bank 등 |
| GDP | 132억 4,459만 달러, 세계 120위 | 국가번호 | +264 |

공휴일 **New Year's Day** 1월 1일 **Good Friday** 부활절 전 금요일 **Easter Monday** 부활절 후 금요일 **Independence Day** 3월 21일 **Ascension Day** 4월 또는 5월 **Worker's Day** 5월 1일 **Cassinga Day** 5월 4일 **Africa Day** 5월 25일 **Heroes' Day** 8월 26일 **Human Rights Day** 12월 10일 **Christmas** 12월 25일 **Family Day** 12월 26일

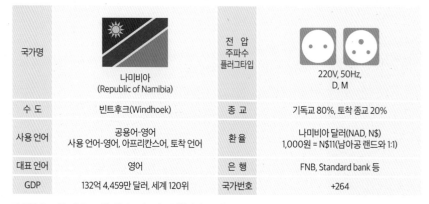

나미비아 전체 지도

A 빈트후크
B 세스림
C 스와콥문트
D 스켈레톤 코스트
E 피시 리버 캐니언
F 에토샤 국립공원

##  비자 정보

### 도착 비자
2019 하반기 기준, 호세아 쿠타코 공항으로 입국시에만 발급 가능
금액 N$1,080

### 사전 비자
최대 90일까지 발급 가능

### 사전 비자 준비물(2018년 8월 기준)
여권 원본, 여권 사본, 비자 신청서, 남아공 입국 스탬프가 있는 여권 복사본, 증명 또는 여권 사진 1장, 나미비아 방문 사유서, 나미비아 숙박 확인증, 일정표, 나미비아 입출국 교통편 티켓 복사본, 은행 잔고 증명서(또는 거래내역서)
금액 비자 신청비: R80, 비자 발급비 R500, 급행 비자: R1,000

### 사전 비자 신청 방법
#### 주남아공 나미비아 영사관
비자는 신청일로부터 약 4일 걸리며 급행 비자는 익일 발급 가능하다. 현재 남아공 케이프타운과 프리토리아에 있는 나미비아 영사관에서 비자를 발급받을 수 있다. 프리토리아는 케이프타운보다 비자 발급이 까다로우므로 서류가 완벽히 준비되지 않았다면 케이프타운에서 신청하는 편이 발급받기 수월하다.
주소 Atterbury house, 9 Riebeek St & Lower Burg Street, Cape Town City Centre, Cape Town, 8000
대표번호 +27-(0)12-419-2810

#### 주잠비아 나미비아 영사관
매주 화요일과 목요일만(2018년 10월 기준) 신청 가능하며 신청 시 다음번 영업일에 방문 수령할 수 있

다. 다만 비자 발급 가능 여부가 수시로 바뀌니 미리 확인해두자.
준비물 여권 원본, 여권 사본 1장, 사진 2장, 비자 신청 양식
금액 50달러
주소 Mutende Rd, Lusaka, Zambia
대표번호 +260-21-126-0407

#### 일본 대사관
주일본 나미비아 대사관에서 사증을 신청할 수 있다. 사증 신청 구비서류(사증 신청서, 발급 수수료(단수 6,000엔[약 60,000원], 복수 8,000엔[약 80,000원])와 여권, 여권 사진 2장, 호텔 예약 또는 숙박 예정지 확인서, 항공 일정서 사본, 영문으로 된 상세 여행 계획서)를 EMS 혹은 DHL로 송부한 후 주일본 나미비아 대사관 메일(admin@namibiatokyo.or.jp)로 비자 신청서 송부 사실을 알리면 처리된다.

출입국 신고서 양식 [352p 부록 참고]

나미비아 비자 신청 양식 [350p 부록 참고]

## 사전 비자 대행

**준비물**
여권 사본, 나미비아 입출국 교통편 티켓 사본, 대행사별 신청서, 기타(대행사별 상이)

**비용**
대행사별 상이(13만 원~22만 원)
비자 대행 http://chasingcolorafrica.com

## 국경

| 인접국 | 국경 명칭 | 여는 시간 | 닫는 시간 |
| --- | --- | --- | --- |
| 남아공 | Noordoewer Border Control | 00:00 | 24:00 |
| | Ariamsvlei Border Post | 00:00 | 24:00 |
| 보츠와나 | Trans Kalahari Border Control | 07:00 | 24:00 |
| | Mohembo Border Control | 08:00 | 17:00 |
| | Ngoma Bridge Border Post | 08:00 | 18:00 |
| 앙골라 | Oshikango Border Control | 08:00 | 18:00 |
| | Ruacana Border Control | 08:00 | 17:00 |
| | Rundu Border Post | 08:00 | 17:00 |
| 잠비아 | Wenela Border Post(Katima Mulilo) | 07:00 | 18:00 |

## 안전수칙

 **주의사항**

### 치안 주의
시내는 걸어 다녀도 괜찮지만 소매치기가 종종 일어나기 때문에 항상 소지품 관리에 유의하는 것이 좋고, 오후 다섯 시 이후에는 거리를 돌아다니지 않는 편이 좋다. 또한 호스텔 등 공동 숙소 이용 시 짐 보관에 유의하자.

### 운전 조심
나미비아는 1년 내내 매력 있는 나라다. 특히 7월부터 10월이 여행하기 최적의 기간이다. 하지만 스와콥문트를 제외하면 대중교통이나 우버가 발달돼 있지 않아 렌터카를 이용하거나 여행사를 통해 여행하는 것이 최고의 방법이다. 이때 지형에 익숙하지 않은 상태에서 렌터카로 여행을 할 생각이라면 반드시 운전에 주의해야 한다. 익숙하지 않은 차와 도로 사정(비포장도로가 많고 도로가 미끄럽다) 때문에 차가 전복되는 등 큰 사고로 이어지는 경우가 굉장히 잦기 때문이다. 그러니 규정 속도를 지키고, 모퉁이를 돌 때는 특히 조심해야 한다. 또한 도시를 넘어갈 때마다 보이는 STOP 사인에서는 반드시 차를 멈추자. 이곳은 검문소인데, 여기에서는 면허증 뿐 아니라 차량 상태 및 안전장치, 삼각대 등을 확인하는 경우도 있으니 사전에 준비할 것.
나미비아는 도로에 경찰이 많다. 보통은 교통법규를 지킨다면 문제없지만 간혹 외국인을 상대로 트집을 잡는 경우가 있다. 그럴 때는 내려서 정중하게 한국 운전면허증과 국제 운전면허증을 보여주고 팁을 주기를 추천한다(5달러~10달러). 운이 좋지 않으면 큰 벌금을 내고 쓸데없이 시간을 소비할 수 있으니 조심해야 한다.

### 긴급 연락처
긴급 전화 10111(치안 긴급), 211 111(응급)

### 대사관 연락처
나미비아에는 한국 대사관이 없어 앙골라 대사관에서 함께 관할하며, 나미비아에는 영사 협력원이 상주하고 있다.
주소 Condominio Zenith, Torre 1, 7º Andar, Via AL 16, Luanda-sul Talatona, Angola
메일 korembassy-angola@mofa.go.kr
대표번호(앙골라) +244-222-006-067
긴급 연락(앙골라) +244-938-880-573

### 나미비아 영사 협력원
대표 번호 +264-813-215-767

### 주요 병원 연락처
Windhoek's Central Hospital
빈트후크에 위치
대표번호 +264-61-203-3111

## 기후

### 기후

나미비아는 1년 중 약 300일간 맑은 날이 지속된다. 여름은 10월에서 4월까지며 1월과 2월이 가장 덥다. 7월에서 10월까지는 겨울이며(건기) 낮 평균 기온은 25도로 여행하는 데 최적의 기온이지만, 아침·저녁으로는 춥다. 평균 여름 기온은 20~34도, 최고기온은 약 40도까지도 올라가며 겨울 최저 기온은 6~10도. 사막에서의 온도 차이는 더욱 크게 느껴지기 때문에 낮에는 피부를 가릴 수 있는 얇은 겉옷을 준비하고, 밤에는 보온에 유의해야 한다.

## 나미비아의 근현대사

나미비아의 국경을 보면 직선으로 나눠져 있는 모양새가 예사롭지 않다. 나미비아는 1878년부터 영국과 독일에게, 1885년부터는 독일에게, 1920년부터는 남아프리카공화국에게 식민통치를 받았으며 1990년 3월에 남아프리카공화국으로부터 독립하며 비로소 나미비아 공화국이 됐다. 남아프리카공화국의 기성세대들은 현재도 나미비아를 위임통치한 것에 대해 자랑스러워하며 많은 도움을 줬다고 주장하는 반면, 나미비아는 유럽에 이어 남아프리카공화국도 억압 통치를 한 탓에 더욱 긴 식민지 생활을 할 수밖에 없었다는 입장이다. 앞에서도 말했듯이 나미비아는 독립 이후 현재까지도 특히 경제적인 부분에서 남아프리카공화국 기업에 대한 의존도가 매우 높아 종속 관계가 개선되지 않고 있다.

# 교통

## 항공

### 빈트후크 국제공항(호세아 쿠타코 국제공항)
WDH, Windhoek Airport(Hosea Kutako International Airport)
24시간 운영
이용 가능 항공사 Air Namibia, Turkish Airlines, Ethiopian Airlines, South African Airways, Lufthansa, Kenya Airways, British Airways 등
홈페이지 https://www.windhoekairport.net/

### 빈트후크 국내선 공항(에로스 공항)
주로 월비스 베이를 오간다.

### 월비스베이 국제 공항
Walvis Bay International Airport
스와콥문트까지 택시로 약 40분 소요, 드는 비용은 약 NAD 260~300
이용 가능 항공사 Air Namibia, South African Express, Westair Aviation

## 버스

### 인터케이프 버스
도시 간 이동이나 인접 국가 이동 시에는 인터케이프 버스를 이용하면 된다. 티켓 가격에 따라 취소 및 환불 규정이 상이하다.
홈페이지 http://www.intercape.co.za/

© intercape

## 빈트후크-스와콥문트 셔틀

도시에서 다른 도시로 이동할 경우 정기 셔틀이나 프
라이빗 셔틀 버스를 이용해도 좋다.
홈페이지 http://www.namibiashuttle.com/
　　　　 http://www.carloshuttlenamibia.com/

© http://www.namibiashuttle.com/

## 특수차량 렌트 (일반차량은 남아공 렌터카 회사 참고)

http://www.windhoekcarhire.com
www.ascocarhire.com
http://www.windhoek-carhire.com/
http://namibia4x4rentals.com
www.africa-on-wheels.com
http://africamper.com/
http://www.smiling-africansun.com/
http://www.caprivicarhire.com/en/home/about-us
http://www.rent-a-car-namibia.com/britz_nr.html
https://www.britz.co.za/

★ 상기 렌트 회사들은 메이저 회사가 아니므로 렌트 조
건 및 보험 약관을 반드시 꼼꼼하게 확인해야 한다.

다음은 차량 렌트 시 주의사항이다. 나미비아에서
차량 렌트를 하려 할 경우 꼭 숙지해 불미스러운 일
을 겪지 않도록 주의하자.

- 해외에서 여권은 나 자신이나 마찬가지다. 절대로
  타인에게 건네주지 않도록 하자.

  ★ 혹시 모를 사태를 대비해 사본도 항상 지참하는 것
  이 좋다.

- 나미비아는 사고가 매우 잦기 때문에 보험 조건
  이 가입자에게 매우 불리한 경우가 많다. 그러니
  되도록이면 이름 있는 회사에서 렌트를 하는 것
  이 좋다.
- 20대 한국인의 사고율이 매우 높다. 운전 미숙,
  부주의 등 여러 이유가 있다.

  ★ 나미비아 현지인들도 운전을 쉽게 생각하지 않을
  정도로 나미비아의 길은 미끄럽고 사고가 많이 난다.
  나미비아의 도로를 달려본 경험이 아예 없다면 더욱
  각별히 조심해야 한다. 특히 과속하지 말고 안전벨트
  를 꼭 착용해야 한다.

- 사고 후 진술서 작성 시 모든 내용을 기재하지 말자.
  잘못 선택한 단어 하나가 불리한 화살로 돌아온
  다. 특히 운전자 과실이 진술서에 들어갈 경우 보
  험 적용이 되지 않는다.
  예)
  동물을 미처 보지 못해 사고를 냈다 (X)
  → 동물이 갑자기 튀어나왔다 (O)
  운전 미숙으로 길에서 미끄러졌다 (X)
  → 길이 미끄러워 사고가 났다 (O)

## 히치하이킹

아프리카 대륙을 종단할 때나 보츠와나에서 나미비
아로 이동할 때 히치하이킹을 하는 경우도 있다. 보
츠와나와 나미비아 국경에서는 경찰이 히치하이킹
을 도와주기도 한다. 운이 좋으면 무료로 히치하이킹
해 빈트후크까지 갈 수 있지만, 보통은 출발 전에 가

격 협상을 하는 것이 원칙이다. 국경에 도착하면 경
찰에게 여권을 보여주며 목적지를 말하자. 친절한 경
찰관을 만나면 직접 지나가는 차를 잡아 도와줄 것
이다.

# 나미비아 여행 루트

## 직장인을 위한 단기 코스

시간이 넉넉하지 않은 여행자에게 추천하는 코스는 4박 5일 코스다. 하지만 서두르지 말자. 계속 이야기하지만 나미비아는 운전 실력과 상관없이 사고가 많이 나는 지역이다.

| 기간 | 4박 5일
| 여행 일정 |
1일차   빈트후크 출발 → 세스림 캐니언 이동
2일차   듄 45 → 소서스 블레이 → 데드 블레이 → 스와콥문트
3일차   스와콥문트 출발 → 에토샤 도착
4일차   에토샤 게임드라이브
5일차   에토샤 출발 → 빈트후크 도착

## 신혼여행 추천 코스

안젤리나 졸리도 머무른 스와콥문트의 아름다움과 함께 나미브 사막, 에토샤 사파리도 놓치지 않는 알찬 여행 코스다.

| 기간 | 7일
| 여행 일정 |
1일차   빈트후크
2일차   세스림 → 세스림 캐니언 → 듄 45 → 소서스 블레이 → 데드 블레이
3일차   스와콥문트
4일차   스와콥문트
5일차   에토샤
6일차   에토샤
7일차   빈트후크

## 배낭여행자를 위한 자유 코스

남아공에서 올라오느냐, 빈트후크에서 출발하느냐에 따라 코스가 달라질 수 있다.

| 기간 | 7일, 렌트 여행
| 여행 일정 |
1일차   피시 리버 캐니언
2일차   세스림 출발 → 세스림 캐니언 이동
3일차   듄 45 → 데드 블레이 → 소서스 블레이
4일차   솔리테어 → 월비스 베이 → 스와콥문트
5일차   스켈레톤 코스트 → 힘바족 마을
6일차   에토샤
7일차   에토샤 출발 → 빈트후크 도착

# 02 빈트후크 Windhoek

나미비아는 '아프리카의 작은 독일'이라고 불릴 정도로 독일의 식민지 잔재가 많이 남아있는 나라다. 빈트후크는 이런 나미비아의 수도로 정치, 경제, 문화의 중심지이며 아프리칸스어로 '바람이 부는 모퉁이'라는 의미다. 나미비아에 항공으로 입국하는 여행자들은 주로 호세아 쿠타코 공항을 이용하는데, 이렇게 나미비아에 들어온 관광객 중 약 60퍼센트가 빈트후크를 방문할 정도로 빈트후크는 나미비아 여행의 시작점이라고 할 수 있다. 거리 곳곳에서는 반나체로 화려한 장신구를 두르고 있는 힘바족을 만날 수 있다. 이들이 판매하는 기념품을 구매하면 함께 기념사진을 찍을 수 있다.

**빈트후크**
A 번힐 파크
B 크리스투스쿼시 교회
C 호세아 쿠타코 국제공항

### 크리스투스쿼시 교회 | Christuskirche(Christ Church, Windhoek)

나미비아에서 가장 오래된, 중세시대인 1896년에 건축된 독일 루터파 교회다. 빈트후크의 랜드마크라고 불릴 정도로 잘 알려져 있으며, 오래된 역사에 비해 잘 보존돼 있고 『헨젤과 그레텔』에 나오는 과자 집처럼 생긴 것이 특징이다. 네오고딕과 아르누보 양식을 사용해 건축됐으며 원형 교차로에 덩그러니 자리하고 있다.

주소 Robert Mugabe Ave, Windhoek, Namibia 전화 +264-61-236-002

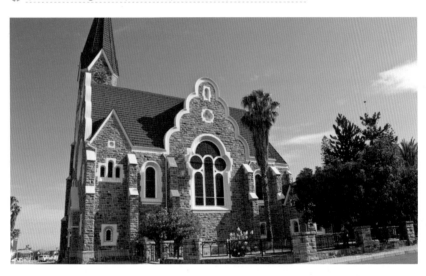

### 오웰라 박물관 | Owela Museum

'오웰라Owela'라는 이름은 홈이 파여 있는 커다란 돌판을 이용해 즐기는 아프리카의 전통 게임에서 유래됐다. 이곳은 나미비아의 자연사와 인류 역사에 중점을 둔 박물관이다. 동물 전시관, 유목민 전시관, 문화 전시관 등에서 흥미로운 전시물을 볼 수 있다. 입장료는 무료지만 에이즈 예방 및 환자들을 위한 지원금을 기부할 수 있다.

주소 Robert Mugabe Ave, Windhoek, Namibia

©Ron Swilling

## 독립 기념 박물관
#### | Namibia Independence Memorial Museum

2014년 3월 21일, 나미비아의 독립기념일에 공식
개관된 이 박물관은 나미비아의 독립투쟁 역사
및 역사적 유물 등을 전시해놓은 공간으로 나미
비아의 근현대사를 알아보기 좋은 장소다.

©Ron Swilling

## 번힐 파크
#### | Wernhil Park Mall

빈트후크의 중심지라고 할 수 있다. 다양한 상점 및 마트가 있고 주변에는 레스토랑, 백패커스와 게스트
하우스 등이 있다. 나미비아 여행을 시작하기 전에 필요한 물품을 이곳에서 구입할 수 있다.

✿ 주소 Wernhil Park Shopping Centre, Corner Fidel Castro and Mandume Ndemufajo Street,
Windhoek, Namibia 전화 +264-61-207-5233

---

## 🏨 숙소

## 카멜레온 백패커스 | Chameleon Backpackers

이곳은 백패커스를 운영할 뿐만 아니라 매주 토요일마다 정
기적으로 투어를 진행해, 동행을 구해서 합리적인 가격으로
투어를 갈 수 있다. 또한 여행자들이 캠핑 장비를 기증하고
가기도 하기 때문에 운이 좋으면 새것과 다름없는 장비를 공
짜로 얻을 수도 있다. 렌터카를 이용하는 경우 동행을 구하기
도 쉽다. 하지만 인기가 많아 항상 예약이 꽉 차 있으니, 꼭 미
리 예약을 하고 가자.

© booking.com/

✿ 주소 5 Voight Street, Windhoek, Namibia 전화 +264-61-244-347 요금 1인 N$220~ 홈페이지
https://www.chameleon backpackers.com/

## 카드보드 박스 | Cardboard Box

도미토리와 개인 방이 있으며 뒷마당에서 캠핑을 할 수 있다. 매주 화요일마다 투어를 진행하는데 가격
이 괜찮다. 손님이 있으면 금요일에도 출발할 때가 있다.

주소 15 Johann Albrecht Street, Windhoek, Namibia 전화 +264-61-228-994 요금 1인 N$170~ 홈페이지 https://www.cardboardbox.com.na/

ⓒ cardboardbox.com.na/

## 프로티 호텔
### Protea hotel by Marriott Windhoek Thuringerhof

가격만큼 서비스도 좋고 시설이 깔끔하며 중심지에 위치해 인근 관광지에 방문하기 편하다.

주소 Corner of Bahnhof & Independence Avenues, Windhoek 9000, Namibia 전화 +264-61-226-031 요금 1인 N$ 1,110~

ⓒ booking.com/

## 힐튼 빈트후크 | Hilton Windhoek

한국인들이 만족해할만한 서비스를 제공하며 시설이 깔끔하다. 중심지에 위치해 인근 관광지에 방문하기 편하다.

주소 Rev Michael Scott Street, Windhoek, Namibia 전화 +264-61-296-2929

ⓒ booking.com/

## 먹거리

## 조스 비어 하우스 | Joe's Beer house

푸짐한 스테이크나 피시 앤 칩스 등 한 끼 식사로 충분한 음식을 판매하며 늦게까지 열어 해진 후 시간을 보내기 좋다. 현지인뿐 아니라 빈트후크를 방문하는 외국인들에게도 편하게 맥주를 마실 수 있는 장소로 유명하다.

주소 160 Nelson Mandela Ave, Windhoek, Namibia 전화 +264-61-232-457

ⓒ Joe's Beer house

## 오션바스켓 타운 스퀘어
Ocean Basket Town Square

남아공 시푸드 레스토랑으로 시푸드 플래터, 초밥 등이 있다.

✿ 주소 Post St Mall, Windhoek, Namibia  전화 +264-61-253-507

## 디 올리브 레스토랑
The Olive Restaurant

호텔과 함께 운영하는 레스토랑이다. 서비스가 좋으며 샐러드, 스테이크 등 다양한 메뉴가 있다.

✿ 주소 22 Promenaden Rd, Windhoek, Namibia  전화 +264-61-383-890

© The Olive Restaurant

## 리버뷰 바 앤 레스토랑
(클레인 빈트후크 게스트하우스)
Riverview Bar & Restaurant (Klein Windhoek Guesthouse)

피자와 같은 이탈리아 요리를 판매한다. 게스트하우스를 함께 운영하고 있다.

✿ 주소 Hofmeyer Street, Windhoek, Namibia  전화 +264-61-242-540

© Bryan Perkin

## 더 레몬트리 레스토랑
The Lemontree Restaurant

버거, 샐러드, 밥, 디저트 등 다양한 메뉴를 판매한다. 이른 아침부터 늦은 밤까지 운영한다.

✿ 주소 The Lemontree Restaurant, Windhoek, Namibia  전화 +264-61-240-346

© The Lemontree Restaurant

# Chapter 03

# 세스림(나미브 사막)
## Sesriem(Namib desert)

세계에서 가장 오래된 사막인 나미브 사막은 현지 언어로 '아무것도 없는 땅'이라는 뜻이 지만 실제로는 다양한 동식물이 사막에 적응해 살고 있다. 스와콥문트에서 소서스 블레이 를 지나 남쪽까지 이어져있는 거대한 규모의 사막으로 소서스 블레이(폭이 100킬로미터 에 달하는 사구)와 듄 45, 데드 블레이 등을 볼 수 있다. 세스림 캠핑장은 외부 캠핑장이며 일출 시간에 맞춰 소서스 블레이에 입장하기 좋은 위치에 있다. 또한 '모래 바다'라고 불 릴 정도로 끝이 보이지 않는 황금빛 사막이 펼쳐져 있다.

TIP 세스림 운전 시 주의할 점

자동차 바퀴가 쉽게 빠질 수 있으며 이 때문에 전복 사고가 특히 잦다.
사막운전 경험이 없다면 섣부르게 사막에 진입하지 말고 렌터카로 세스림 지역에 도착한 후 투어로 사막을 둘러보 기를 추천한다.

## 볼거리

### 세스림 캐니언 | Sesriem Canyon

약 1500만 년 전에 생긴 지형으로 길이 3킬로미터, 깊이 30미터의 퇴적암 지형에 형성된 자연 계곡이다. 물이 흐르던 곳이기에 땅이 파인 형태를 띠고 있으며, 다른 곳의 물은 말라버렸지만 건조한 기후에도 1년 내내 물이 마르지 않는 신비로운 작은 웅덩이가 있다.

ⓒ위키피디아

### 듄 45 | Dune 45

세스림 게이트에서 45킬로미터 떨어져 있어 '듄 45'라고 불린다는 설과 수십 개의 모래언덕 중 45번째 언덕이어서 붙은 이름이라는 설이 있는 듄 45는 언덕 꼭대기에서 일출을 보는 장소로 유명해, 해가 뜨기 전부터 사람들이 모여들기 시작한다. 해가 떠오름과 동시에 넓게 펼쳐진 황홀한 황금빛 사막을 볼 수 있다.

## 소서스 블레이 | Sossusvlei Dunes

소서스 블레이는 원래 '물웅덩이'라는 뜻이지만 지금은 물이 말라 푹 꺼진 지형이 됐으며, 300미터가 넘는 붉은 사구로 둘러싸여 있다. 근처에서 말라죽은 나무가 여전히 바닥에 뿌리를 박은 채 서 있는 모습을 볼 수 있다. 4륜 차량만 다닐 수 있으며 국립공원에서 운행하는 유료 셔틀을 이용해도 된다.

## 데드 블레이 | Dead Vlei

약 600년 전 흐르지 못하고 증발해버린 호수가 남긴 흔적이다. 붉은 빛의 나미브 사막 위에 또렷하게 경계선을 그리는 하얀 모래가 오래전 사라져버린 호수를 대신하고 있다. 붉은 모래, 하얀 모래, 까맣게 말라버린 나무가 어우러져 묘한 분위기를 만들어낸다.

## 빅 대디 | Big Daddy

빅 대디는 약 325미터의 높이로 주변에 위치한 듄들이 작아 보일 정도로 압도적으로 크다. 소서스 블레이 지역에서 가장 높은 듄이라고 할 수 있다. 참고로 나미브 사막에서 가장 높은 듄은 듄 7으로 약 388미터의 높이를 자랑한다.

## 나미브 열기구 사파리
### | Namib Sky Balloon Safaris

세계에서 가장 오래된 사막에서 아름다운 일출을 누구보다 특별하게 하늘 위에서 만끽하고 싶다면 나미브 열기구 사파리를 이용하자. 날씨에 따라 운행 여부가 결정되며 해가 뜨기 약 30~45분 전에 픽업 포인트에서 투어가 시작된다. 샴페인이 포함된 아침식사와 열기구 사파리에 참여했다는 인증서를 주며 투어가 끝나고 다시 리턴 포인트로 돌아가는 것까지가 일정이다. 오전 열 시에서 열한

© Namib Sky Balloon Safaris

시 사이에 끝나며, 날씨 때문에 투어가 취소되면 비용은 100퍼센트 환불해준다.

✿ 전화 +264-63-683-188 가격 1인당 N$6500~, 최소 두 명 이상 시 출발 예약 info@namibsky.com

## 세스림 캠프사이트 | Sesriem camp site

세스림 캠프사이트는 나미브 사막의 세스림 지역과 가장 가까이 있는 캠프장이다. 일출시간에 맞춰 게이트에 가기 용이하며, 슈퍼마켓, 바, 레스토랑 및 뜨거운 물이 나오는 샤워실이 갖춰져 있고 유료 와이파이 이용이 가능한 등 편의시설이 잘 돼있다. 6월에서 10월은 성수기로 예약하기가 어려워 미리 예약하는 것이 좋다. 캠프장의 일반 사이트 예약이 꽉 찼다면 전기와 브라이(바비큐장)가 제한된 오픈 사이트 이용이 가능한지 알아보자.

© Namibia Reservations

✿ 가격 N$350  입장료 N$80  홈페이지 http://www.nwrnamibia.com/ http://namibiareservations.com/

## 소서스 오아시스 캠프사이트
### | Sossus Oasis Camp Site

세스림 캠프사이트 근처에 있는 캠핑장, 카페, 상점, 주유소 등이 모여 있는 캠프사이트다.

✿ 주소 Sossus Oasis Camp Site, Namibia  전화+264-63-293-632  요금 N$115-  홈페이지 http://sossus-oasis.com/

© http://sossus-oasis.com/

## 리틀 소서스 롯지 | A Little Sossus Lodge

국립공원 외부에 위치하며 롯지와 캠프사이트 모두 이용할 수 있다.

✿ 주소 At the junction of the C19 and D854 roads, Sesriem, Namibia  전화 +264-64-464-144  홈페이지 http://littlesossus.com/

© A Little Sossus Lodge

## 르 미라지 리조트 앤 스파 | Le Mirage Resort & Spa

세스림 지역에 위치한 5성급 리조트다. 허허벌판에 견고하게
지어진 성곽 같은 건물이 인상적이며, 고급스럽고 특별한 경
험을 원한다면 추천한다.

✿ 주소 District road C27, Sesriem, Namibia  전화 +264-61-
224-712  요금 1박 N$3,000~

© booking.com

## 🍴 먹거리

## 솔리테어 / 맥그리거 베이커리
| Solitaire Area/Mcgregor's bakery

빈트후크에서 이동한다면 솔리테어에서 점심을 먹자. '고독
하다'는 의미의 솔리테어가 이 지역의 오아시스라고 할 수 있
을 정도로 주변에 아무것도 없으니 말이다. 애플파이가 유명
하며 이외에도 직접 굽는 신선한 베이커리, 샌드위치, 음료
등을 테이크아웃할 수 있다. 주유소 있음.

✿ 주소 C14 & C19 Junction-Unit D, Solitaire, Namibia
전화 +264-63-293-621

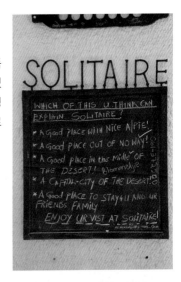

## 소서스 오아시스 | Sossus Oasis

세스림 캠핑장에 있는 작은 상점이다. 이곳에서 미리 식자
재를 사서 캠핑을 하는 것이 좋다. 근처에 주유소, 캠핑장 등
이 모여 있다.

✿ 주소 D826, Sesriem. Namibia (Sossus Oasis Camp Site)
전화 +264-63- 293-632

© Sossus Oasis

# 04 월비스 베이 Walvis Bay
# 스와콥문트 Swakopmund

이 두 곳은 나미비아의 주요 휴양지로 나미브 사막의 시작점이자 바다와 사막이 어우러진 액티비티의 중심지다. 월비스 베이에는 공항이 있어 여행자들에게 유용한 관문이 돼주며 월비스 베이 공항에서 약 40분 정도 떨어진 곳에 스와콥문트가 있다. 스와콥문트에는 카페, 레스토랑, 바, 나미비아 공예품이나 예술품 등을 판매하는 상점이 있으며 박물관, 수족관 및 갤러리가 있는 해변도 있다.

**TIP** 경찰의 검문이 잦아 교통 규칙을 반드시 지켜야 하며, 여권과 국제 운전면허증을 필수로 챙겨야 한다.

## 🔭 볼거리

### 월비스 베이 라군 | Walvis Bay Lagoon
월비스 베이에서 C14 도로를 따라가다 보면 '새들의 낙원Bird Paradise'이라고 불리는 솔트팬에서 플라밍고가 무리 지어 휴식하고 있는 모습을 볼 수 있다. 이곳은 셀 수 없을 정도로 많은 플라밍고가 1년 내내 서식하고 있을 뿐만 아니라 다양한 철새가 방문하는 장소이기도 하다.

✤ 주소 Walvis bay Bird Sanctuary, C14, Namibia

© dunechalets.com

# 액티비티

## 샌드위치 하버 투어

6인승 지프차를 타고 사막과 바다가 맞붙어있는 샌
드위치 하버를 구경한다.

홈페이지 http://www.sandwich-harbour.com/

ⓒ namibian.org

## 쿼드 바이크

쿼드 바이크를 타고 샌드위치 하버 지역 사막을 누
빈다. 샌드보딩과 함께 패키지로 체험할 수 있는 경
우도 많으니 프로모션을 잘 노려보자.

홈페이지 http://www.daredeviladventures.com/

ⓒ daredeviladventures.com/

## 샌드보딩

스노우 보드를 사막용 왁스로 관리해 사막에서도
신나게 보드를 탈 수 있다. 보통 쿼드 바이크와 패키
지로 체험할 수 있으며, 바이크를 타다가 잠시 내려
서 보드를 타곤 한다. 보드를 탈 때 입에 모래가 많이
들어가니 스카프 또는 마스크는 필수다.

홈페이지 http://www.alter-action.info/

ⓒ namibian.org

## 스카이다이빙

스와콥문트의 사막과 바다를 내려다보며 스카이다
이빙을 할 수 있으며 동영상 촬영도 가능하다. 칠레
와 더불어 전 세계에서 가장 저렴하게 스카이다이
빙을 즐길 수 있는 곳이다. 하늘에서 붉은 호수도 바
라볼 수 있으니 꼭 해보기를 추천한다.

홈페이지 http://skydiveswakop.com/

ⓒ skydiveswakop.com/

## 돌핀 크루저

보트를 타고 바다에 나가 돌고래 및 물개를 볼 수 있다.

홈페이지 http://www.mola-namibia.com/

© www.mola-namibia.com/

## 스와콥 사이클 투어 Swakop Cycle Tours

자전거를 타고 스와콥문트 시내와 타운십을 돌아보는 투어다. 현지인들의 삶을 돌아보고 현지 음식을
먹으며 천천히 스와콥문트를 알아보고 싶다면 추천한다.

홈페이지 http://www.swakopmundcycletours.com/

---

## H 숙소

### 프로스트 호텔 | Prost Hotel Swakopmund Namibia

<꽃보다 청춘> 출연자들이 머무른 호텔로 유명하다. 평화로
운 지역에 있으며 주변 시설도 차를 타고 나갈 필요 없이 근
처에 있어 편하다.

✿ 주소 42 Nathaniel Maxuilili street, Swakopmund,
Namibia 전화 +264-64-429-600 요금 1박 N$720~

© booking.com

## 제티 셀프 케이터링 숙소
### Jetty Self-Catering Accommodation

소박하면서도 아기자기하게 정돈돼 있는 숙소다. 겨울에는 숙소가 조금 추울 수 있으므로 여름에 방문하기를 추천한다.

✿ 주소 Anton Lubowski Ave, Swakopmund, Namibia 전화 +264 -81-676-1077 요금 1박 N$ 850~

© booking.com

## 아틀란틱 빌라 게스트 하우스
### aha Atlantic Villa Boutique Guesthouse

해변과 맞닿아 있지는 않지만 세련되고 깔끔하다.

✿ 주소 24 Plover Street, Swakopmund, Namibia 전화 +264-64-463-511 요금 1박 N$ 1,100~

© booking.com

## 알테 브러크 리조트 | Alte Brücke Resort

가격 대비 최고의 숙소다. 캠핑사이트 안에 개인 화로와 욕실이 있으며 각종 액티비티 예약도 도와준다. 캠핑사이트 외 숙소도 완비돼 있다.

✿ 주소 P.O. Box 3360, Vineta, Swakopmund, Namibia 전화 +264-(0)64-404-918 홈페이지 http://www.altebrucke. com/ 캠핑사이트 가격 1인 기준 N$ 200~, 4인 기준 N$ 800~

© altebrucke.com/

---

## 🍽 먹거리

## 제티 1905 레스토랑 | Jetty 1905 restaurant

해산물, 스테이크 등 요리와 더불어 창문 너머로 펼쳐진 오션 뷰로도 유명하다. 미리 예약하지 않으면 들어가지 못할 수 있으니 전날 또는 미리 예약한 후 액티비티를 즐기고 돌아와 저녁식사를 하기를 추천한다.

✿ 주소 A, 1905 On the Jetty Bridge, Swakopmund, Namibia 전화 +264-64-405-664 홈페이지 http://jetty 1905.com

© Jetty 1905 restaurant

### 더 터그 | The tug restaurant

제티와 견줄 수 있을 만큼 훌륭한 곳이다. 시원한 바닷가가 보이며 스테이크, 플래터, 해산물 요리로 유명하다.

🌸 주소 A.Schad Promenade, Molen Road, Jetty Area, Swakopmund, Namibia 전화 +264-64-402-356 홈페이지 http://www.the-tug.com

© The tug restaurant

### 쿠키스 펍 | kucki's pub

푸짐한 음식과 시원한 맥주를 한 번에 즐길 수 있는 곳이다.

🌸 주소 Tobias Hainyeko, Swakopmund, Namibia 전화 +264-64-402-407

© kucki's pub

### 스와콥문트 브라우하우스 | Swakopmund Brauhaus

독일인이 운영하는 독일식 레스토랑 겸 펍이다. 독일음식과 맥주가 있다.

🌸 주소 The Arcade 22, Sam Nujoma Drive, P.O. Box 185, Swakopmund, Namibia 전화 +264-64-402 -214

© 트립어드바이저

### 라이트하우스 | Lighthouse Restaurant

피자와 버거가 한국인의 입맛에 맞기로 유명하다.

🌸 주소 The Mole, Main Beach, Swakopmund, Namibia 전화 +264-64-400-894

© Lighthouse Restaurant

Chapter

# 힘바 마을 Opuwo / Himba Village

나미비아 북부와 앙골라 국경 인근에는 힘바 마을이 여러 군데 있는데, 그 중 일반인이 들어갈 수 있는 마을은 몇 개 되지 않는다. 그나마도 반드시 가이드와 동행해야 한다. 힘바 부족은 붉은 돌을 갈아 만든 진흙을 온몸에 발라 붉은 피부를 유지하는 것으로 유명한 원시 부족이며 힘바는 헤레로herero 언어로 '끝'이라는 의미다.

## 🔭 볼거리

### 힘바 마을 | Himba Village
투어 가이드 문의

🌸 홈페이지 http://www.opuwolodge.com/excursions/

### 에푸파 폭포 | Epupa Falls

앙골라와 나미비아 국경에 위치한 폭포로, 바오밥 나무가 자라고 있는 지형 사이사이로 쿠네네 강이 흐르며 여러 개의 폭포를 만들어 장관을 이룬다.

© epupa.com.na

## 🏨 숙소

### 에푸파 캠프 | Epupa Camp

에푸파 폭포 근처 숙소다. 힘바 마을 투어나 래프팅 등을 신청할 수 있다.

🌸 전화 +264-61-237-294 홈페이지 https://www.epupa.com.na/

© Epupa Camp

### 오푸오 컨츄리 호텔 | Opuwo Country hotel

오푸오에 위치한 호텔 겸 캠핑 숙소다. 힘바 마을 투어를 신청할 수 있다.

🌸 전화 +264-64-418-661 홈페이지 http://www.opuwoLodge.com 메일 reservations@opuwolodge.com

© 트립어드바이저

### 아바 게스트 하우스 | Abba Guest house

가격이 저렴하며 힘바 마을 투어를 신청할 수 있다.

🌸 주소 Muharukua Ave, Opuwo, Namibia 전화 +264-65-273-155 홈페이지 http://www.abbaguesthouse.com/

© Abba Guest house

# 스켈레톤 코스트
## The Skeleton Coast

스켈레톤 코스트는 '해골 해안'이라는 뜻으로, '지옥의 문'이라고 불릴 만큼 이름부터 으스스한 분위기가 감도는 나미비아의 해안이다. 1년 중 대부분이 짙은 안개에 덮여있는 이 바위투성이의 해안가에서 과거 많은 배가 조난 혹은 난파됐고, 살아남은 선원들은 해안과 맞붙어있는 사막을 마주하고 절망 속에 죽어갔다고 한다. 실제로 스켈레톤 코스트로 가다 보면 세월의 흔적을 그대로 맞은 난파선을 여러 대 볼 수 있다.

스켈레톤 코스트까지 가는 동안 주유소를 찾기가 쉽지 않으므로 주유소가 보인다면 미리 주유를 하고 타이어 기압을 점검하는 것이 좋다.

참고로 인터넷에서 찾아 볼 수 있는 난파선 대부분은 스켈레톤 코스트가 아닌 스와콥문트에서 북쪽으로 약 50~60킬로미터 지점에 위치한 해안에 있는 것이다.

ⒸCNN

### 치타 농장 | Otjitotongwe Cheetah Guest Farm

스켈레톤 코스트로 가는 길에 치타 투어가 가능한 치타 농장이 있다. 치타와 산책하기, 치타 먹이 주기 등을 체험할 수 있으며 수익금의 일부는 나미비아의 치타를 돌보는 데 사용된다고 한다.

✿ 위치 Farm Sendeling, Otjitotongwe, Kamanjab, Namibia  가격 치타 투어+롯지+저녁+익일 아침식사: N$ 900  홈페이지 http://www.cheetahparknamibia.com

### 다마라 랜드 | Damara Cultural Village

힘바족과는 또 다른 다마라족의 생활을 볼 수 있는 마을이다. 이들은 사냥, 목축 및 농사로 먹고 살고 있으며 맨손으로 도구를 만들어내는 모습이나 민속 공연 등을 볼 수 있다.

✿ 위치 S 20°31'45.90" / E 14°23'52.37"  홈페이지 https://www.lcfn.info/damara/  메일 contact@lcfn.info

© lcfn.info/damara/

# 케이프 크로스 물개 보호 지역
## Cape Cross Seal Reserve

케이프 크로스는 스와콥문트에서 북쪽으로 약 130킬로미터 떨어진 곳에 위치한다. 황량한 비포장도로를 두 시간 정도 달리면 아프리카 최대의 물개 서식지를 만나볼 수 있다. 나미비아 정부에서 관리하는 물개 보호 구역인 이곳에는 남아프리카 서해안을 따라 북으로 흐르는 차가운 뱅겔라 해류Benguela Current에 있는 풍부한 플랑크톤을 먹으며 번식한 통통한 물개가 10만 마리 이상 살고 있다. 너무 많이 살다 보니 관리가 부족해 죽은 물개나 물개들이 먹다 남긴 해조류가 부패해 지독한 냄새가 나긴 하지만, 사람의 손길이 거의 닿지 않은 자연 그대로의 환경에서 수많은 물개가 살고 있는 물개의 나라에 방문해보는 것도 새로운 경험이 될 것이다.

🌼 위치 Cape cross, Namibia  입장료 사람 N$80, 차량 N$10

© lcfn.info/damara/

# 08 피시 리버 캐니언
## Fish River Canyon

세계 3대 캐니언 중 하나인 피시 리버 캐니언은 길이가 약 160킬로미터나 되는, 아프리카에서 가장 큰 협곡이자 미국 그랜드 캐니언 다음으로 세계에서 두 번째로 큰 협곡이다. 개인 차량이 없다면 인터케이프 버스로 키드만숍<sup>Keetmanshoop</sup>까지 이동한 후 택시로 움직여야 한다(이 경우 돌아가는 방법을 찾기 힘들기 때문에 반드시 사전에 픽업 요청을 해야 한다). 깊이가 550미터나 되는 거대한 캐니언에 도착했다면 둘러보기 전에 안내소에서 먼저 캐니언이 생성된 시기, 원인 등을 알아보자. 그 후 전망대에서 캐니언을 감상하면 그냥 볼 때와 느낌이 확연히 다를 것이다. 하이킹하기에 날씨가 적당한 5월 1일에서 9월 15일까지는 하이킹 코스를 돌아보는 투어가 있으므로 시간적 여유가 있다면 참여해보자. 하이킹은 약 5일 동안 85킬로미터에 이르는 코스이며 강을 건너고 협곡을 오르내리는 등의 난이도가 있는 편이지만 중간에 만나는 유황온천에서 그동안 쌓인 피로를 풀 수도 있다.

© nwrnamibia.com/

## 볼거리

### 피시 리버 캐니언 전망대 | Fish River Canyon Main Viewpoit
안내소에서 캐니언에 대한 정보를 알 수 있으며 전망대에서 캐니언을 볼 수 있다.

### 피시 리버 하이킹 트레일 | Fish River hiking Trail
투어는 최대 1년 전에 예약하는 것이 좋으며 최소 3명부터 시작 가능하다.

🌼 예약 캐니언에 위치하는 숙소에서 예약 또는 NWR 빈트후크사무소 (+264-61-285-7333 reser vations@nwr.com.na) 및 케이프타운사무소 (+27-21-422-3761 ct.bookings@nwr.com.na)

© treks.org

### 아이 아이스 온천 리조트
**Ai Ais Hotsprings Spa Resort Fish River Canyon Namibia**

피시 리버 캐니언 하이킹을 할 수 있으며 롯지, 샬렛, 캠핑 등 다양한 종류의 숙박이 가능하다.

✿ 전화 +27-(0)13-751-2220 홈페이지 http://www.nwr namibia.com/ai-ais.htm- 메일 nwr@nwrnamibia.com- South Africa

© hotels.com

### 피시 리버 롯지 | Fish River Lodge

오픈카를 타고 캐니언을 돌아볼 수 있으며, 스파, 팻바이크 트레일(넓은 타이어가 달린 자전거로 코스를 도는 투어), 단기 캐니언 하이킹 등의 액티비티도 제공한다.

✿ 전화 +264-61-228-104 홈페이지 https://www.fish riverlodge-namibia.com/activities/ 메일 fishriver@ journeysnamibia.com

© Fish River Lodge

### 호바스 롯지 | Hobas Lodge

피시리버캐니언에 위치하는 캠프사이트이며, 캐니언 하이킹이 가능하다.

✿ 전화 +264-61-285-7200 홈페이지 http://www.nwr namibia.com/hobas.htm 메일 nwr@nwrnamibia.com

© Reinhold Hailume

## 🍴 먹거리

숙소를 이용하지 않는다면 주변에 마땅한 음식점이 없으므로 개인 도시락 또는 간식을 미리 챙겨가는 것이 좋다.

# 에토샤 국립공원 스페셜
## Etosha National Park

에토샤 국립공원은 아프리카 3대 국립공원 중 하나로 훌륭한 야생 환경을 볼 수 있는 야생 동물 보호 구역이다. 약 22000킬로미터의 면적에 110여 종의 포유류, 100여 종의 파충류, 340여 종의 조류 등 멸종 위기에 처한 종을 포함해 다양한 종류의 동물과 새가 서식하고 있다. 에토샤 사파리는 보츠와나의 오카방코 델타, 남아프리카공화국의 크루거 파크 사파리처럼 동물을 찾아 돌아다니기보다 워터홀을 찾아 서너 시간 동안 기다리면서 물을 마시러 오는 동물들을 보는 것이 특징이다. 에토샤 국립공원에서 개인 차량을 탈 때는 반드시 규정 속도를 지켜야 하며 정해진 장소 이외에는 차에서 내릴 수 없다. 액티비티 중 일출, 일몰 게임드라이브는 에토샤 국립공원에서 별도로 운영하고 있다.

❀ 입장료 방문객 N$ 80/일, 차량 N$ 10~/일

### 힘바족 | Himba

힘바족들이 에토샤 입구에서 좌판을 깔고 기념품을
팔기도 한다. 힘바 마을 투어를 가지 않는 이상 힘바
족을 보기 쉽지 않으니 이때가 힘바족을 만날 좋은
기회다. 보통 힘바족 여성과 아이들이 나와 목걸이,
팔찌, 드림캐처 등 가내수공업으로 만든 기념품을 파
니 경험삼아 구경해보자. 앞에서도 말했듯 원래 이들
과 사진을 찍을 때는 1~2달러 정도를 내야 하나 이들
이 파는 물건을 사면 함께 사진을 찍을 수 있는 기회
가 주어진다.

ⓒ namibiatourism.com.na

### 워터홀 | Water Hole

워터홀은 목마른 동물을 끌어당기는 자석과 같다. 특히 건기인 6월부터 10월까지는 평소보다 더 많은
동물을 워터홀에서 만날 수 있다.

ⓒ Etosha National Park

## 게임드라이브

오픈 게임드라이브, 셀프 사파리 투어를 할 수 있으며 해가 진 후에는 에토샤 국립공원에서 진행하는 나이트 게임드라이브에 참여해 사냥하는 맹수들을 볼 수도 있다.

### 에토샤 판 | Etosha Pan

면적이 넓어 우주에서도 보인다는 소금사막이다. 운이 좋으면 100만 마리가 넘는 홍학을 만날 수 있다.

우주에서 내려다본 에토샤 판 ⓒ NASA Earth Observatory

## 에토샤 게이트

### 캘튼 게이트 Galton Gate
에토샤 국립공원의 남서쪽 끝부분에 위치한다.

### 앤더슨 게이트 Anderson Gate
에토샤 국립공원의 남쪽 끝에 있으며 가장 가까운 캠프사이트는 오카쿠에오 캠프사이트다.

### 본 링퀴스트 게이트 Von Lindequist Gate
나무토니 캠프사이트에서 가까운 동쪽의 게이트다.

### 킹 네할레 게이트 King Nehale Gate
공원의 북쪽 끝에 위치한다.

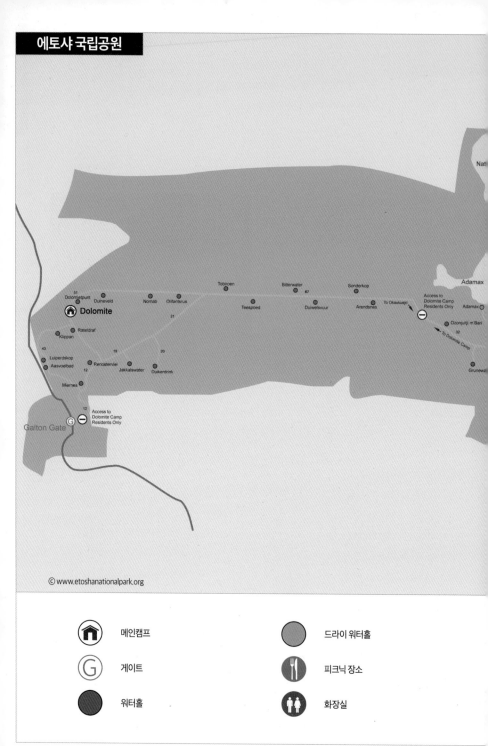

에토샤 국립공원

© www.etoshanationalpark.org

| | |
|---|---|
| 메인캠프 | 드라이 워터홀 |
| 게이트 | 피크닉 장소 |
| 워터홀 | 화장실 |

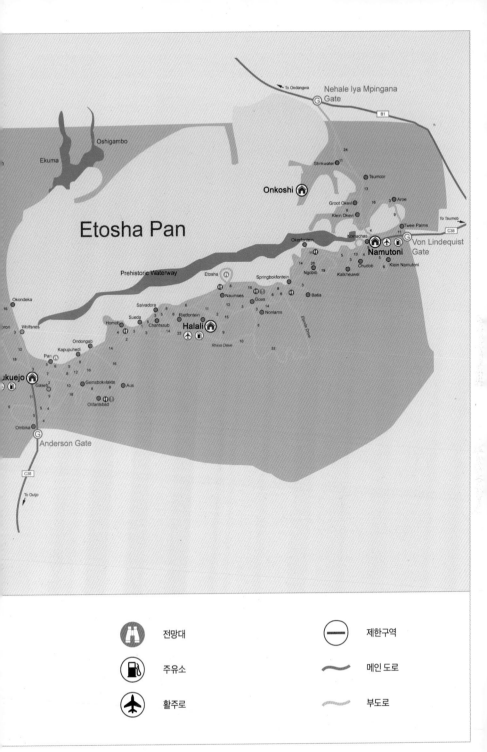

전망대

주유소

활주로

제한구역

메인 도로

부도로

http://nwr.com.na/에서 나미비아의 모든 국립공원의 숙소를 예약할 수 있다.

### 오카쿠에오 캠프 | Okaukuejo Rest Camp

메인 캠핑장 중 하나로 숙소 근처에 워터홀이 있다. 주유소가 있으며 앤더슨 게이트를 통해 나갈 수 있다.

✿ 주소 Okaukuejo, Namibia  전화 +264-61-285-7200

© nwr.com.na/

### 할라리 캠프 | Halali Rest Camp

꼭 방문해야 할 메인 캠프사이트다. 수영장, 식당, 주유소가 있으며 인근 워터홀에 코끼리, 코뿔소가 많이 찾아온다.

✿ 주소 Etosha National Park, Otjiwarongo, Namibia  전화 +264-61-259-372

[사진50] © nwr.com.na/

### 나무토니 캠프 | Namutoni Rest Camp

메인 캠핑장 중 하나로 큰 동물을 많이 볼 수 있다. 안내소, 슈퍼마켓, 기념품 숍, 주유소 등 많은 시설이 있어 방문객이 많다. 본 링퀴스트 게이트를 통해 나갈 수 있으며 입구 또는 출구로 많이 이용된다.

✿ 주소 Etosha National Park, Namutoni, Namibia  전화 +264-81-886-5788

© Potjie

### 돌로마이트 캠프 | Dolomite Camp

서쪽에 홀로 떨어져 있어 관광객에게 인기가 있는 곳은 아니지만 캠프 내에 워터홀이 있으며 시설이 좋다.

✿ 위치 캘튼 게이트 이용 가능  전화 +264-61-285-7200

© etoshanationalpark.org

## 온코시 캠프 | Onkoshi Camp

나무토니 캠핑장과 멀지 않은 곳에 있어 보통 나무토니 캠핑장 예약이 불가한 경우 이용한다. 에토샤 판과 매우 가깝다.

✿ 전화 +264-81-148-6348

© nwr.com.na/

## 에토샤 빌리지 | Etosha Village

일반 숙소 예약 사이트에서 예약할 수 있는, 에토샤 외부에 위치한 숙소다.

✿ 주소 On C38-2km from Okaukuejo Gate, Okaukuejo, Namibia  전화 +27-21-930

© Etosha Village

## 그 외

**곤드와나 에토샤 사파리 캠프**Gondwana Etosha Safari Camp
**오쿠탈라 에토샤 롯지**Okutala Etosha Lodge
**모쿠티 에토샤 롯지**Mokuti Etosha Lodge 등

## 🍴 먹거리

### 수퍼마켓

에토샤 공원 안에도 장 볼 곳이 있지만 외부가 물건이 조금 더 다양하게 있으므로 미리 장을 봐서 들어가기를 추천한다. 고기류는 반입은 가능하지만 반출은 불가능하니 참고할 것.

# 잊지 못할 황금빛 사막, 나미브 사막

'굉장하다……'

끝도 없이 펼쳐진, 세상에서 가장 오래됐다는 황금빛 사막을 눈앞에 두고 가장 처음 떠오른 생각이다.

'이 사막이 생겨나기 전, 이곳의 모습은 어땠을까?'

자연의 경이로움에 감탄하느라 더 이상 생각을 이어갈 수 없었다. 이른 새벽, 숙소에서 두 시간 정도 걸려 도착한 소서스 블레이. 이 주변은 아직은 차가운 모래언덕일 뿐이었다.

어둠 속에서 발이 푹푹 빠지는 듄을 한참 올라가던 중, 아침 해가 떠오르며 어둡던 모래언덕이 황금빛으로 물들어가는 모습을 목격할 수 있었다. 그 자리에 서서 한참 동안 그 광경을 넋 놓고 바라보았다. 듄 아래에서 모래언덕을 볼 때보다 듄 위에서 보는 광경이 더욱 웅장했다. 나는 앞으로도 이 찰나의 순간을 평생 잊을 수 없을 것이다.

해가 떠오른 지 얼마 되지 않아 기온이 올라가는 것이 느껴졌다. 숨이 막힐 정도의 더위가 시작됐고, 눈이 부셨다. 내가 서 있는 언덕 밑으로 오래전 죽어 말라버린 나무들이 시간이 멈춰버린 듯 땅속에 박혀있었다. 이곳은 데드 블레이. 600년이나 된 세월의 흔적을 아직도 그대로 가지고 있는 곳이다. 그늘과 차가운 얼음물이 있다면 잠시 앉아 삶에 대해 생각해보기 딱 좋을 것 같았다. 묘한 기분이 들었다. 내가 떠나도 이 사막은 오랫동안 이렇게 고요하게 머물러 있겠지?

Botswana

# PART 04

# 보츠와나

보츠와나의 정식 명칭은 보츠와나 공화국으로 사람보다 동물이 더 많은 나라다. 넓은 평야와 동물 보호 등 우리가 생각하는 아프리카를 보여주는 나라지만 잘 알려지지 않은 나라 중 하나이기도 하다. 전체 인구의 39퍼센트가 에이즈에 감염돼 있는 눈물의 땅으로 이 때문에 2005년에는 평균수명이 39세까지 떨어진 적도 있다. 세계 3위 다이아몬드 생산 국가이며 덕분에 경제 안정도와 문화 수준이 높은 편이라 치안은 좋다. 다만 동물이 많아 동물 때문에 생기는 인명 피해가 크다고 한다. 서쪽으로는 나미비아, 남쪽으로는 남아프리카공화국, 동쪽으로는 짐바브웨, 북쪽으로는 또다시 나미비아와 잠비아와 접해 있다.

# 01 보츠와나 들어가기

## 보츠와나 둘러보기

### 기본 정보

| | | | |
|---|---|---|---|
| 국가명 | 보츠와나 (Botswana) | 전압 주파수 플러그타입 | 230V, 50Hz, D, G, M |
| 수 도 | 가보로네 | 환율 | 1,000원 = 9.2BWP |
| 사용 언어 | 츠와나어, 영어 | 은 행 | 보츠와나 뱅크 |
| GDP | 134억 653만 달러, 세계 111위 | | 주중: 09:00~15:30, 주말: 09:00~12:00 |

**공휴일** **New Year's Day**(새해 첫날) 1월 1일 **Good Friday**(부활절 전의 금요일) 3월 30일 **Easter Monday**(부활절) 4월 2일 **Easter Tuesday**(부활절) 4월 3일 **Labour Day**(노동절) 5월 1일 **Ascension**(예수승천일) 5월 1일 **Sir Seretse Khama Day**(초대 대통령을 위한 기념일)7월 1일~7월 2일 **President's Day**(대통령의 날) 7월 16일 **President's Day**(대통령의 날) 7월 17일 **Botswana Day**(국가의 날) 9월 30일 **Botswana Day holiday**(국가의 날) 10월 1일~10월 2일 **Christmas** 12월 25일 **Boxing Day**(박싱 데이) 12월 26일

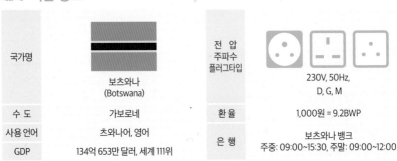

## 비자 정보

대한민국 여권 소지자는 순수 관광 목적으로 방문할 시 90일 동안 무비자로 체류할 수 있다. 그러므로 체류 기간이 90일 이내라면 비자를 받을 필요가 없다.

### 팁
보츠와나로 들어가는 길이 육로인 경우 입국 절차가 굉장히 간편하다. 간단한 정보만 적으면 바로 통과시켜 준다.

## 국경

| 인접국 | 국경 명칭 | 여는 시간 | 닫는 시간 |
| --- | --- | --- | --- |
| 나미비아/짐바브웨 | Kazungula Road | 06:00 | 18:00 |

## 안전수칙

### 주의사항

### 범죄 주의
보츠와나에서는 관광객을 상대로 하는 범죄는 다른 아프리카에 비해 적다. 하지만 가보로네, 프랜시스타운, 마운 등 몇몇 지역의 범죄율이 증가하고 있다. 차량이나 호텔을 상대로 하는 범죄가 많으니 항상 조심하기 바란다.

### 여성 상대 범죄 주의
성범죄 사례도 종종 보고되므로 만약 피해를 입었다면 즉시 의료시설을 찾아가기를 권장한다. 에이즈 감염자가 많은 국가이기 때문에 의료시설 방문은 필수다. 또한 여성이 밤에 홀로 다니는 것은 절대 금지다.

### 야생동물에 의한 피해 주의
동물이 많은 나라인 만큼 야생동물을 조심해야 한다. 사파리뿐만 아니라 마을에도 때로 야생동물이 나타난다. 보츠와나의 집을 보면 부잣집은 보통 울타리를 쳐놓는다. 인간이 저지르는 범죄를 예방하는 차원에서가 아니라 동물 때문에 생기는 피해를 예방하려고 쳐놓은 것이다. 특히 호수나 강 인근에도 야생동물이 서식하므로 입수는 절대 금지다.

### 의료기관
보츠와나의 의료시설 및 전문의 수준은 보통이며 보건소도 아주 잘 돼있다. 특히 국립병원은 여행자도 이용할 수 있으며 간단한 수술은 수술비가 한화 몇

만 원 수준으로 저렴하다. 하지만 한국과 달리 일이
빨리 처리되지 않아 시간이 오래 걸린다는 단점이 있
어 급하게 수술해야 할 경우에는 국립병원이나 보건
소를 추천하지 않는다.

사립병원이나 개인병원은 한국보다 조금 비싼 편이
다. 보통 고위 간부나 부자만 이용하기 때문에 시설
은 좋으나 여행자가 가기에는 부담되는 가격이다. 하
지만 여행자 보험을 들면 대부분 보험이 되니 보험을
가입해두기를 추천한다.

★ 약은 한국처럼 처방전이 있어야 구입할 수 있으며
타이레놀과 같은 상비약은 약국에서 따로 구입 가능하
다.

## 긴급 연락처
긴급 전화 경찰 999, 화재 998, 응급 환자 997

## 대사관 연락처
보츠와나에는 한국 대사관이 없다. 하지만 남아프리
카공화국 한국 대사관이 겸임하고 있으니 급할 때는
이곳에 도움을 요청하면 된다.

주소 Green Park. Estate #3, George Storrar Drive,
Groenkloof, Pretoria
대표번호 +27-12-460-2508
긴급 연락처 +27-72-136-7615
팩스 =27-12-460-1158~9
메일 korras@mweb.co.za

## 기후

### 심한 건조 기후로 인구마저 적은 보츠와나

북부는 열대성, 기타 지역은 온대 및 아열대 기후로
지역에 따라 차이를 보이지만 전체적으로는 아열대
성 기후에 속하며 크게 더운 우기와 추운 건기로 나
뉜다. 우기는 10월부터 4월까지로 가장 많은 비가 내
리는 시기는 1월이다. 북동부 지역의 평균 연간 강수
량은 약 650밀리미터, 남서부 지역은 250밀리미터
이하다. 겨울은 5월부터 8월까지로 6월이 가장 춥
고 보통 5~22도를 유지하나 사막 지역은 영하 10도

까지 내려가기도 한다. 특히 6월에서 8월 밤에는 가
끔 서리가 내리기도 하는데, 북쪽으로 갈수록 기온
이 높아져 서리를 볼 수 있는 기간이 짧아진다. 겨울
에는 하늘에 구름이 거의 없으며 밤에는 재킷이나
스웨터가 필요하다. 여름은 9월부터 11월까지로 보
통 18~33도를 유지하지만 40도가 넘을 때도 있으
며 26도 이하로 내려가지 않는 열대야가 계속 되기
도 한다.

## 교통

### 항공

카사네 공항Kasane Airport
코드 BBK
와이파이 무료
카사네와 마운 그리고 가보로네까지 보츠와나 국내
선이 연결돼 있다. 쵸베 국립공원과 가까워 여행자들
이 많이 이용한다.

## 마운 공항Maun Airport
코드 MUB
와이파이 X
보츠와나 국내선, 나미비아 항공이 많이 취항한다. 국제선으로는 남아공 요하네스버그, 나미비아 빈트후크를 연결하는 노선이 있으며 국내선은 가보로네, 카사네 등이 있다.

# 버스

## 미니버스

미니버스는 시내와 숙소를 연결해주는 고마운 존재다. 정류장은 대형 버스 정류장 옆에 있으며

오전 일곱 시부터 운행한다. 10~20폴라 정도면 탈 수 있다.

## 시내버스
요즘은 시내버스도 많이 생겨서 여행이 조금 더 편리해졌다.

# 시외버스

### 카사네 버스 랭크Kasane Bus Rank
90도 각도의 의자와 중간중간 자주 내려야 하는 불편함이 가득한 시외버스다. 하지만 카사네-마운 구간에 시외버스가 존재한다는 것만으로도 감사해야 한다. 2016년까지는 버스가 없어 이 구간을 지나려면 히치하이킹을 해야 했다.
위치 주소는 따로 없다. KFC가 있는 몰 건너편에서 타면 된다.
가격 카사네-마운 180폴라

### 마운 버스Maun Bus
마운 시내에 위치한 대형 마트인 숍라이트 건너편 정류장에는 보츠와나의 주요 도시 또는 나미비아 빈트후크, 남아공 요하네스버그, 국경 지역인 카사네로 이동하는 노선이 많다.
위치 Maun Old Mall, Plot 742, Tsheko-Tsheko Road, Maun, Botswana 건너편 버스정류장
예매 모든 보츠와나의 버스 티켓은 현장에서 구입할 수 있다.

## 히치하이킹

보츠와나는 땅덩이는 넓으나 인구는 200만 명에 불과해 대중교통이 적어 현지인도 히치하이킹을 한다.

장거리 히치하이킹(도시-도시)은 돈을 내는 것이 원칙이니 주의하자.

## 보츠와나 여행 루트

### 직장인을 위한 단기 코스

#### 짧고 굵게, 쵸베 투어

보츠와나의 꽃은 쵸베 사파리다. 쵸베라는 이름이 생소할 것이다. 하지만 아프리카에서 가장 동물 보존이 잘 돼있는 곳이 바로 여기다. 보트 사파리로 초식동물을 보고, 직접 게임드라이브에 참여하거나 다른 사파리를 신청해 다른 동물 구경도 하자.

| 기간 | 5일
| 방문 도시 | 카사네
| 예산 | 40만 원
| 여행 일정 |
1일차  카사네 도착 → 카사네 구경
2일차  쵸베 보트 사파리 & 자유 시간
3일차  쵸베 국립공원 사파리 게임드라이브 day 1
4일차  쵸베 국립공원 사파리 게임드라이브 day 2
5일차  쵸베 아웃

#### 보츠와나 완전 정복 투어

사파리로 부족하다면 미지의 도시 오카방코 델타로 떠나자. 보트를 타고 호수를 가다 보면 워킹 사파리가 시작된다. 걸어 다니면서 가이드와 함께 동물을 보는 체험으로 상당히 짜릿하다. 나와 함께한 가이드는 워킹 사파리에서 사자도 만나봤다고 하니, 정말 아프리카에서만 할 수 있는 동물 완전 정복 투어라 할 수 있겠다.

| 기간 | 6일
| 방문도시 | 카사네, 마운
| 예산 | 80만 원
| 여행 일정 |
1일차  카사네 도착 → 쵸베 보트 사파리 & 자유 시간
2일차  쵸베 국립공원 사파리 게임드라이브 day 1

3일차  쵸베 국립공원 사파리 게임드라이브 day 2
*카사네에서 마운으로 이동(비행기)
4일차  오카방코 델타
5일차  오카방코 델타
6일차  오카방코 델타 아웃

### 배낭여행자를 위한 코스

#### 보츠와나 로컬 정복 투어

시간이 많은 배낭여행자에게 비행기는 사치다. 그러니 버스를 타고 이동하자. 사실 카사네에서 마운까지 가는 버스는 너무나 까다롭고 불편해 많은 여행자가 골치를 앓는다. 하지만 This is Africa. 이것 또한 아프리카에서만 느낄 수 있는 묘미이니, 즐기자.

| 기간 | 7일
| 방문 도시 | 카사네, 마운
| 예산 | 50만 원
| 여행 일정 |
1일차  카사네 도착 → 쵸베 보트 사파리 & 자유 시간
2일차  쵸베 국립공원 사파리 게임 드라이브 day 1
3일차  쵸베 국립공원 사파리 게임 드라이브 day 2
4일차  카사네 → 마운 이동
*이동수단: 시내버스
5일차  오카방코 델타
6일차  오카방코 델타
7일차  오카방코 델타 아웃

# 카사네 Kasane

카사네는 보츠와나의 도시로 인구는 7638명(2001년 기준)이다. 행정 구역상으로는 북서부구에 속한다. 보츠와나와 나미비아, 잠비아, 짐바브웨 총 네 국가의 국경이 만나는 지점에 위치하며 국경 지역인데도 불구하고 안전하고 고요한 도시 중 하나다. 이는 보츠와나의 특징이기도 하다. 보통 쵸베 사파리에 가려고 많이 들르는 곳이지만 숙소나 관광 인프라가 잘 돼있는 편은 아니다. 현재 대우 건설에서 보츠와나와 잠비아를 잇는 다리를 건설 중이어서 국경을 건너는 도중 운이 좋으면 대우 건설의 한국인 직원들을 만날 수 있으며, 한국인 배낭여행자들에게 호의를 베풀어준다는 후기가 있다. 대우 건설의 평판이 좋아 한류 또한 꽤 유행하고 있어 도시를 지나다니다 한국 노래와 한국어 인사 소리를 듣는 등 한류의 힘을 아프리카에서 느끼는 색다른 경험을 할 수도 있다.

## 🔭 볼거리

### 쵸베 국립공원 | Chobe National Park

보츠와나에서 두 번째로 큰 국립공원이다. 아프리카 대륙에서 가장 많은 동물이 밀집해 있는 지역으로 사파리가 유명하다. 특히 이 공원에서 가장 장관으로 꼽히는 것은 세계에서 가장 큰 집단을 형성하고 있는 코끼리 떼로, 약 12만 마리가 함께 다닌다고 한다. 보트를 타고 사파리를

즐길 수 있으며, 육지에서는 게임드라이브도 할 수 있다.

❀ 예약 보통은 숙소에서 많이 예약을 해준다. 보츠와나 숙소뿐만 아니라 잠비아, 짐바브웨 숙소에서도 당일치기 예약을 해준다. 그러므로 보츠와나를 '쵸베 국립공원'을 위해서 갈 여행자들은, 잠비아 또는 짐바브웨에 베이스 캠프를 두고, 당일 투어를 가면 된다. 또는 카사네에 위치한 여행사, 고급 롯지에서도 예약을 할 수 있다.

## 넥스빌 코테이지
| Nxabii Cottage

주인이 정말 친절하고 세심하게 챙겨준다는 평가가 있다. 여행에 필요한 팁이나 정보도 적극적으로 알려줘 여행하는 데 도움이 많이 되며 주방이 있어서 요리를 직접 해먹을 수 있다는 장점이 있다.

✿ 주소 1456 Newstands, Kasane, Botswana  전화 +267-73-872-942  요금 2인 기준 더블 룸 60달러~

## 쵸베 리버 코테이
| Chobe River Cottages

최고의 위치와 컨디션이다. 가격이 다소 비싸 배낭여행자에게는 부담일 수 있지만 가족이나 커플로 왔다면 묵기 좋다.

✿ 주소 Lot 724 President Ave, Kasane, Botswana  전화 +267-625-2863  요금 3인 기준 150달러

## 리버 뷰 롯지
| River View Lodge

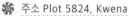

맛있는 조식으로 유명하다. 공항 셔틀에 무료 와이파이, 수영장까지 있어 가격 값을 하는 곳이다.

✿ 주소 Plot 5824, Kwena Road, Kazungula, Kasane, Botswana  전화 +267-625-0967  요금 2인 기준 싱글 침대 2개 200달러~

## 바나야나 백팩커스 캠프
| Bananyana Backpackers Camp

카사네에 있는 유일한 백팩커스
다. 하지만 백팩커스라고 무시하
면 안 된다. 수영장에 주차장, 반
려동물 무료 동반, 친절한 스태
프까지! 시설 좋은 백팩커스에
묵고 싶다면 추천한다.

✿ 주소 Plot 4897 Kazungula Plot 4897 Newstance ward Kazungula, Kasane, Botswana  전화 +267-73-658-405 요금 도미토리 룸 1인 13달러

## 🍴 먹거리

### 더 올드 하우스 | The Old House

호텔 레스토랑에 걸맞게 평균
이상의 음식 솜씨를 자랑한다.
스테이크와 피자, 햄버거 등 양
식을 먹고 싶을 때 가면 좋다.

✿ 주소 Plot 718 President
Avenue, Kasane 0000, Botswana  전화 +267-625-2562

### 피자 플러스 커피 & 커리 | Pizza Plus Coffee & Curry

인도 커리와 피자를 판다. 보츠와나 레스토랑 중 가장 음식 퀄리티
가 좋다. 보통 외국인 손님을 상대로 하기에 종업원의 서비스 정신
도 훌륭하다.

✿ 주소 Kasane main St. | Plot 81 Hunters Africa Conplex, Kasane,
Botswana  전화 +267-625-2237

### 케이에프씨 | KFC

아프리카 음식에 지친 우리가 가장 쉽게 갈 수 있는 곳은 패스트푸드 프랜차이즈다. 간단하게 치킨으로
배를 채워보자.

✿ 주소 Hunters Africa Mall, Kasane, Botswana  전화 +267-625-2432

Chapter

## 03 마운 Maun

관광객 대부분이 보츠와나에 들르는 이유는 딱 하나, 오카방코 델타 때문이다. 오카방코 델타의 도시 마운은 고요하고 한적하며 관광 안내 시설과 마트, 프랜차이즈 가게 등 편의시설도 잘 갖춰져 있다. 또한 관광객에게 호의적이라 꽤 안전한 도시라 할 수 있다. 하지만 관광의 수도라는 명칭이 무색하게 교통이 불편하다는 단점이 있다. 짐바브웨와 연결돼 있는 국경도시 카사네에서의 직행버스는 매우 불편하며, 나미비아로 넘어가는 직행버스 또한 존재하지 않는다. 그래서 많은 여행자가 오카방코 델타를 포기한다. 하지만 수고스러움을 이겨내고 보는 오카방코 델타는 평생 할 수 없는 최고의 경험이 될 것이다.

ⓒ유승헌

## 👓 볼거리

### 오카방코 델타 | Okavango Delta

마운에는 넓고 깊은데다가 끊임없이 유유히 흐르지만 결코 바다와 만나지 못하는 운명의 강이 있다.

## 하늘에서 구경하기

헬리콥터와 경비행기를 타고 하늘에서 오카방코 델타 전역을 둘러볼 수 있다. 다양한 비행기 종류와 옵션이 있어 합리적으로 비행기를 전세 낸 기분을 느낄 수 있다. 45분 정도의 비행 시간 동안 하늘에서 바라보는 오카방코 델타의 습지는 모로코를 타고 보는 모습과 또 다른 매력을 선사할 것이다. 경비행기지만 탑

승 전에 엑스레이 검사를 통과해야 하며 여권도 꼭 지참해야 한다. 가격은 다른 나라의 헬리콥터 투어에 비해 상대적으로 저렴한 편이다.

## 부시족 문화 체험

보츠와나와 나미비아에 걸쳐 있는 칼라하리 사막에서 사는 부시족의 인구는 약 6만 명이다. 많은 아프리카 부족 중 부시먼이 알려진 계기는 영화 <부시먼> 때문인데, '부시먼' 하면 떠오르는 것이 '하늘에서 떨어진 콜라병'이다. 하지만 요즘 부시족은 현대 문명과 적절히 잘 어우러져 살고 있다. 개인적으로 방문하기는 힘들지만 투어 회사를 통해 그들의 삶을 잠시나마 들여다볼 수 있는 투어를 할 수 있다.

## 보트 타고 즐기기

마운에서는 모터보트를 탈 수도 있다. 오카방코 델타의 초입인 타말라카네 강thamalakane river과 보로 강boro river까지 배를 타고 가며 석양을 즐기고 자연을 느낄 수 있다. 시간은 두 시간 정도 소요되며, 동물을 마주칠 수도 있다. 6인승 배부터 16인승 배까지 옵션이 다양하니 한 번쯤은 타보기를 추천한다.

가격 60~70달러

## 더 올드 브리지 백팩커스
### The old bridge backpackers

여행자들이 가장 많이 이용하는
백팩커스다. 호스텔부터 직접 캠
핑 장비를 가져와 설치할 수 있
는 캠프사이트, 캠핑장까지 갖추고 있어 모두의 취향을 충족한다.
또한 식당과 직접 조리를 할 수 있는 부엌도 있어 여행자에게 안성
맞춤이다. 투어 예약도 해준다. 예약은 홈페이지에서만 할 수 있다.

✿ 주소 Matlapaneng, Maun, Ngamiland East, Botswana   요금 자가 캠핑: 7달러~ /dorm tent: 15달러~
홈페이지 https://maun-backpackers.com

## 오카방코 델타 리버 롯지
### Okavango River Lodge

친절한 직원들과 기본적인 시설,
좋은 음식이 가득한 편안한 바
가 있으며 시내 외곽에 있지만
택시를 이용하면 된다. 투어 예약도 도와준다. 예약은 홈페이지에서
만 할 수 있다.

✿ 주소 Shorobe Road, Maun, Botswana   요금 자가 캠핑: 7달러~ /
dorm tent: 17달러~ 홈페이지 www.Okavango-river-lodge.com

## 마운 레스트 캠프
### maun rest camp

후기가 좋은 백팩커스 중 하나
다. 투어 예약도 도와준다. 예약
은 홈페이지에서만 할 수 있다.

✿ 주소 7km out of Maun on the banks of the Thamalakane
River,, Maun, Ngamiland East, Botswana   요금 자가 캠핑: 10달러~ /
dorm tent: 20달러~ 홈페이지 https://maunrestcamp.com/

## 세디아 호텔 | Sedia Hotel

깔끔한 현대식 호텔이다. 청결에
민감한 가족이나 신혼부부에게
추천한다. 공항 셔틀 버스를 운
행하고 직원들이 친절해 만족도
가 아주 높다. 최근에는 캠프사

이트도 만들어서 배낭여행자도 자주 찾는다.

✿ 주소 PO Box 29, Maun, Botswana 요금 호텔: 90달러~ / 자가 캠핑: 7달러~/ dorm tent: 30달러~ 홈페
이지 http://www.sedia-hotel.com/

## 마운 롯지 | Maun Lodge

시내와 공항이 가까운 롯지다.
그만큼 배낭여행자보다는 가족
단위로 많이 와 조용하고 쾌적
하다.

✿ 주소 PO Box 376, Maun,
Botswana 요금 호텔: 94달러~ /
자가 캠핑: 6달러~ / dorm tent: 17달러~ 홈페이지 www.ma unlodge.com

## 프렌치 커넥션
### | French Connection

다양한 메뉴를 합리적인 가격에 먹을 수 있다. 트립어드바이저 식당 순위 1위를 차지하고 있으며 외국인에게 인기가 아주 많다.

🌸 주소 Mophane Rd, town centre, Maun, Botswana  전화 +267-680-0625

## 난도스 | Nando's

아프리카에서 유명한 프랜차이즈 치킨집. 우리나라의 '아웃백' 같은 패밀리 레스토랑이라 생각하면 된다. 일반 패스트푸드 치킨집보다 가격은 다소 높지만 그만큼 분위기가 좋다.

🌸 주소 Cnr Tsaro St & Tsheko Tsheko Rd | Old Mall, Maun, Ngamiland East, Botswana  전화 +267-391-2489

## 발세로스 플레임 그릴 치킨 | Barcelos Flame Grilled Chicken

현지인들이 자주 찾는 치킨 전문 패스트푸드점이다. 보츠와나에서 흔히 볼 수 없는 빠른 와이파이가 있어 관광객에게 사랑받는다. 패스트푸드점이라고 간단한 음식만 팔 것이라는 생각은 금

물. 메인요리와 감자튀김, 콜라가 한 접시에 나오는 일품요리를 선보인다.

🌸 주소 Ngami centre, Maun, Ngamiland East, Botswana

Chapter

**04**

# 오카방코 델타 스페셜
### 지구에서 가장 평화로운 곳, 오카방코 델타

오카방코 델타는 세계에서 가장 큰 내륙 삼각주로 2014년에 유네스코 세계자연유산에 등재됐다. 이곳은 마치 지구가 아닌 것 같은 오묘한 느낌이 든다. 모로코를 타고 TV도 없고 휴대폰도 터지지 않는 삼각주를 지나가다 보면 때로는 멀리서 코끼리가 걸어가는 모습이나 하마가 물을 마시는 모습도 볼 수 있다. 지구에서 시간이 가장 느린 이곳은 아프리카에 가야 하는 이유 중 하나다. 강은 앙골라 하이랜즈에서 시작해 나미비아를 통과해서 보츠와나로 입성한다. 그리고 이곳에 도착해 델타를 만든다. 앞에서도 말했듯 강은 '결코 바다를 만나지 못하는 강'이라고도 하는데, 강이 바다가 아니라 천천히 서쪽으로 흘러 칼라하리 사막의 광활한 퇴적물 위로 퍼져가기 때문이다. 결국 강물은 은가미 호수, 보테티 강과 막가디가디 분지에서 모두 증발해버린다.

## 위치
사람들은 오카방코 델타를 보려고 보츠와나의 도시 마운으로 모인다. 숙소를 비롯해 여러 투어 회사가 밀집돼 있기 때문에 여행자 대부분이 이곳에서 오카방코 델타 투어 회사를 찾는다.

## 기후
전반적으로 기후가 여행에 큰 지장을 주지는 않지만 우기에 날씨가 더운 12월부터 3월까지는 비수기에 속한다. 날씨가 선선한 7월~10월이 방문하기 가장 좋은 시기로, 건기지만 수량이 풍부해 인기가 많다. 또한 5월~8월은 날씨가 추운 편이다.

## 투어 종류

오카방코 델타에는 두 종류의 투어가 있다. 마운에서 모로코를 타고 델타 안으로 들어가며 즐기는 투어와 델타 안에 들어가서 걷는 워킹 사파리가 그것이다.

### 모로코 투어

오카방코 델타에서만 탈 수 있는 '모로코'라는 전통 통나무배가 있다. 이곳은 수심이 낮아서 모터보트를 이용할 수 없다. 그래서 모로코를 타야 한다. 통나무를 통으로 잘라서 만든 모로코를 타면 뱃사공이 긴 나무막대를 가지고 배를 조종한다. 정글을 지나가다 보면 모로코를 타고 일하는 사람들도 만날 수 있다. 수면 위에 핀 연꽃과 맑은 하늘을 보면서 두 시간 정도 걸려 베이스캠프로 간다. 이 두 시간은 살짝 지루할 수 있지만 아프리카 여행에서 가장 평온한 시간이기도 할 것이다. 배 위에서 풀 소리, 뱃사공의 노랫소리, 물이 흐르는 소리를 듣고 있으면 지구에서 가장 평화로운 곳이라는 생각이 든다. 또한 앞에서도 말했듯이 배를 타고 가다보면 저 멀리서 코끼리가 보이기도 하고, 하마가 나타나기도 한다. 두 시간의 모로코 타기는 우리에게 시간을 선물할 것이다.

## 워킹 사파리

워킹 사파리는 모로코와 함께하는 옵션 중 하나로 습지에 사는 야생동물을 찾으러 가이드와 함께 직접 걸어 다니며 하는 사파리로 아프리카에 있는 사파리 중 유일하게 걸어 다니는 사파리다. 운에 따라 다르지만 대부분 코끼리, 얼룩말, 누 떼 정도는 쉽게 볼 수 있다. 운이 좋으면 사자도 볼 수 있다고 하니

동물과 가장 가까우면서도 위험한 사파리라고 볼 수 있겠다. 가장 위험한 사파리라고 표현할 만큼 워킹 사파리에는 주의할 점이 많다. 빨간색, 파랑색, 노란색 등 원색의 옷은 동물의 눈에 띄기 쉬워 사고를 당할 수 있기 때문에 입으면 안 된다. 또한 항상 가이드의 말을 주의 깊게 들어야 하며, 큰 목소리를 내서도 안 된다. 보통 모로코를 타고 도착하면 텐트를 친 후 점심을 먹고 휴식을 취한 뒤 두 시간 정도 워킹 사파리를 하는데, 투어에 따라 당일치기와 1박 2일 코스가 있다.

## 캠핑

1박 2일 코스를 선택하면 캠핑을 할 수 있다. 아무도 없는 평지에 텐트를 설치해놓고 낮에는 델타에서 수영하고 저녁에는 함께 밥을 해먹고 별을 보는데, 또 다른 묘미를 느낄 수 있다. 전자기기도 사용할 수 없고 불도 화장실도 없는 이곳에서 자연과 함께하는 캠핑을 즐겨보자.

## 투어 스타일

앞에서도 말했듯이 당일치기 코스와 1박 2일 코스는 캠핑의 유무에 따라 갈린다. 아무것도 없는 자연에서 캠핑을 즐기고 싶다면 1박 2일 코스를, 불편한 화장실이나 씻지 못하는 점이 마음에 걸린다면 당일치기 코스를 추천한다. 또한 모로코 투어의 옵션 중에는 헬기나 경비행기 투어도 있다.

### 당일치기 코스

아침에 가이드와 함께 간식거리와 필요한 것을 완비한 후 출발 → 40~50분 동안 버스를 타고 모로코 선착장 도착 → 모로코로 이동(2시간) → 점심쯤 델타 지역 도착 - 점심을 먹으면서 티타임 & 낮잠 시간 → 워킹 사파리 → 저녁이 되기 전 모로코를 타고 선착장으로 이동 → 숙소로 이동

### 1박 2일 코스

#### 1일차

아침에 가이드와 함께 간식거리와 필요한 것 완비한 후 출발 → 40~50분 동안 버스를 타고 모로코 선착장 도착 → 모로코로 이동(두 시간) → 점심쯤 델타 지역 도착 → 점심을 먹으면서 티타임 & 낮잠 시간 → 델타에서 수영 및 휴식 → 저녁 캠핑 준비 → 별을 보며 캠핑 즐기기

#### 2일차

워킹 사파리 → 점심 식사 및 휴식 → 오후 4시 전 모로코 선착장 도착 → 숙소로 이동

## 투어 회사

투어 회사 대부분이 숙소와 연결돼 있다. 오카방코 델타를 갈 때는 모든 짐을 가지고 갈 수 없어 보통 숙소에 짐을 보관하고 가기 때문이다. 그러니 따로 투어 회사를 예약하기보다는 호스텔에 가서 투어 예약을 하자. 간혹 카페나 오픈 카카오톡방에서 개인 가이드를 추천하는 사람들도 있는데, 개인 가이드는 회사 소속이 아니기 때문에 가격은 저렴하지만 전문성이 조금 떨어질 수 있다는 단점이 있다.

## 자주 묻는 질문

### Q 오카방코 델타만의 특별한 특징이 있나요?

A 오카방코 델타는 사파리라고 하지 않는다. 오카방코 델타 그 자체가 특징이기 때문이다. 또한 전통 배인 모로코부터 캠핑까지 아프리카 그 자체를 느낄 수 있는 평화로운 투어이기도 하다.

### Q 모로코는 안전한가요?

A 안전한 편이다. 실제로 모로코를 보면 살짝 부실한 나무라고 생각할 수 있지만 오랫동안 이어온 전통 방식대로 만듦으로 안전하다고 말할 수 있다. 물론 가끔 뒤집힐 때도 있다. 하지만 보통 여행자가 전문가인 뱃사공의 말을 듣지 않아서 생기는 일이다. 뱃사공은 탑승자의 무게와 짐, 자신의 무게를 가늠해 배의 균형을 맞춰가며 운행한다. 그래서 탑승객이 일어서거나 한쪽에 몸을 기대는 돌발행동을 하면 모로코가 뒤집힐 수 있다. 정말 간혹 모로코가 오래돼서 구멍이 나거나 갈라져 있는 경우가 있다. 하지만 아주 낮은 확률이다. 그러니 안전은 걱정하지 않아도 된다.

### Q 워킹 사파리는 위험하지 않나요?

A 모든 사파리는 자연 그대로의 야생동물을 만나기에 위험하다고 할 수 있다. 하지만 아무런 장비 없이 하는 워킹 사파리는 더욱 위험하다. 그러니 몇 가지 수칙을 알고 가면 좋다. 첫째, 가이드의 말을 잘 따르자. 모든 투어가 그렇듯 가이드의 말이 곧 법이다. 무조건 가이드를 따라 다니자. 둘째, 동물을 자극하지 말자. 동물을 보고 신이 나 큰 소리를 지를 수 있다. 흥분되

는 마음은 이해하지만 최대한 자제하자. 셋째, 원색 옷은 피하자. 앞에서도 말했듯이 원색 옷은 동물을 흥분시킨다. 넷째, 동물이 흥분하니 사진을 찍을 때는 플래시를 터뜨리지 말자. 이 정도만 지키면 안전하게 워킹 사파리를 즐길 수 있다.

## Q 필요한 물품이 있나요?

A 오카방코 델타에 갈 때는 대부분 큰 가방은 숙소나 투어 회사에 맡기고 작은 짐만 챙겨서 가며 특별히 챙겨야 할 것은 없다. 간식이나 물, 치약, 칫솔, 물티슈, 물, 갈아입을 옷이면 충분하다. 다만 비닐봉지는 꼭 챙겨야 한다. 자연 보호 차원에서 오카방코 델타에는 쓰레기를 함부로 버릴 수 없다. 그러니 미리 여분 봉지를 챙겨가 쓰레기를 그대로 들고 와야 한다. 캠핑에 필요한 물건은 투어 회사에서 대부분 챙겨주므로 개인이 챙길 필요는 없다. 하지만 추울 때 캠핑을 간다면 침낭을 챙기는 센스는 필요하다. 또한 신발은 운동화 대신 샌들을 추천한다. 늪지대를 다니다 보면 발이 늪에 빠지기 일쑤이기 때문이다.

## Q 화장실은 어떻게 이용하나요?

A 오카방코 델타 투어에는 따로 화장실과 샤워실이 없다. 그러므로 샤워는 할 수 없다. 챙겨온 생수로 간단한 세안 정도는 할 수 있다. 또한 화장실은 자연을 이용한다. 가이드에게 화장실이 어디냐고 물으면 웃으며 "Under the sky(하늘 밑에 있어)"라고 말할 것이다. 캠핑할 때는 구덩이를 파서 임시 화장실을 만들곤 한다. 밤에는 동물이 나타날 수 있어 다른 사람과 함께 가서 서로 망을 봐줘야 한다. 자연 그대로의 캠핑장에서 하늘에서 떨어지는 별똥별을 보며 자연의 화장실을 이용하는 것은 오카방코 델타에서만 할 수 있는 색다른 경험이다.

# 행복한 내가 미워지는 하루

평균 수명이 40세 언저리를 맴돈다는 보츠와나는 인구의 30퍼센트 이상이 에이즈에 걸려있다. 평균 수명이 이토록 짧은 이유는 다름 아닌 아이들이 대부분 5세 이하의 나이에 에이즈로 죽어서라고 한다. 그럼에도 불구하고 내가 본 이곳 아이들은 처음 보는 동양인에게 예쁜 웃음을 지으며 냉큼 안길 정도로 참 해맑았다.

골목을 돌아다니다가 동네 아주머니들과 아이들이 노래를 부르고 있길래 앉아서 과자를 먹으며 구경하는데, 한 아이 몸을 자세히 보니 온몸에 상처가 나 있다. '아, 이게 에이즈구나.' 나도 모르게 손을 뗀 나 자신에게 분노와 속상함을 느끼며 다시 가만히 아이의 상처를 쓰다듬었다.

사람은 재능, 식성, 생김새 등 태어나면서부터 부모님에게 물려받는 것이 많지만 이들은 이 모든 것이 의미가 없어지는 죽음의 병 에이즈를 물려받았다는 사실이, 분명 약만 잘 챙겨 먹어도 충분히 꿈을 이룰 만큼 버틸 수 있다는데 약은 생각도 못하고 지나가는 관광객 옆에 앉아 과자를 얻어먹고 시시덕거리는 모습이 날 아프게 했다.

너희의 꿈은 뭐니? 너희들을 위해 내가 해줄 수 있는 건 뭐니? 난 이럴 때마다 동정만 하는 내가 미워.

# Zambia

# PART 05

# 잠비아

아프리카 중남부에 있는 내륙 국가인 잠비아는 잠베지 강의 이름을 따서 이름을 붙인 나라다. 우리에게는 타자라TAZARA 열차의 종착역으로 더욱 유명한 나라다. 짐바브웨와 함께 정치적, 경제적으로 불안한 나라지만 근교 국가인 탄자니아에서 육로로 올 수 있고 수도에서 까다로운 나미비아 비자를 받을 수 있다는 장점 때문에 많은 여행자가 찾는다. 또 빅토리아 폭포에서 할 수 있는 다양한 액티비티는 여행자들의 마음을 들뜨게 만든다.

# 잠비아 들어가기

## 잠비아 둘러보기

### 기본 정보

| 국가명 | 잠비아<br>(Zambia) | 전 압<br>주파수<br>플러그타입 | <br>230V, 50Hz<br>C, D, G |
|---|---|---|---|
| 수 도 | 루사카 | 환 율 | 1,000원 = 8.73ZMW |
| 사용 언어 | 영어 | | Bank of Zambia<br>주중 09:00~15:30, 주말 09:00~12:00 |

**공휴일 New Year's Day**(새해 첫날) 1월 1일 **청년의 날** 3월 12일 **Labour Day**(노동절) 5월 1일 **Africa's day**(아프리카의 날) 5월 25일 **영웅의 날** 6월 첫 번째 월요일 **연맹일** 6월 첫 번째 화요일 **농부의 날** 8월 첫 번째 월요일 **독립기념일** 10월 24일 **Christmas** 12월 25일

잠비아 전체 지도
A 뉴카프리 음포시
B 루사카(수도)
C 리빙스턴(빅토리아 폭포)

##  비자 정보

도착 비자로 입국 시 간편하게 받을 수 있다. 빅토리아 폭포가 있기 때문에 데이 비자, 더블 비자, 유니 비자(잠비아-짐바브웨 통합 비자) 등 비자를 종류별로 딸 수도 있다.
가격 싱글 50달러 / 더블 80달러 / 데이 20달러
기간 30일

### 팁
간혹 유니 비자를 발급해주지 않는 경우가 있다. 스티커가 다 떨어져 어쩔 수 없이 받지 못하는 경우에는 별 수 없이 돌아서야 하지만, 귀찮다는 이유를 댈 때도 있다. 그러니 미리 유니 비자에 대한 정보를 알아가자. 또한 유니 비자 관련 규정은 매번 바뀌므로 수시로 확인하자.
유니 비자 발급해주는 곳 Victoria Falls Bridge Border, Livingstone(Harry Mwaanga) Airport, Kazungula land Border(Border with Botswana), Lusaka(Kenneth Kaunda) Airport

##  국경

| 인접국 | 국경 명칭 | 여는 시간 | 닫는 시간 |
|---|---|---|---|
| 잠비아<br>보츠와나 | Victoria Falls Bridge Border, Kazungula land Border(Border with Botswana) | 06:00 | 18:00 |

## 안전수칙

###  주의사항

**대도시 주의**
아프리카의 다른 도시와 마찬가지로 잠비아의 도시들 또한 너무 빠르게 성장한 탓에 빈부격차가 심하다. 특히 대도시 범죄율이 높으니 조심하자. 경찰 진압률은 반대로 매우 낮다.

**현지 지폐 반출 금지**
200달러 상당의 콰차만 반출할 수 있다.

### 팁 문제
잠비아에는 팁이라는 개념이 따로 없다. 몇몇 식당에 한해 계산서에 팁 10퍼센트가 미리 포함돼 있으며, 별도의 팁은 주지 않아도 된다.

### 의료기관
잠비아의 의료시설은 열악한 편이다. 상비약은 미리 사서 가져가는 것이 좋으며, 긴급 상황이 발생한 경우 현지 교민에게 연락하기를 추천한다. 기본적인 약은 약국에서 살 수 있지만 사설 병원은 가격이 비싼

편이다.
한인들이 자주 이용하는 루사카의 병원
University Teaching Hospital(UTH)
전화 +260-211-254-113

### 긴급 연락처
긴급 전화 경찰 991, 화재 993, 구급차량 995, 응급
환자 992

### 대사관 연락처
잠비아에는 한국 대사관이 없다. 주 짐바브웨 한국
대사관이 겸임하고 있으니 급할 때는 이곳에 도움을
요청하면 된다.
주소 3rd Floor(Red light-side Bridge), Eastgate
Building, 3rd Street/R.Mugabe Road, Harare,
Zimbabwe
대표번호 (+263-4) 756-541~4
긴급 연락처 (+263) 772-781-430
팩스 (+263-4) 756-554
메일 admirok@zol.co.zw, rokembassyzim@gmail
.com

## 기후

## 우기, 건기, 그것이 문제로다

잠비아는 반 건조 스텝 기후와 아열대성 기후를 띤
다. 대부분이 건조하고 무더운 날씨라는 말이다. 기
후는 5월~7월이 겨울, 10월~12월이 여름이고 11월~3
월이 우기, 6월~9월이 건기다. 연평균 강수량은 북
부가 1270밀리미터, 남쪽은 그보다 약간 적다. 야생
동물 무리를 보고 싶다면 8월부터 10월이 여행하기
가장 좋은 시기지만 10월에 가까워지면 낮 기온이
30도까지 올라간다. 좀 더 시원한 계절에 더 푸른 경
치를 보고 싶다면 시원하고 건조한 5월부터 8월 사
이에 여행하기를 바란다. 많은 지역도로가 통과할
수 없는 진흙탕 강이 되고 대부분의 국립공원이 문
을 닫는 우기인 11월부터 4월까지는 여행을 피해 고
생하지 말기 바란다. 11월과 12월이 새를 관찰하기
가장 좋은 시기라는 말도 있지만 새는 언제든지 많
이 볼 수 있다.

## 교통

## 항공

### 루사카 인터내셔널 공항
Lusaka International Airport
코드 LUN
와이파이 무료
한국에서 잠비아로 바로 가는 직항은 없다. 그래서 대
부분 남아프리카공화국을 경유해서 간다. 유럽에서
잠비아까지 가는 항공편이 가장 흔한데, 특히 브리티
쉬에어웨이British Airways, 케이엘엠KLM, 에어 프랑스Air
France가 루사카까지 가는 항공편을 정기적으로 운항하

고 있다. 루사카로 가는 항공편을 운항하는 아프리카
항공사는 에어 짐바브웨Air Zimbabwe, 에티오피아 에어

웨이|Ethiopian Airways, 케냐 에어웨이|Kenya Airways, 남아프리카 에어웨이|South African Airways가 있다. 시내에서 동쪽으로 20킬로미터 떨어진 곳에 있으며 공항버스는 없지만 택시와 호텔에서 제공하는 밴이 있다.

## 리빙스턴 공항 Livingstone Airport
Code LVI  와이파이 무료
리빙스턴 공항은 리빙스턴에서 6~7달러 정도의 택시비를 내면 갈 수 있다.

## 버스

### 미니버스
현지인이 많이 이용하는 미니버스는 로컬 버스보다 다소 비싸지만 정기적으로 운행되며 여행자도 쉽게 이용할 수 있다.

### 씨알 캐리어스 CR carriers
수도인 루사카로 가며, 가는 데 여덟 시간 정도 소요된다.

### 시외버스
잠비아는 아프리카 국가 중 시외버스가 가장 잘 돼 있다. 정기 노선이 많이 있어 여행자에게 고마운 이동수단이다. 하지만 아직 인터넷으로 예약하기는 힘드니 당일 아침에 일찍 가서 예매하기를 추천한다.

### RPS
수도인 루사카로 가며, 가는 데 여덟 시간 정도 소요된다.
탑승 위치 multeostaion

### 주의사항
잠비아의 모든 시외버스는 새벽 여섯 시부터 밤 아홉 시까지만 운행한다. 출발 시간 기준이 아니라 밤 아홉 시면 모든 버스가 아예 운행을 중단한다. 길을 달리는 중에도 밤 아홉 시가 되면 멈추고, 꼼짝없이 노숙을 해야 한다. 그리곤 다시 다음 날 아침 여섯 시에 출발하는 것이다. 그러니 장시간 버스로 이동해야 할 경우에는 무조건 아침에 출발하자. 실제로 여행자들이 이를 모른 채 버스를 탔다가 꼬박 하루 동안 버스에서 노숙하는 경우가 흔하다. 사전에 시간 계산을 꼼꼼히 해 길에서 시간을 헛되이 소비하지 말자.

## 기차

### 타자라 열차
타자라는 Taznzania-Zambia Railway Authority의 줄임말로 동부의 잠비아, 남부의 다르에스살람을 가로지르는 중요한 교통수단이다. 여행자들은 '열차 사파리'라고도 부르며, 아프리카 경제에 중요한 역할을 하고 있다. 대부분 다르에스살람(탄자니아) 또는 뉴 카프리 음포시(잠비아)를 출발지나 도착지로 삼곤 한다. 스페셜 열차도 있다.

## 택시

잠비아에는 택시가 많은데, 일반 승용차부터 밴까지 다양한 종류가 있다. 하지만 미터기가 없어 말도 안 돼는 가격을 요구할 때도 있으니 주의하자.

# 잠비아 여행 루트

## 직장인을 위한 단기 코스

### 짧고 굵게, 빅토리아 폭포 투어
보통 잠비아에 가는 이유는 딱 하나, 빅토리아 폭포다. 게다가 빅토리아 폭포가 있는 도시인 리빙스턴에는 국제공항이 있어 쉽게 갈 수 있다. 세계 3대 폭포 중 하나인 빅토리아 폭포에서 짧고 굵게 액티비티를 즐겨보자.

| 기간 | 5일
| 방문도시 | 리빙스턴
| 예산 | 60만 원
| 일정 |
1일차  리빙스턴 도착 → 리빙스턴 구경
2일차  빅토리아 폭포 구경
3일차  빅토리아 폭포 액티비티(번지점프, 레프팅, 악마의 수영장 중 선택)
4일차  빅토리아 폭포 액티비티(번지점프, 레프팅, 악마의 수영장 중 선택), 무쿠니 빅 5에서 치타와 산책하기
5일차  리빙스턴 아웃

### 나미비아 비자와 빅토리아 폭포, 두 마리 토끼를 잡는 투어
보통 잠비아에 가는 이유는 빅토리아 폭포를 보기 위해서지만 아프리카 종단을 하는 이들에게는 가야 할 이유가 하나 더 있다. 바로 나미비아 비자 받기다. 수도 루사카에서 나미비아 비자를 받을 수 있다. 비자도 받고 관광도 하는, 두 마리 토끼를 모두 잡는 여행을 해보자.

| 기간 | 7일
| 방문도시 | 루사카, 리빙스턴
| 예산 | 75만 원
| 여행 일정 |
1일차  루사카 도착 → 나미비아 영사관 방문 및 루사카 구경
2일차  루사카 구경
3일차  나미비아 영사관에서 비자 찾기
4일차  리빙스턴으로 출발 및 도착
5일차  빅토리아 폭포 관광
6일차  빅토리아 폭포 액티비티 및 무쿠니 빅 5에서 치타와 산책하기
7일차  리빙스턴 아웃

Chapter

## 루사카 Lusaka

루사카는 잠비아의 수도이며 국토의 중앙부인 높이 1279미터의 고원에 위치한다. 철도와 항공로의 요지, 담배, 감자, 옥수수 등의 농산물과 축산물의 집산지이며 제분, 시멘트 등의 공업이 발달된 곳이다. 근대 건축물이 있는 시가지에는 나무와 꽃이 많아 '화원의 도시'라 고도 불린다. 우리에게는 탄자니아에서 이어지는 타자라 열차의 종착지 겸 출발지로 더 익숙할 것이다. 또한 나미비아 영사관이 위치해 있어 나미비아로 가는 여행자들이 비자를 받으러 꼭 들르는 도시 중 하나다.

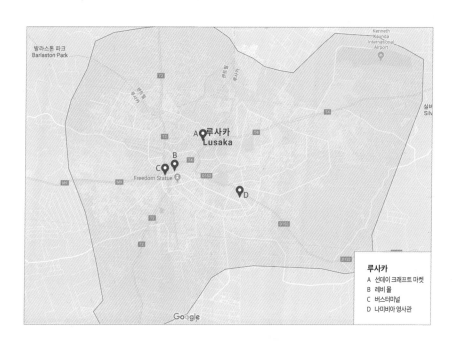

**루사카**
A 선데이 크래프트 마켓
B 레비 몰
C 버스터미널
D 나미비아 영사관

### 레비 몰 | LEVY Mall

루사카에 볼거리가 없다는 말은 옛날이야기다. 레비 몰이 들어서면서 루사카는 단숨에 관광지로 등극했다. 레비 몰은 낙후되고 스산한 도시 분위기와 달리 깔끔한 대형 쇼핑몰이다. 안에는 대형 마트 픽앤페이<sup>pick n pay</sup>와 푸트코트, 핸드폰 매장과 화장품, 수입의류 매장 등이 있으며 KFC, 헝그리잭<sup>Hungry Jack</sup> 같은 프랜차이즈 가게와 카페도 있

다. 오랜 여행에 지친 배낭여행자들에게 도시를 느끼게 해주는 곳이다.

🌸 주소 Church Road, Lusaka, Zambia 전화 +260-97-442-4013 홈페이지 http://www.levy.co.zm/

### 로우어 잠베지 내셔널 파크 | Lower Zambezi National Park

루사카 근처에도 국립공원이 있다. 유명하진 않지만, 강을 사이에 낀 이곳에서 꽤 많은 야생동물을 볼 수 있다. 이것 때문에 루사카에 갈 필요는 없지만 루사카에 간 김에 들르는 것은 추천한다. 때묻지 않은 색다른 사파리 체험을 할 수 있을 것이다.

🌸 주소 Sud di Lusaka, Lusaka 10100, Zambia 전화 +27-83-228-9348

### 선데이 크래프트 마켓 | Sunday Crafts Market

잠비아에 가면 재래시장을 구경해보자. 이곳은 일요일에만 여는 특별한 마켓이다. 여러 가지 공예품을 팔며 우리나라 재래시장처럼 흥정도 할 수 있다. 또 즉흥공연도 볼 수 있으니 꼭 가보자.

🌸 주소 Arcades Mall, Lusaka 10100, Zambia 영업 매주 일요일

## 차미누카 게임 리저브 | Chaminuka Game Reserve

공항에서 30분 거리에 있는 가까운 사파리다. 낚시, 부시먼 체험, 치타 산책도 할 수 있다.

❊ 주소 Latitude 15'10" South And Longitude 28'30" East, Lusaka 10100, Zambia 전화 +260-21-125-4140 홈페이지 http://www.chaminuka.com/

---

### Ⓗ 숙소

## 루사카 백팩커스 | Lusaka Backpackers

저렴한 백팩커스다. 야외 수영장과 친절한 스태프, 직접 조리를 할 수 있는 부엌과 바까지 있어 배낭여행자에게는 더할 나위 없이 좋은 곳이다. 슈퍼마켓이 걸어갈 수 있는 정도의 거리에 있어 접근성도 좋다. 하지만 모기가 많으니 주의하자.

❊ 주소 161 Mulombwa Close, Lusaka 31300, Zambia 전화 +260-97-780-5483 요금 도미토리 룸 10달러- 홈페이지 www.lusakabackpackers.com/

### 피린스톤 백팩커스 | Flinstone Backpackers

저렴한 백팩커스지만 공항 셔틀을 운영해 배낭여행자에게는 고마운 곳이다.

✿ 주소 Plot 9965, Makanta Close, Fairview, Lusaka 10100, Zambia 전화 +260-21-122-1060 요금 도미토리 룸 10달러 홈페이지 www.flinstonebackpackers.com/

### 카룰루 백팩커스 | Kalulu Backpackers

캠핑사이트까지 갖춘 백팩커스다. 수영장과 빠른 와이파이 덕분에 많은 여행자가 찾으며 주요 관광지와 걸어갈 수 있을 만큼 가까워 접근성도 좋다.

✿ 주소 20 Broads Road | Fairview/RhodesPark, Lusaka 10100, Zambia 전화 +260-21-123-1486 요금 도미토리 룸 10달러 홈페이지 www.back pack lusaka.com/

### 리아이 롯지 | Lilayi Lodge

루사카에 위치한 고급 롯지다. 가격은 다소 부담스럽지만 커플 여행에 추천한다. 욕조와 TV, 정원 전망의 객실까지 완벽에 가깝다. 또한 공항 셔틀, 수영장, 무료 와이파이를 비롯해 맛있는 조식까지 제공한다.

✿ 주소 Lilayi Road, Lilayi, Lusaka 10100, Zambia 전화 +260-21-184-0435 요금 디럭스 350달러~ 홈페이지 www.backpacklusaka.com/

### 낫완지 백팩커스 | Natwange Backpackers

백팩커스지만 2인실도 있다. 호스텔이 다소 불편하다면 추천한다. 방 컨디션은 한국 모텔 정도며 개인 욕실이 딸린 방도 있다.

✿ 주소 Kariba Road, House

Number 20,Lusaka 10100, Zambia 전화 +260-96-630-3816 요금 전용 욕실이 있는 더블 룸 50달러~

## 📺 먹거리

### 말린 레스토랑 | Marlin Restaurant

잠비아에서 25년 동안 장사하
고 있는 레스토랑. 맛이 한결같
은 곳으로 스테이크가 유명하다.
특별한 맛은 아니지만 동네에서
오래 장사한 유명한 곳이니 한
번 찾아갈 만하다.

✿ 주소 Los Angeles Road | Longacres, Lusaka 10100, Zambia 전화 +260-21-125-2206

### 더 잠비안 커피 코 | The Zambean Coffee Co.

아름다운 커피 전문점이다. 비즈니스 파크 야외에 위치하며 들어가
면 따뜻하게 환대해주고 서비스도 세심하다. 카푸치노가 특히 맛있
고 베이컨과 스크램블 에그가 들어간 사랑스러운 아침 식사를 즐길
수도 있는데, 함께 제공되는 바게트와 바삭바삭한 베이컨이 맛있
다. 완벽한 커피 전문점이라고 할 수 있다.

✿ 주소 Leopards Hill Road | The Leopards Hill Business Park,
Lusaka 10100, Zambia 전화 +260-96 677-6776

ⓒ더 잠비안 커피코 로고

### 주얼 오브 잠비아
| Jewel of zambia

때로는 한국 음식이 그리울 때도 있을 것이다. 그럴 때는 이곳에 가자. 김치, 비빔밥, 삼겹살까지 팔아 한
국에 있는 듯하다.

✿ 주소 Kudu Road, Lusaka 10100, Zambia

## Chapter 04

# 리빙스턴 Livingstone

리빙스턴은 빅토리아 폭포가 있는 도시다. 관광도시이기 때문에 주변에 여행객을 위한 호스텔, 펍, 프랜차이즈 가게 등이 많으며 치안도 비교적 안전한 편에 속한다. 주로 빅토리아 폭포에서 액티비티를 즐기러 온 배낭여행자들이 장기간 머무르면서 휴식을 즐기고 다음 여행 계획을 짠다.

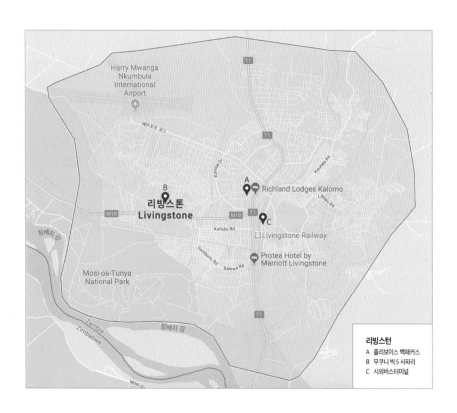

리빙스턴
A 졸리보이스 백패커스
B 무쿠니 빅 5 사파리
C 시외버스터미널

## ⌒⌒ 볼거리

# 하늘에서 즐기기

보통 여행자들이 아프리카 여행에서 가장 기대하는 것은 빅토리아 폭포 하늘에서 바라보기일 것이다. 아
프리카의 가장 큰 폭포를 한눈에 봄과 동시에 운이 좋으면 이동하는 동물들도 볼 수 있으니 꼭 해봐야 할
액티비티 중 하나다. 헬리콥터와 마이크로라이트 중 골라서 탈 수 있으며 둘 다 15분, 30분, 한 시간 동안
타는 옵션이 있다. 아프리카 특성상 흥정이 필수니 조종사와 잘 이야기하면 서비스로 같은 가격에 더 오
래 태워줄 수도 있다. 요금은 15분당 50달러며 시간에 따라 가격이 달라진다. 탑승자의 모습이 담긴 영상
을 DVD에 담아 30달러에 따로 판매하는 업체도 있으며 안전 문제 때문에 사진 촬영은 할 수 없다. 또한

항공편으로 리빙스턴에 간다면 이착륙 직전 창밖으로 빅토리아 폭포의 모습을 엿볼 수 있다. 하지만 언제나 만족할 만큼 폭포를 즐길 수 있는 것은 아니다. 적당한 우기에 가면 웅장한 빅토리아 폭포를 볼 수 있지만 건기에는 물줄기가 없어 동네 약수터 수준의 폭포만 볼 수 있다. 반대로 수량이 많은 우기에는 물이 너무 많아 그저 하얀 물줄기만 봐야 할 때도 있다.

## 번지점프

잠비아에서 짐바브웨로 넘어가는 다리에 가면 많은 사람이 몰려 있는 것을 볼 수 있다. 이곳이 <꽃보다 청춘> 아프리카 편에서 류준열과 박보검이 번지점프를 한 바로 그곳이다. 세계에서 다섯 손가락 안에 드는, 길이가 110미터인 번지점프로 국내에는 없는 번지스윙도 있다. 예전에는 가격 협상을 할 수 있었지만 요즘은 해주지 않으므로 프로모션 기간을 잘 노리는 수밖에 없다. 예약은 각 호스텔에서 해주고, 직접 가도 바로 체험할 수 있다. 번지점프·스윙이 끝나면 탑승자의 영상과 사진을 보여주며 이를 구입할 수도 있다. 번지점프를 하기 전에는 사고가 나도 책임지지 않는다는 무시무시한 각서를 쓰며 몸무게를 재서 팔뚝에 적는데, 굴욕적이긴 하지만 혹시 모를 사고를 방지하는 차원에서 하는 것이니 이해하자.

번지점프를 하기 전, 계약서를 작성하는 모습

## 악마의 수영장 | Devil's pool

출발하기 전 아프리카 사진을 찾아봤다면 빅토리아 폭포 끝 절벽에 사람들이 누워있는 사진을 보고 아찔한 느낌을 받은 적이 있을 것이다. 그런데 스릴에 관심 있는 여행자들은 이 악마의 수영장 때문에 건기에 빅토리아 폭포를 찾기도 한다. 악마의 수영장은 수량이 없는 건기에 폭포 끝자락

© 김성겸

바위 사이에 자연스럽게 생기는 웅덩이다. 위험해서 무조건 가이드의 인솔 하에 가야 하며 사고에 대한 책임은 아무도 지지 않아 안전 관련으로 논란이 있는 곳이기도 하다. 하지만 가이드의 말과 지침을 잘 따르면 세상에서 제일 아찔한 사진을 건질 수 있으니 스릴을 좋아한다면 꼭 가봐야 할 곳이다. 통상적으로 건기인 8월 말부터 11월 중순까지 운영하며 게스트하우스를 통해 예약할 수 있다. 하루에 4번, 한 번에 8명씩, 즉 총 하루에 32명만 이용할 수 있는 유니크한 곳이기에 꼭 예약을 하고 가야 하는 곳이다. 당일에는 바로 갈 수 없다. 예약은 각 게스트하우스, 호텔, 여행사 측에서 해줄 수 있다. 때로 불법 호객꾼들이 저렴하게 가짜 악마의 수영장에 데리고 가주겠다며 호객행위를 하는 경우도 있으니 조심하자. 우리의 생명은 소중하니 말이다.

🌸 **금액** 1인 75달러(빅토리아 폭포 입장료는 별도로 내야 한다.)


## 화이트 워터 래프팅 | White Water Rafting

빅토리아 폭포의 대표 레저 중 하나로 상상만 해도 아찔하고 짜릿한 래프팅이다. 폭포에서 떨어지는 강렬한 물줄기를 타고 하류로 내려갈 때의 쾌감은 어떤 것과도 바꿀 수 없다. 세 시간 정도의 반나절 코스와 여섯 시간의 한나절 코스로 나뉘며 우기와 건기에는 수량에 따라 통제될 때도 있으니 잘 확인하고 가야 한다. 상상해보자. 세계적으로 손꼽히는 폭포에서의 래프팅. 이것이 곧 잠비아에 온 이유다. 예약은 게스트하우스를 통해 할 수 있으며 가격 협상은 할 수 없으니 다른 액티비티와 같이 예약하면 할인해주는 프로모션을 잘 노려보자. 미리 예약을 하지 않으면 체험하지 못할 수 있으니 시간이 없다면 예약하고 가기를 추천한다.

# 무쿠니 빅 5 사파리
## Mukuni Big 5 Safaris

한국에서 할 수 없는 진정한 액티비티를 하고 싶다면 무조건 들러야 하는 곳이다. 이곳에서는 무분별한 사냥 때문에 부모를 잃은 사자와 치타를 기부금을 내고 한 시간 정도 산책시킬 수 있다. 동남아처럼 동물에게 약을 먹이는 것이 아니라 정말 동물 보호를 위해 만든 곳이며, 세 명의 가이드와 함께 산책하니 안전은 걱정하지 않아도 된다. 어린 치타와 사자를 산책시키고 사진을 찍는 경험은 아프리카에서만 할 수 있는 것이 아닐까? 가격은 다소 부담스러울 수 있지만 고아가 된 맹수에게 기부한다고 생각하면 기쁘게 낼 수 있을 것이다. 동물이 세 마리 정도밖에 없으므로 예약은 필수며, 한국 업체를 통해 예약이 가능하다.

✿ 주소 Farm # 9012A | Mukuni Road, Livingstone 20100, Zambia  전화 +260-213-32-2286  홈페이지 http://www.mukunibig5.com/  예약 뽈레뽈레 투어 http://www.polepoletravel.com

무쿠니 빅 5 사파리 치타와 산책하는 모습 ⓒ장원형

## 졸리보이스 백팩커스 | Jollyboys backpackers

리빙스턴에서 가장 유명한 백팩
커스다. 각종 투어 예약을 할 수
있으며 여행에 지친 몸을 쉴 수
있는 공간, 탁 트인 수영장과 부
엌 등이 있어 인기가 아주 많다.

세계 각국에서 모인 여행자들이 저녁마다 모여 파티도 열고 정보를 공유하니 한 번은 꼭 들르자. 하지만
최근 한국인을 상대로 한 도난 사건이 있었으니 조심해야 한다. 또한 인기가 많은 만큼 예약하기 어렵다.

🌸 **주소** 34 Kenyatta Road, Livingstone 20100, Zambia **전화** +260-21-332-4229 **요금** 도미토리 룸 13
달러~

## 리빙스턴 백팩커스 | Livingstone Backpackers

요즘 배낭여행자들에게 인기가
많은 백팩커스다. 아담하지만 편
한 수영장, 부엌, 비어퐁을 할 수
있는 게임장과 클라이밍 게임장
등이 있어 인기가 좋다. 시설의

질은 다소 떨어지지만 가격 대비 모두가 만족하는 곳이다. 투어 예약도 할 수 있으며 아침마다 빅토리아
폭포까지 가는 무료 셔틀도 운영한다. 택시 예약도 도와준다.

🌸 **주소** 559 Makambo Road | Town Centre, Livingstone, Zambia **전화** +260-97-747-1735 **요금** 도미토
리 룸 10달러~

## 마람바 리버 롯지 | Maramba River Lodge

유럽식 조식에 발코니까지. 가족
여행이나 커플여행으로 추천하
는 숙소다. 위치도 좋으며 무료
로 주차할 수 있다.

🌸 **주소** MosiTunya Drive |
Livingstone, Victoria Falls 60957, Zambia **전화** +260-21-332-4189 **요금** 2인 기준 90달러~

## 아바니 빅토리아 폴스 리조트 | AVANI Victoria Falls Resort

리빙스턴에서 손꼽히는 고급 리조트다. 가격은 비싸지만 장애인 시설도 갖추고 있으며 신혼여행이나 가족여행에 적극 추천한다. 유럽식 조식을 제공하고 매우 친절하며 위치 또한 완벽해 모두가 만족하는 곳이다.

✿ 주소 559 Makambo Road | Town Centre, Livingstone, Zambia 전화+260-97-877-7044 요금 2인 기준 400달러~

## 캠프 나콰지 | Camp Nkwazi

리빙스턴 최고의 리조트. 바로 앞에 강이 있어 동물도 볼 수 있다. 직원들이 친절하며 숙소의 질 또한 최상이어서 신혼여행으로 온 여행자들에게 인기가 아주 좋다. 또한 추가 금액을 내면 조식과 석식도 제공한다.

✿ 주소 Plot 749 B, Kazangula Rd, 10101, Livingstone, Zambia 전화+260-97-304-8830 요금 2인 기준 280달러~

## 🍴 먹거리

## 디 엘리펀트 카페 | the elephant cafe

직접 코끼리에게 밥을 먹이거나 코끼리를 보면서 저녁식사를 할 수 있어 많은 여행자가 찾는 곳이다.

✿ 주소 Nakatindi Road | Mosi-Oa-Tunya National Park, Livingstone 20100, Zambia 전화 +260-97-340-3270

## 더 로얄 리빙스턴 익스프레스 | The Royal Livingstone Express

잠비아에서 굉장히 유명한 음식
점. 가격이 비싸지만 미리 예약
을 하지 않으면 음식을 먹을 수
없을 정도로 인기가 좋으며 여행
자들도 많이 간다. 오래된 기차
를 개조해서 만든 곳이다.

✿ 주소 Mosi-Oa-Tunya Road, Livingstone 20100, Zambia  전화 +260-97-877-7044


## 오션 바스켓 | Ocean Basket

아프리카의 대표적인 해산물 요리점 겸 일식집이다. 가격이
비싸지 않으며 맛도 훌륭하니 일식이 먹고 싶은 여행자들은
여기로 가자.

✿ 주소 Mosi O Tunya Road, 217 Area | Mosi O Tunya
Square, Livingstone 20100, Zambia  전화 +260-21-332-
1274

# 타자라 열차 스페셜

## 열차 사파리, 타자라 열차

동아프리카와 남아프리카를 잇는 타자라 열차. 러시아에 시베리아 횡단열차가 있다면 아프리카에는 타자라 열차가 있다. 현지인에게는 감사한 운송수단이자 무역수단이고, 여행자에게는 낭만을 가져다준다. 2박 3일 동안 현지인들과 함께 열차를 타고 달리다 보면 '열차 사파리'라는 말이 괜히 나온 것이 아니라고 느낄 것이다. 아프리카 여행 중 가장 아프리카를 잘 느낄 수 있는 타자라 열차를 좀 더 자세히 알아보자.

## 희로애락, 타자라

총 1900킬로미터의 구간을 시속 60킬로미터 정도의 속도로 달리는 타자라 열차 안에서 우리는 아프리카의 희로애락을 모두 볼 수 있다. 타자라 열차는 원래 유럽의 지배자들이 아프리카 내륙의 광물을 항구로 실어 나르려고 구상한 것이다. 그들은 이 철도를 통해 경제 부흥을 꿈꿨다. 하지만 시간이 지난 후 아프리카 대륙의 국가들이 독립하기 시작하자 유럽은 철도 건설을 포기했고, 1975년 10월, 중국이 5억 달러의 돈을 들여 대신 완공했다. 타자라 열차 완공의 배경에는 이렇게 아프리카를 제국주의의 상징으로 삼아 모든 철도를 연결해 손아귀 안에 넣으려 한 유럽의 욕심과 미-소 냉전시대에 제3세계에서 자신들의 영향력, 즉 사회주의의 영향력을 보이려 한 중국의 야망이 엿보인다. 이 때문에 타자라 열차는 단순한 열차가 아니라 제국주의의 종식과 아프리카의 독립, 사회주의의 연대를 상징하는 열차가 됐고, 지금도 열차 내 팻말에는 중국 국기와 함께 중국에서 만든 기차라는 표시가 남아있다.

하지만 잠비아, 탄자니아, 중국의 야망과 달리 타자라 열차는 아프리카의 경제에 큰 도움이 되지 못했다. 운영 자금과 능력의 부족으로 운송량은 계속 줄어들었고 이 때문에 파업이 일어나 여행자들에게도 골칫덩이가 되고 말았다. 한때는 남아프리카공화국의 아파르트헤이트에 반대하고자 잠비아, 짐바브웨, 말라위 등이 일부러 남아공 쪽이 아닌 탄자니아 쪽 물류 통로를 이용하면서 무역에 큰 도움이 되기도 했으나 현재는 남아공의 소수 백인 정권이 물러나 무역용 열차로서의 가치가 많이 떨어졌다.

그러나 여행자들에게 타자라 열차는 아직도 큰 의미가 있다. 기나긴 여행으로 지친 마음을 달래주기 때문이다. 2박 3일 동안 기차 안에서 창문으로 자연을 바라보며 달리는 일은 가히 낭만적이다. 달리다 보면 탄자니아의 동물 보호 구역인 셀루스selous 지역과 미쿠미mikumi 국립공원도 잠시나마 구경할 수 있다. 얼룩말, 기린, 코끼리, 사슴 등 다양한 동물과 광활한 들판, 넓은 하늘을 보면 어릴 적에 간 소풍의 기억이 떠오르기도 한다. 어디 자연뿐이랴, 간간히 멈추는 정거장에서는 아프리카 여성들이 음식을 파는 모습이나 아이들이 신나서 손을 흔드는 모습도 볼 수 있다. 이것이 우리가 원하는 아프리카 여행이 아닐까 싶다. 실제 아프리카 여행에서 만나는 장소 대부분은 관광지지만 타자라에서 만날 수 있는 아프리카의 순수한 모습, 아프리카의 희로애락은 또 다시 우리를 '애증의 아프리카'로 이끈다.

## 스케줄

타자라 열차는 급행열차와 완행열차로 나뉜다. 목적지에 도착할 때까지 급행은 2박 3일 정도, 완행은 3박 4일 정도 소요된다. 보통 완행열차는 다르에스살람에서 매주 화요일 오후 한 시 50분에 출발해 금요일 오후 한 시 37분에 뉴 카프리 음포시에 도착하며 급행열차는 매주 금요일 오후 세 시 50분에 출발해 월요일 오전 아홉 시 26분에 도착한다. 뉴 카프리 음포시 출발, 다르에스살람 도착인 경우 완행열차는 매주 금요일 오후 두 시에 출발해 월요일 오후 세 시 46분에 도착하며 급행열차는 매주 화요일 오후 네 시에 출발해 금요일 새벽 열두 시 10분에 도착한다. 하지만 실제로는 연착이 심해서 언제 출발하고 도착할지는 아무도 모른다. 특히 완행열차는 연착이 잦은 편이다.

## 급행열차 운행표

| 다르에스살람 → 뉴 카프리 음포시<br>매주 금요일 15:50 출발 | | | 뉴 카프리 음포시 → 다르에스살람<br>매주 화요일 16:00 출발 | | |
|---|---|---|---|---|---|
| | 도착 | 출발 | | 도착 | 출발 |
| 다르에스살람<br>Dar es Salaam | | 15:50 | 뉴 카프리 음포시<br>New Kaprir Mposhi | | 16:00 |
| Kisaki | 20:03 | 20:13 | Serenje | 19:40 | 19:47 |
| Ifakara | 22:53 | 22:58 | Mpika | 23:55 | 0:10 |
| Mimba | 1:37 | 1:52 | Kasama | 3:19 | 3:29 |
| Makambako | 7:16 | 7:46 | Chozi | 6:56 | 7:16 |
| Mbeya | 13:08 | 13:23 | Nakonde | 8:39 | 9:09 |
| Vwawa | 15:39 | 15:42 | Tunduma | 10:14 | 10:29 |
| Tunduma | 17:02 | 17:17 | Vwawa | 11:51 | 11:54 |
| Nakonde | 16:22 | 16:47 | Mbeya | 14:13 | 14:28 |
| Chozi | 18:20 | 18:40 | Makambako | 20:00 | 20:30 |
| Kasama | 22:07 | 22:27 | Mimba | 1:53 | 2:08 |
| Mpika | 1:33 | 1:48 | Ifakara | 4:57 | 5:12 |
| Serenje | 5:49 | 5:56 | Kisaki | 7:47 | 7:57 |
| 뉴 카프리 음포시<br>New Kaprir Mposhi | 9:26 | | 다르에스살람<br>Dar es Salaam | 12:10 | |

## 완행열차 운행표

| 다르에스살람 → 뉴 카프리 음포시<br>매주 화요일 13:50 출발 | | | 뉴 카프리 음포시 → 다르에스살람<br>매주 금요일 14:00 출발 | | |
|---|---|---|---|---|---|
| | 도착 | 출발 | | 도착 | 출발 |
| 다르에스살람<br>Dar es Salaam | | 13:50 | 뉴 카프리 음포시<br>New Kaprir Mposhi | | 14:00 |
| Kisaki | 19:00 | 19:10 | Serenje | 18:10 | 18:17 |
| Ifakara | 22:20 | 22:30 | Mpika | 23:03 | 23:18 |
| Mimba | 1:25 | 1:40 | Kasama | 2:59 | 3:09 |
| Makambako | 7:53 | 8:03 | Chozi | 7:09 | 7:29 |
| Mbeya | 14:10 | 14:40 | Nakonde | 9:15 | 9:25 |
| Nakonde | 18:38 | 18:53 | Tunduma | 10:30 | 10:45 |
| Tunduma | 17:58 | 18:13 | Mbeya | 14:32 | 15:00 |
| Chozi | 19:58 | 20:13 | Makambako | 21:09 | 21:29 |
| Kasama | 0:11 | 0:31 | Mimba | 3:36 | 3:51 |
| Mpika | 4:30 | 4:45 | Ifakara | 6:13 | 6:28 |
| Serenje | 9:26 | 9:31 | Kisaki | 10:25 | 10:35 |
| 뉴 카프리 음포시<br>New Kaprir Mposhi | 13:37 | | 다르에스살람<br>Dar es Salaam | 15:46 | |

## 티켓 가격

티켓 가격은 열차의 종류와 좌석에 따라 다르다. 또한 출발지가 어디냐에 따라서도 가격이 달라진다. 그리고 무조건 현금으로 구매해야 하니 잘 알아두자.

| 종류 | 뉴 카프리 음포시 → 다르에스살람 | 다르에스살람 → 뉴 카프리 음포시 |
|---|---|---|
| 급행 | 1등석: 333.6콰차(약 37,000원)<br>2등석: 272.2콰차(약 29,918원) | 1등석: 104,000T/실링(약 50,000원)<br>2등석: 84,600T/실링(약 41,000원) |
| 완행 | 1등석: 278.0콰차(약 30,584원)<br>2등석: 226.8콰차(약 24,951원) | 1등석: 86,500T/실링(약 42,000원)<br>2등석: 70,600T/실링(약 34,000원) |

*2018년 6월 기준

## 예약 방법

아쉽게도 타자라 열차는 인터넷 예매가 불가능하다. 직접 방문해 예약하거나 대리인을 통해 예약해야 한다. 운이 좋으면 전화로 예약할 수도 있다.

**잠비아** 루사카, 타자라 오피스TAZARA OFFICE 방문, 출발역(뉴 카프리 음포시) 방문

**탄자니아** 다르에스살람, 타자라 레일TAZARA RAIL(출발역 겸 타자라 헤드 오피스TAZARA Head Office) 방문

## 열차 & 객실 정보

1등석 침대칸에는 방 하나당 2층 침대가 두 개 있어 네 명이 한 칸을 쓴다. 2등석 침대칸은 방 하나당 3층 침대가 두 개 있어 여섯 명이 한 칸을 쓴다. 3등석, 4등석은 침대 없이 좌석만 있는 객실이다. 여행자 대부분이 1등석을 예매하지만 간혹 좌석이 없을 때면 2등석도 많이 이용하는 편이다. 현지인은 한 방에 남녀가 함께 들어가지 못하지만 외국인에게는 남녀 혼성 방을 주기도 한다(객실 전체

를 이용할 때에 한함). 객실 안에는 선풍기 한 대, 테이블, 침대, 개인 담요 등이 있다. 선풍기 한 대에 의지해 며칠을 버텨야 하므로 침대 선택이 매우 중요하다. 1등석의 경우 홀수가 아래층 침대니 홀수 번호를 달라고 요청하자.

급행열차와 완행열차는 단순히 소요 시간만 차이나는 것이 아니다. 시설도 차이가 있다. 급행열차는 신식 기차다. 간단하게 샤워도 할 수 있으며 전기도 끊기지 않는다. 하지만 완행열차는 다소 오래된 구식 기차라 전기가 끊기는 경우도 흔하고 연착은 기본이다. 두 기차 모두 중국에서 수입한 기차다.

**화장실** 샤워와 용변을 함께 해결할 수 있는 화장실이 있다. 각 칸 별로 2개 정도 존재하며, 수세식 화장실이다. 달리는 기차 안에서 덜컹거림을 느끼며 샤워와 용변을 해결해야 하지만 이 또한 타자라에서만 느낄 수 있는 색다른 경험이다. 주의해야 할 점은 열차가 멈추면 열차에 물을 공급하느라 열차 안은 단수가 된다는 것이다. 샤워 도중에 열차가 정차해 생수를 긴급 구호 받아 씻은 적도 있다. 나와 같은 실수는 하지 않기를 바란다.

**세면대** 화장실 안 외에도 간단하게 세안할 수 있는 세면대가 있다.

**식당** 열차가 종착지에 도착할 때까지 모든 의식주를 열차 안에서 해결해야 한다. 열차에서 제공하는 음식은 항상 똑같다. 소고기, 닭고기, 생선 중 선택할 수 있으며 조식은 프랑스식으로 나온다. 가격은 밥이 약 2,500원, 음료는 500원이다. 또한 약 1,000원 정

도를 내면 뜨거운 물을 준다. 식당 외에 개인 객실에서도 음식을 받을 수 있는데, 객실은 환기를 할 수 없으므로 객실에서 식사하는 것은 추천하지 않는다. 또한 승객들은 밥 먹는 시간 외에도 식당칸에 모여 자유를 즐기곤 한다.

**바** 식당칸 옆에 작은 바가 있다. 이곳에서는 시원한 맥주와 음료를 팔고 신나는 음악이 나온다. 저녁만 되면 많은 아프리카 젊은이들이 이곳에 모여 즐기는 광경을 볼 수 있다. 다만 밤늦게 바에 갈 때는 조심하자. 간혹 술에 취해 민폐를 끼치는 사람들이 있으니 말이다.

## 소요 시간

공식 소요 시간은 46시간이다. 하지만 때로는 기관사가 피곤하다는 이유 등으로 두세 시간 정도 연착이 되기도 한다. 특히 완행열차의 경우 시설이 오래돼 연착이 흔하다. 하지만 이것 또한 '뽈레뽈레("천천히"라는 뜻의 스와힐리어)'의 대륙, 아프리카의 묘미니 즐기자.

## 타자라 열차 즐기기 꿀팁

### 정차 즐기기

타자라 열차는 한번 정차하면 꽤 오래(10분에서 30분 정도) 멈춰 있다. 이때 아프리카 어린이들이 창문 밖에 앉아서 손을 흔들고 있는 것이 재미있다. 이 친구들은 일주일에 두 번, 타자라가 오는 시간에 맞춰 구경을 하러 나온다고 한다. 정차 때 잠깐 내려서 소도시의 순박한 친구들과 인사해보자.

### 간식 즐기기

타자라도 다른 기차처럼 열차가 정차하면 상인들이 간식을 팔곤 한다. 보통 옥수수, 닭고기, 과일 등 길거리 음식을 파니 사 먹어보자. 삼시세끼 똑같은 음식에 질린 우리에게는 또 다른 별미일 것이다. 단, 기차역 밖에서 파는 음식을 사려다 기차를 놓치지는 말자.

### 취미 즐기기

고된 여행길에서 2박 3일 혹은 3박 4일 동안의 기차여행은 우리에게 휴식 시간을 준다. 이때 책이나 영화를 즐겨보자. 많은 여행자가 탄만큼 운이 좋으면 서로 책이나 영화를 교환할 기회가 생길 수도 있다. 특히 다음 여행지로 가기 전에 보는 다음 나라의 이야기가 담긴 다큐멘터리는 여행을 풍요롭게 만들어준다.

### 현지생활 즐기기

타자라 열차는 여행자뿐만 아니라 현지인의 중요한 교통수단이기도 하기 때문에 현지인도 많이 탄다. 특히 가족단위 현지인이 많으니 그들과 친해지는 것도 아프리카를 느낄 수 있는 방법이다. 또한 현지인의 삶을 엿볼 수 있는 가장 좋은 기회이기도 하다.

## 출발지 & 도착지 정보

### 다르에스살람 | dares salaam

다르에스살람은 대도시다. 기차역에 가면 많은 택시와 미니버스가 손님을 기다리고 있다. 그러니 같은 방향으로 가는 사람들과 함께 택시 또는 미니버스를 타고 목적지로 가면 된다. 역 안은 매우 어수선하며 간단한 스낵과 물을 파는 매점이 있다. 하지만 ATM이 없으니 열차를 탄다면 역에 도착하기 전 현금인출을 미리 해야 한다.

### 뉴 카프리 음포시 | new kapiri mposhi

뉴 카프리 음포시는 잠비아의 소도시다. 우리나라로 치면 강원도 근처에 있는 작은 도시 정도의 규모다. 그래서 열차에서 내리면 루사카로 300킬로미터 정도 이동해야 하는데, 대부분 택시나 미니버스를 이용한다. 루사카까지는 버스로 서너 시간정도 걸리며 요금은 50콰차다. 하지만 밤 열두 시이후에는 버스가 운행하지 않으므로 열차가 연착

되면 버스를 타지 못할 때가 많다. 이 때문에 택시가 역 앞에 진을 치고 있다. 택시 중 8인승 밴 택시를 목적지가 비슷한 여행자들과 함께 타는 것이 좋다. 요금은 보통 1인당 80~100콰차 정도 내면 된다(2017년 11월 기준). 택시를 타면 숙소로 가는 길에 주유소 같은 곳에서 간단한 음식을 먹거나 현금인출을 할수 있다는 장점이 있다. 역 앞의 택시를 타려고 기사와 흥정하는 사람이 많아 항상 어수선하다. 그래서 정신없이 흥정하는 사이 짐을 노리는 좀도둑이 많으니 항상 조심하자.

## 비자 서류 작성 정보

잠비아-탄자니아 국경에서는 비자와 여권 검사를 한다. 대부분 새벽에 도착하기 때문에 잠결에 검사를받는 경우가 많다. 다행히 검사는 생각보다 단순하다. 여권과 황열병 예방접종 증명서만 검사하며 비자도 비용만 내면 바로 내준다. 하지만 직전에 여행한 국가의 비자를 잃어버렸거나 황열병 예방접종 증명서가 없으면 절차가 매우 까다로워진다. 짐 검사도 간단하게 하니 필요한 서류만 챙겨놓으면 빠르게 검사받고 통과할 수 있다. 다만 짧은 시간 안에 검사를 해야 해 미리 돈과 여권 및 서류를 준비해놓지 않으면혼이 날 수도 있다. 그러니 항상 미리 챙겨두자. 또한 많은 이가 궁금해하는 유니 비자는 타자라 열차에서발급받을 수 없다(2018년 6월 기준).

# 자주 묻는 질문

### Q 타자라 열차를 타는 이유가 있나요?

A 가장 큰 이유는 아무래도 가격이다. 잠비아에서 탄자니아, 또는 반대로 이동할 때 비행기를 탈 수도 있지만 아프리카 국내선은 가격이 꽤 비싸기 때문에 배낭여행자들은 특히 타자라 열차를 많이 선택하는 편이다. 또한 2박 3일 혹은 3박 4일 동안 낭만과 함께 달리는 열차이므로 일정이 촉박하지 않다면 꼭 타보기를 추천한다.

### Q 무엇을 챙겨야 하나요?

A 보통 대형 물통을 챙겨가곤 하는데, 신식 기차에서는 샤워를 할 수 있으므로 신식 기차에 탄다면 크게 필요하지 않다. 먹는 생수는 식당칸에서도 충분히 살 수 있으므로 굳이 무겁게 들고 갈 필요가 없다. 타자라 열차에서만 필요한 물건은 없지만 여행의 질을 높이고 싶다면 간단한 주전부리와 물티슈, 휴지 등은 필수로 챙기자. 특히 3일 내내 같은 음식을 먹어야 하므로 주전부리는 오아시스와 같을 것이다. 다르에스살람이나 잠비아에서는 중국 마트에서 한국 라면을 쉽게 구할 수 있으니 가격이 다소 사악해도 꼭 사가기를 추천한다. 뜨거운 물을 얻어서 해먹는 '뽀글이'의 맛은 주변 현지인들까지 모이게 만드는 별미다. 또한 간혹 샤워가 불가

타자라 기차 안에서의 모습

능할 경우가 있는데, 물티슈를 챙겨 가면 이럴 때 요긴하게 쓸 수 있다. 그밖에는 책, 영화, 카드 등 즐길 거리가 있으면 좋다.

### Q 타자라 열차는 안전한가요?

A 생명의 위협을 기준으로 이야기하자면 안전하다. 낡은 기차여서 간혹 멈추긴 하지만, 열차 전복이 흔히 일어나지는 않는다. 하지만 도난 같은 사람이 일으키는 문제는 조심해야 한다. 여

행자들 사이에서는 열차 안에서 가방을 도난당한 경험이 웃고 넘어가는 '썰'처럼 내려올 정도로 흔한 일이다. 대부분은 1등석, 2등석에 동행들과 함께 타겠지만 만약 현지인과 함께 탄다면 언제나 가방을 조심하자. 열차에는 잠금장치가 없어 방심하는 순간 가방을 가져가는 일이 흔하다. 동행들과 탈 경우 한 명은 무조건 객실 안에 상주하도록 하자. 그리고 가방을 모아 함께 묶어놓자. 이렇게 해두면 힘이 장사여도 쉽게 가져가지는 못할 테니 말이다. 또한 앞에서도 말했듯 밤에 식당칸이나 바에 가면 술에 취한 현지인이 시비를 거는 경우가 많다. 남녀노소를 떠나 그들과 눈을 마주치지 않도록 조심하자. 현지인도 많이 타는 열차인 만큼 외국인에 대한 관심이 아주 높다. 물론 호의를 바탕으로 한 관심이 대부분이라 믿고 싶지만 여행지에서는 우리가 절대적으로 약자이니 조심해야 한다.

## Q 어느 나라 돈을 써야 하나요?

A 타자라 열차만의 재미있는 점이 있다. 잠비아 방면에서는 잠비아 돈인 콰차를 쓰고, 탄자니아 방면에서는 탄자니아 돈인 실링을 써야 한다. 그럼 두 종류의 돈을 모두 가져가야 하나? 그렇지는 않다. 국경을 넘는 순간 비자를 검사하는 직원과 함께 암환전상이 들어온다. 이때 남은 돈을 모두 바꾸는 것이 좋다. 연착이 얼마나 될지 모르니 넉넉히 환전하기를 추천한다. 보통 암환전상은 10퍼센트의 수수료를 떼어간다. 또 달러는 열차 안에서는 쓸 수 없고 비자를 구매할 때만 쓸 수 있다. 대신 암환전상을 통해 환전은 할 수 있으니 이런 부분까지 다 생각한 후 현금을 알맞게 인출해서 타자. 정말 돈이 모자를 때는 손해를 감수하고 현지인에게 개인적으로 환전해도 돼기는 하다. 그리고 당연하지만 카드는 사용할 수 없다.

## Q 정차 때 열차 밖으로 나가도 되나요?

A 물론 나가도 된다. 열차가 출발할 때가 되면 직원들이 얼른 타라고 소리를 지르며, 외국인 여행자 대부분이 출발지에서 타서 마지막 역까지 간다는 것을 알기에 열차가 출발하니 타라고 와서 말해주기도 한다. 물론 너무 멀리 가면 안 되겠지만, 잠깐만이라도 열차에서 내려 시원한 바람을 맞아보자. 역에 내리면 근처에 사는 어린 친구들이 와서 말을 거는 경우가 있다. 보통 빈 병이나 돈을 달라고 하는데, 빈 병 같은 것은 생계수단으로 사용하거나 축구를 할 때 쓰니 줘도 괜찮다. 하지만 돈을 주면 그들의 자립심이 떨어지고 간혹 싸움이 일어날 때도 있으니 웬만하면 주지 않기를 바란다. 항상 평등이 중요하다. 그들이 모두 함께 즐길 수 있는 물건을 주는 것이 좋다.

## Q 정차할 때마다 티켓 검사를 하나요?

A 단순 정차로 매번 티켓 검사를 하지는 않
는다. 하지만 정차한 역에서 밖으로 나갈 경
우에는 티켓 검사를 한다. 그러니 티켓을 받
으면 버리지 말고 내릴 때까지 지갑에 잘 간
직하고 있어야 한다.

## Q 남녀 섞인 동행들끼리 같이 탈 수 있나요?

A 타자라 열차는 기본적으로 혼성칸이 금지되어 있다. 다만 한 칸을 다 구매했을 경우, 혼성
이 가능하다. 많은 여행객들은 도난 방지, 동행들과 함께 가고 싶다는 생각에 한 칸을 모두 구
매하여 같이 가곤 한다. 하지만, 한 칸을 구매하지 않았을 경우, 무조건 남녀 따로 타야 한다.
또한, 한 칸을 다 사겠다는 생각이 있으면, 구매할 때 매표소에 꼭 말해야 한다. 안 그러면 여
권 사진을 보고, 남녀 따로따로 주기도 한다.

## Q 그 밖의 팁은 무엇이 있나요?

A 열차 안에서는 당연히 금연해야 한다. 정차 시에만 담배를 피울 수 있으며 안에서 담배를
피우면 벌금을 무는 경우도 있다. 또한 기차 안의 전기는 한정돼 있다. 라면메이커를 가져가
라면을 끓여 먹으려 했지만 라면메이커는 전기를 많이 써 기차 전체를 멈추게 할 수도 있다는
이유로 직원에게 빼앗긴 적이 있다. 물론 하차할 때 다시 돌려주긴 했지만, 애초에 이런 문제
가 생기지 않도록 조심하자. 그리고 1등석 티켓을 구매한 경우 열차를 타기 전 역 안에 1등석
을 위한 퍼스트 클래스 룸first class room이 따로 있으니 이용하도록 하자.

2박 3일 기차라지만 모두가 3박 4일 기차라고 말하는,
그만큼 미친 연착을 보여주는 타자라 열차에서
안전하게 하차한 이야기.

이번 열차는 너무나도 운 좋게도 신형 기차에 2박 3일 만에 종점에 도착하는
기적을 보여줬다. 졸졸 나오는 물로 샤워도 할 수 있었으며 침대에 누우면 보
이는 풍경은 호텔 부럽지 않았다. 2등석에서 이 정도라니! 물론 샤워할 때마다
바퀴벌레와 함께 한다거나 생전 처음 보는 벌레가 내 얼굴에 앉는 것 정도는
살짝 눈감아줘야 하지만 말이다.

병원 간 이침대 같은 곳에서 떡진 머리로 일어나 영화를 보고 책을 읽고 글을
쓰며 보는 풍경은 날 행복하게 했으며 친구들과 함께 식당으로 가 '뽀글이'와
함께 매일 메뉴가 똑같은 2,500원짜리 밥을 먹으면서 맥주 한 잔 하면 세상을
다 가진 기분이었다. 중간중간 멈추는 역에 내릴 때마다 있는 시장에서 먹는
250원짜리 구운 옥수수도 맛있었고, 기차가 정차할 때면 겁 없이 뛰어내려서
기차에게 반갑게 인사하는 아이들과 이야기를 하기도 했고, 출발해버린 기차
에 헐레벌떡 뛰어오르며 타자라에서의 일상을 보내다 보니 어느 순간 내리는
것이 아쉬워 어쩔 줄 모르는 우스운 내 모습을 발견했다. 조금만 더 연착했다
면……

사람이 참 간사해. 느리면 느린 대로, 빠르면 빠른 대로 또 아쉬움이 생기니 말
이야.

# PART 06

# 짐바브웨

감자 한 바구니를 사려고 숫자 100억이 적힌 지폐를 한가득 가져가는 사진을 인터넷에서 본 적이 있을 것이다. 현재 짐바브웨는 인플레이션과 디노미네이션으로 경제적, 정치적으로 매우 불안한 상황이다. 자국 통화를 개혁하긴 했지만 아직 실사용은 하지 않고 있으며 달러를 주로 쓴다. 많은 여행자가 세계 3대 폭포 중 하나인 빅토리아 폭포를 보려고 짐바브웨를 방문하며, 이 덕분인지 자연유산이 굉장히 잘 보존돼 있다. 또한 정치적으로 불안한 것에 비해 도시는 안전한 편이고 관광업 위주로 나라가 돌아가기 때문에 외국인에게 호의적이다.

## 짐바브웨 둘러보기

### 기본 정보

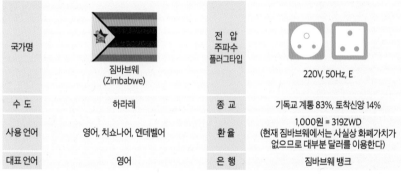

| 국가명 | 짐바브웨 (Zimbabwe) | 전 압 주파수 플러그타입 | 220V, 50Hz, E |
|---|---|---|---|
| 수 도 | 하라레 | 종 교 | 기독교 계통 83%, 토착신앙 14% |
| 사용 언어 | 영어, 치쇼나어, 엔데벨어 | 환 율 | 1,000원 = 319ZWD (현재 짐바브웨에서는 사실상 화폐가치가 없으므로 대부분 달러를 이용한다) |
| 대표 언어 | 영어 | 은 행 | 짐바브웨 뱅크 |

**공휴일 New Year's Day**(새해 첫날) 1월 1일 **독립기념일** 4월 18일 **영웅의 날** 8월 8일 **통합의 날** 12월 22일 **Christmas** 12월 25일 **Christmas 공휴일** 12월 26일

**짐바브웨 전체 지도**
A  하라레
B  빅토리아 폭포

## 비자 정보

도착 비자는 사전 비자 없이 현지에 도착한 후 국경 또는 공항에서 쉽게 구할 수 있다. 다만 우리나라에는 아직 짐바브웨 대사관이 없기 때문에 입국할 때 도착 비자를 함께 받기를 추천한다.

가격 30달러

**준비물**
여권(유효기간이 6개월 이상 남아있어야 한다) 신청서 양식 1부(기내 또는 국경에 구비돼 있다), 비자 대금

**팁**
잠비아와 마찬가지로 간혹 유니 비자를 발급해주지 않는 경우가 있다. 스티커가 다 떨어져 어쩔 수 없이 받지 못하는 경우에는 별 수 없이 돌아서야 하지만, 귀찮다는 이유를 댈 때도 있다. 그러니 미리 유니 비자에 대한 정보를 알아가자. 또한 유니 비자 관련 규정은 매번 바뀌므로 수시로 확인하자.

## 국경

| 인접국 | 국경 명칭 | 여는 시간 | 닫는 시간 |
| --- | --- | --- | --- |
| 보츠와나 / 짐바브웨 | Kazungula Road | 06:00 | 18:00 |

## 안전수칙

### 주의사항

**물 조심**
석면으로 만든 상수도관을 사용하고 있기 때문에 물을 조심해야 한다. 식수는 식료품점에서 판매하는 병에 든 물을 마셔야 하며, 물을 살 때는 병 입구에 열린 흔적이 있는지 확인해야 한다.

**모기·파리 조심**
폭포가 지척에 있는 나라라 파리가 많다. 특히 파리 알에 닿으면 구더기가 생길 수 있으며 또포씨 파리의 침에 닿으면 몸에 통증을 느낄 수도 있다. 또한 습한 지역 특성상 모기도 많으니 항상 말라리아를 조심하자.

**각종 범죄 조심**
정치적으로 안정돼 있지 않고 국민의 거의 유일한 생계 수단이 관광이나 마찬가지여서 관광객을 상대로 한 사기와 도난 등의 범죄가 흔하게 일어난다. 특히 일몰 후에는 바깥출입을 자제해야 한다.

**다이아몬드 등 보석·광물 사기 조심**
다이아몬드가 유명한 대륙인만큼 길거리를 비롯한 여러 곳에서 현지인들이 다이아몬드를 판매하려는 목적으로 접근하는 경우가 있다. 하지만 보석으로서의 가치가 없는 공업용 다이아몬드가 대다수이며 다이아몬드 밀매는 형사처분 대상이니 현혹되지 않도록 주의하자.

## 사고 발생 시 대처법

공권력을 믿으면 안 된다. 사건사고가 일어나 경찰관에게 도움을 요청해도 차량이나 인원 부족 등의 핑계를 대면서 도움을 주지 않는 경우가 많다. 최근 재외국민 대상 범죄를 경찰서에 신고했을 때 단 한 건도 해결된 바가 없으니 스스로 조심하는 수밖에 없다.

## 의료기관

짐바브웨의 의료기관은 조금 복잡하다. 가정의 검진 후 의사가 발급한 의사소견서를 가지고 다시 전문의 진료를 받으러 가야 한다. 단순 치료일 경우 사전 치료비를 납부하면 응급한 상황으로 간주해 바로 응급센터에서 진료가 가능하다.

★ 약품 구입 시 처방전을 요구하는 경우도 많다. 그러니 비상약품 및 개인상비약은 국내에서 미리 사서 가져가는 편이 좋다.

## 긴급 연락처

경찰 777777
구급차량 하라레(04-705-905/706-034/771-221), 블라와요(09-64-082), 무타레(020-66-466), 빅토리아 폭포(013-44-646)

## 응급의료센터

하라레 Corporate 24
주소 6 Bath Road, Belgravia
전화 263-4-700-401/700-761
빅토리아 폭포 메디컬 센터 263-13-43-356
블라와요 중앙 병원 263-9-25-2111

## 대사관 연락처

주소 3rd Floor(Red light-side Bridge), Eastgate Building, 3rd Street/R.Mugabe Road, Harare, Zimbabwe
대표번호 (+263-4) 756-541~4
긴급 연락처 +263) 772-781-430
메일 zim@mofa.go.kr, rokembassyzim@gmail.com
업무시간 매주 월~금 08:00~16:30 (점심 12:30~13:30)
★ 짐바브웨 정부 공휴일 및 우리나라 국경일에는 휴무

## 기후

## 시원한 나라 짐바브웨

짐바브웨는 아프리카 대륙 동남부에 위치하며 아열대 기후로 연평균 강우량은 700밀리미터 정도다. 우기(여름)는 11월에서 3월까지, 건기(겨울)는 4월에서 10월까지며, 10월~11월경이 가장 무덥고(평균 16~27도) 6월~7월경이 가장 춥다(평균 7~21도). 겨울철의 경우 아침이나 밤에는 쌀쌀하고 잘 때는 전기담요를 사용해야 할 정도로 다소 추운 편이나 낮에는 따뜻하다. 또 여름철의 경우 한낮에는 기온이 30도 이상으로 올라갈 때가 많지만 전 국토의 25퍼센트가 해발 1000~1500미터의 고원 지대여서 다행히 그늘에 들어가면 시원하다. 하지만 관광지로 유명한 빅토리아 폭포와 카리바 호수 같은 강가, 저지대는 무더위가 심하며 앞에서 말했듯이 모기 또한 많아서 말라리아 감염에 특히 유의해야 한다.

## 짐바브웨 더 알아보기

### 짐바브웨의 비트코인 열풍

짐바브웨의 말도 안 되는 화폐 단위는 여행자들에게도 꽤 흥미로운 주제다. 1조짜리 화폐를 1달러 주고 샀다고 자랑하는 사람도 봤고 짐바브웨에 들른다고 하면 주변 화폐수집가들의 대리구매 요청이 수없이 들어온다.

그런데 요즘 짐바브웨에서는 비트코인 광풍이 불고 있다. 국민들이 하루가 다르게 하락하는 짐바브웨의 화폐 가치보다 비트코인이 상대적으로 안전하다고 생각하기 때문이다.

최근 짐바브웨의 가상통화 거래소 골릭스Golix에서는 비트코인 가격이 2만999달러(약 2,235만 원)를 기록했다(2019년 1월 3일 기준). 같은 기간 다른 국가 거래소에서 1만 5000달러 선에 거래된 것에 비해 월등히 높다. 한국보다도 200만 원 이상 높은 편이다.

짐바브웨는 하이퍼인플레이션 현상 때문에 물가 상승률이 2억퍼센트나 되고 매일 달러 가격이 달라질 정도다. 그 결과 ATM에서 현금이 부족해 돈을 인출할 수 없는 상황까지 왔다. 그럼에도 불구하고 부유층들은 자식들을 해외로 유학 보내거나 사치품을 사려고 비트코인으로 거래하고 있다.

하지만 더 아이러니한 것은 이러한 상황임에도 외국인은 짐바브웨 비트코인 거래에 참여하지 못한다. 짐바브웨는 외화 반출을 규제하고 있어 외국으로 돈을 보낼 수 없기 때문이다.

눈으로 보이는 화폐와 경제, 부패한 정부를 불신하고 가상화폐를 신뢰하는 짐바브웨. 그들의 미래는 어떤 모습일지 전 세계 경제인들이 주목하고 있다.

## 교통

### 항공

#### 빅토리아 폴스 인터내셔널 공항
Victoria Falls International Airport

코드 VFA
와이파이 무료

아쉽게도 한국에서 짐바브웨로 바로 가는 직항은 없으며 이곳에서는 남아프리카공화국 케이프타운, 요하네스버그, 나미비아 빈트후크 및 그 외 주변국으로 갈 수 있다. 숙소 대부분이 픽업 서비스를 해주지만 불가피하게 신청하지 못했다면 셔틀버스나 택

시를 이용하자. 보통 공항에서 메인도로까지의 택시비는 30달러 정도, 셔틀버스 요금은 15달러다.

## 버스

### 인터케이프 버스

나미비아 빈트후크에서 짐바브웨까지 약 20시간 정도 걸리고 요금은 좌석에 따라 550~750랜드로 상이하다.

★ 케이프타운에서 출발해 빈트후크를 거쳐 빅토리아 폭포까지 가는 방법도 있다. 이 방법은 이틀 걸린다.

## 짐바브웨 여행 루트

### 짧고 굵게, 빅토리아 폭포 투어

짐바브웨는 사실 빅토리아 폭포를 제외하면 구경할 만한 곳이 없어 여행자 대부분이 짐바브웨만 들르지 않는다. 간단하게 인근 국가에서 국경을 넘어 짐바브웨 쪽의 빅토리아 폭포를 구경하자. 아마 무시무시한 물가에 놀라 바로 다른 나라로 넘어가고 싶다는 생각이 들 것이다.

| 기간 | 1일
| 방문지 | 빅토리아 폭포
| 예산 | 10만 원
| 여행 일정 |
1일차 빅토리아 폭포 국립공원 구경

# 빅토리아 폭포 Victoria Falls

아프리카의 상징인 빅토리아 폭포는 짐바브웨에 가는 이유나 마찬가지다. 잠비아와 짐바브웨 국경에 위치해 있어 아프리카 여행자라면 반드시 거쳐가는 곳이다. 하지만 짐바브웨의 경제적·정치적 문제 때문에 여행 인프라가 부족해 보통 앞에서 말했듯이 잠비아에 머물면서 잠깐 들러 폭포만 보곤 한다.

빅토리아 폭포

## 빅토리아 폭포 국립공원 | Victoria Falls National Park

짐바브웨는 공원을 잘 관리하고 있다. 공원 입구에 있는 설명에 따라 산책로를 걷다 보면 더위도 가실 것이다. 산책로를 따라 데빌스 폭포, 메인 폭포, 호스수 폭포, 레인보우 폭포, 암체어 폭포, 이스턴 폭포 등 총 16개의 뷰포인트와 전망대가 있어 다양한 장소에서 빅토리아 폭포를 감상할 수 있다. 약 세 시간 정도면 다 구경할 수 있으

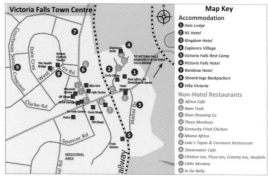

빅토리아 폭포의 지도

며 원숭이가 많아 소지품 분실에 조심해야 한다. 또한 오후 두 시부터 네 시까지는 무지개가 떠 가장 아름다운 빅토리아 폭포를 볼 수 있다.

✿ 입장료 30달러

## 빅토리아 폴스 스네이크 파크
| Victoria Falls Snake Park

뱀이 있는 공원에서 각종 뱀을 구경해보자.

✿ 주소 273 Adam Stander Drive | Next to 3 Monkeys, Victoria falls  전화 +263-77-854-7331

## 엘리펀트 워크 쇼핑 & 아티스트 빌리지
| Elephant Walk Shopping & Artist Village

아티스트들이 직접 만든 각종 예술 작품을 파는 쇼핑센터. 음식점과 여행자에게 정보를 주는 센터도 있으니 들러보자.

✿ 주소 Adam Stander Drive | Elephant Walk Shopping Centre, Victoria Falls 0000, Zimbabwe  전화 +263-77-225-4552

# ⊞ 숙소

## 맘보 백팩커스 빌리지
### Mambo Backpackers Village

빅토리아 폭포 근처에서 가장 저렴한 백팩커스다. 무료 와이
파이도 있어 최근 배낭여행자들이 많이 찾는다.

✿ 주소 66 Courtney Crescent, Victoria Falls, Zimbabwe-
전화 02-3480-0166 요금 도미토리 룸 10달러

## 더 엘리펀트 캠프
### The Elephant Camp

최고의 호텔이다. 비싼 가격만
큼 최고급 시설을 갖추고 있다.
신혼여행으로 온 여행자들에게
추천한다.

✿ 주소 Wild Horizons Wildlife Sanctuary, Victoria Falls, Zimbabwe 전화 +263-13-44-571 요금 도미토
리 룸 950달러 홈페이지 http://www.theelephantcamp.com/

## 빅토리아 폴스 리버 롯지
### Victoria Falls River Lodge - Zambezi Crescent

럭셔리 롯지다. 입구에 들어가면
원숭이가 마중 나오며 잠베지 강
을 보며 코끼리를 볼 수도 있다.

✿ 주소 Zambezi National Park
| Kandahar, Victoria Falls, Zim
babwe 전화 +27-41-453-0650
요금 도미토리 룸 1,000달러 홈페이지 https://www.victoriafallsriverlodge.com/

199

## 디짐바브웨 게스트 롯지
#### Dzimbahwe Guest Lodge

우리나라로 치면 모텔 급인 롯
지다. 무료 와이파이와 수영장
이 있다. 도미토리 룸이 불편하
긴 하지만 비싼 롯지가 부담스
러운 여행자들에게 추천한다.

✿ 주소 703 Aerodrome Victoria Falls  전화 02-3480-0166  요금 트윈 룸 70달러~

## 🍴 먹거리

### 남툭 | nam took

짐바브웨에서 타이음식이라니,
썩 기대 되지 않겠지만 의외로
꽤 좋은 퀄리티를 자랑한다. 짐
바브웨 특성상 가격은 좀 나가지
만 음식 종류가 다양하고 태국
인 주인이 친절하다. 또한 와이
파이도 잘 돼 추천한다.

✿ 주소 Adam Stander Drive | Elephant Walk Shopping Centre, Victoria Falls 0000, Zimbabwe  전화
+263-13-46-709

### 더 팔람 레스토랑 | The Palm Restaurant

깨끗하고 고급스러운 음식점이
다. 아침부터 열어서 특히 관광
객들에게 인기가 좋다. 신선한
과일과 채식주의자를 위한 메뉴
도 있다. 시원한 폭포 소리를 들
으며 먹는 음식의 맛은 최고다.

✿ 주소 11 Livingstone Way, Victoria Falls 00000, Zimbabwe  전화 +263-213-284-4737

## 더 룩아웃 카페 | The Lookout Cafe

루프톱에서 음식을 먹을 수 있는 최고의 음식점이다. 악어 케밥도 판매한다. 최상의 서비스와 풍경을 제공해 예약하지 않으면 자리 잡기가 쉽지 않으니 꼭 예약해야 한다.

✿ 주소 The Wild Horizons Lookout | On the Edge of the Batoka Gorge, Victoria Falls, Zimbabwe

# 잠비아? 짐바브웨? 어디로 갈래?

여행을 하다 보면 항상 선택의 기로에 선다. 어디에 가야 만족할 수 있을까? 뭘 먹어야 행복할까? 같은 것들 말이다. 그중 많은 여행자가 고민하는 것은 잠비아와 짐바브웨 중 어디를 가느냐다. 인터넷에서도 그렇고 주변 지인들도 항상 "어디 쪽이 더 좋아?"라고 물어본다. 그럴 때마다 나는 "둘 다 비교할 수 없을 만큼 예뻐"라며 혼란을 주지만, 여기에서는 솔직히 말하겠다. 나라면 잠비아에 숙소를 얻을 것이다. 이유는 간단하다. 조금 더 여행자를 위한 도시 같기 때문이다. 사실 짐바브웨는 아직 물가가 안정되지 않아서 우리 같은 여행자가 가면 비합리적인 비용을 쓸 일이 많다. 타지에서 사기를 당한다는 것은 설레는 마음과 여행의 즐거움을 모두 무너뜨려버리는 기억일 것이다. 물론 아프리카에서는 사기마저 이곳의 매력으로 느껴지는 때가 오지만 말이다.

사실 공원은 짐바브웨 쪽이 더 잘 관리돼 있다. 공원에 들어서면 멋있는 경찰들이 서 있으며 친절한 지도에는 구경할 만한 아름다운 곳들까지 표시해놨다. 정말 '국립공원스럽다'. 그에 반해 잠비아 쪽은 좋게 말하면 아직 때 묻지 않은 관광지라고 할까? ……이왕 솔직하게 말하기로 한 김에 말하겠다. 전혀 국립공원 같지 않다. 화살표도 없어 길 잃어버리기 딱 좋다. 그렇지만 아이러니하게도 악마의 수영장, 번지점프 등 다양한 액티비티는 잠비아 쪽에만 있으니 두 나라에서 단합해 여행자들과 '밀당'하나 싶기도 하다.

그러니 잠비아에 숙소를 잡아 관광한 후 마지막 날 짐바브웨로 넘어가기를 추천한다. 짐바브웨에 숙소를 잡을 필요는 없다. 매표소에서 짐을 맡아주기 때문이다. 그냥 편안한 몸과 마음으로 한나절 동안 국립공원을 구경하면 된다. 만약 유니 비자를 받는다면 더할 나위 없이 좋다. 유니 비자란 잠비아와 짐바브웨 모두를 드나들 수 있는 복수 비자다.

물론 이 모든 것은 내 개인적인 의견일 뿐이다. 사실 나는 두 나라를 모두 사랑한다.

Tanzania

# PART 07

# 탄자니아

'아프리카의 영혼'이라고 불리는 탄자니아는 세렝게티와 킬리만자로, 셀루스 국립공원 등 16개의 국립공원을 보유하고 있으며 이 중 세 곳은 유네스코 세계문화유산에 등재돼 있다. 특히 세렝게티는 어릴 적 누구나 한 번쯤 가기를 꿈꿔본 곳이 아닐까? 만년설로 뒤덮인 아프리카의 지붕 킬리만자로 트레킹과 자유롭게 뛰노는 동물들의 생태 그리고 아름다운 인도양을 만끽하고 싶다면 탄자니아는 반드시 가야 하는 나라다. 치안이 안정적이고 사람들이 친절해 배낭여행자가 많으며 비교적 물가가 저렴해 여행자들에게 사랑받는 나라이기도 하다.

# 탄자니아 들어가기

## 탄자니아 둘러보기

### 기본 정보

| 국가명 | 탄자니아 (Tanzania) | 전 압 주파수 플러그타입 | 230V, 50Hz D, G |
|---|---|---|---|
| 수 도 | 도도마(DODOMA) | 종 교 | 기독교 30%, 이슬람 35%, 토속종교 35% |
| 사용 언어 | 영어, 스와힐리어 | 환 율 | 1,000원 = 2024.20Tsh |
| GDP | 520억 9,032만 달러, 세계77위 | 은 행 | Bank of Tanzania |

공휴일 **New Year's Day**(새해 첫날) 1월 1일 **잔지바르 독립기념일** 1월 12일 **Good Friday** 부활절 전 금요일 **Easter Monday** 부활절 후 월요일 **Karume Day**(잔지바르 초대 대통령을 기리는 날):4월 7일 **건국기념일** 4월 26일 **Saba Saba** 7월 7일 **농민의 날** 8월 8일 **Eid el Haji** 9월 13일 **Nyerere Day**(탄자니아 초대 대통령을 기리는 날) 10월 14일 **독립기념일** 12월 9일 **Prophet's Birthday** 12월 12일 **Christmas** 12월 25일 **Boxing Day** 12월 26일

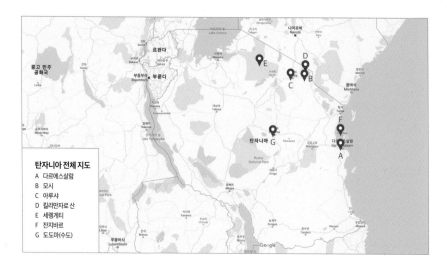

탄자니아 전체 지도
A 다르에스살람
B 모시
C 아루샤
D 킬리만자로 산
E 세렝게티
F 잔지바르
G 도도마(수도)

**비자 정보**

## 비자
입국일로부터 최장 3개월까지 체류 허용

수수료
일반 사증(방문, 관광, 유학 등) 50달러
일반 단기 상용 사증(사업) 250달러

## 도착 비자
공항으로 입국하는 경우 케냐, 르완다, 부룬디, 잠비
아 등 인접국가의 출입국 관리소에서 직접 비자를 구
매할 수 있다.

## 사전 비자
탄자니아 대사관에 사전 비자를 신청할 수 있다.
주소 서울특별시 용산구 서빙고로51길 52 남영비비
안건물 4층
연락처 02-793-7007
접수시간 월~금 10:00~12:00
비자 발급 가능 시간 월~금 14:00 ~16:00
소요 시간 신청시 언제 발급 완료되는지 알려준다.

## 통과 사증
제3국으로 여행하기 위해 탄자니아를 통과하는 외
국인용 단수 비자. 발급일로부터 최장 14일까지 체류
를 허용하며 비행기 티켓을 요구한다.
수수료 30달러

## 복수 사증
원칙은 단수 비자이나 사업 등 필요 목적으로 재입국
이 필요한 경우 복수 사증 발급이 가능하다.
수수료 100달러

## 준비물
• 여권 사진 2장, 50달러, 만료되지 않은 여권 원본
  (만기가 6개월 이상 남아있어야 함), 비자 신청서,
  항공권 사본
• 비즈니스, 컨퍼런스 참여를 위한 비자는 추가 서류
  가 필요하다.

## 팁
• 국내에서 미리 비자를 받아서 입국하면 공항에서
  기다리는 시간이 짧아진다.
• 대사관은 카드나 한화는 받지 않고 달러만 받는다.
• 대리접수가 가능하며 위임장 같은 서류는 필요 없다.

 **국경**

| 인접국 | 국경 명칭 | 여는 시간 | 닫는 시간 |
|---|---|---|---|
| 케냐 | 나망가Namanga | 24:00 | 24:00 |
| 르완다 | 부코바Bukoba | 08:00 | 18:00 |
| 잠비아 | 툰두마Tunduma | 06:00 | 18:00 |
| 우간다 | 무투쿠라Mutukula | 현지 문의 | |
| 모잠비크 | 음탐바스왈라Mtambaswala/ Unity Bridge | 07:30 | 16:00 |
| 부룬디 | 만야우Manyau | 현지 문의 | |

## 안전수칙

### 주의사항

#### 범죄 주의

차량이나 오토바이를 이용해 행인의 가방을 탈취하는 범죄가 급증하고 있다. 외국인뿐만 아니라 현지인에게도 흔하게 일어나는 일이니 가방을 크로스 또는 앞으로 메기를 추천한다. 인구 밀집 지역에서는 배낭도 앞으로 메야 하며 꼭 모든 가방을 잠가놓아야 한다. 만약 오토바이가 가방을 낚아채면 가방을 잡고 늘어지기보다 그냥 놓아버리는 것이 안전하다.
주차된 차 안에 있는 물건을 훔치는 범죄도 많다. 보통 유리창을 깨거나 문을 열어 가져가니 가까운 마트를 가더라도 가방은 꼭 들고 가거나 보이는 곳에 두지 않는 것이 좋다.

#### 자연 재해

우기에는 단시간에 많은 비가 쏟아져 홍수 위험이 잦다. 뗏목을 타거나 고무보트를 타고 움직이는 사람들도 볼 수 있다. 비가 많이 올 때는 야외활동보다는 실내 활동을 추천한다.

#### 긴급 연락처

화재, 응급 환자 112
Oysterbay Poilcy +255-22-266-7322
Airport Police +255 -22-284-4010

#### 대사관 연락처

주소 19th floor, Golden Jubilee Towers, Ohio Street, City Centre, P.O.Box 1154, Dar es Salaam
대표번호 +254-22-211-6086~8
긴급 연락 +255-743-828-204/ +255-782-828-204(빨리빨리영사)
아루샤 지역 +255-784-756-724
메일 embassy-tz@mofa.go.kr
근무 시간
영사 업무 민원(여권, 공증, 각종 증명서) 월~금 08:30~15:00
점심시간 12:00~13:00
비자 업무 월~금 08:30~11:30

#### 주요 병원 연락처

아가칸 병원Agakhan Hospital 응급실
대표번호 +255-22-212-411
IST 클리닉IST Clinic
대표번호 +255-22-260-1307~8
무힘비리 병원Muhimbili Hospital
대표번호 +255-22-215-1298

## 기후

### 평원, 호수, 산맥이 어우러진 열대성 기후

탄자니아 국토의 상당 부분은 고원 평지며 일부는 반사막 지형을 띠고 있다. 고원 지역은 밤에 매우 선선하지만 해안지대나 연안 섬들은 덥고 축축한 열대 기후다. 기온은 비교적 꾸준히 온화하다. 24~34도 사이로 언제나 높은 편이다. 3월부터 5월은 대大 우기고 11월부터 2월까지는 소小 우기다. 7월부터 9월은 아침과 저녁 기온이 20도 정도로 선선한 편이지만 일교차가 있다. 성수기인 11월과 12월은 습하며 최고 온도가 34도에서 35도까지 올라간다.
평년 기온 24~34도

#### 특수 달

1월 가장 더운 시기
7월 가장 추운 시기
9월 가장 건조한 시기

### 평화의 카리야코 시장

다르에스살람에는 관광지가 별로 없다. 보통 여행자들이 다르에스살람에 머무는 이유는 대부분 잔지바르 페리를 타려고 혹은 타자라 열차를 타고 국경을 넘어왔기 때문이다. 물론 다르에스살람의 해변에서 휴양을 즐기거나 가까운 근교 여행을 할 수도 있다. 만약 다르에스살람에 머문다면 카리야코 시장을 방

문해보자. 현지 시장인 이곳은 모든 것을 팔고 있는 듯하다. 특히 망고나 패션후르츠 등 맛있는 과일을 마음껏 맛볼 수 있고 기념품과 현지 전통 의상도 구매할 수 있다. 하지만 소매치기나 날치기를 조심해야 하고 밤에는 돌아다니지 않는 것이 좋다.

### <라이온 킹>의 고향 세렝게티

'아프리카' 하면 가장 먼저 떠오르는 이미지는 야생, 동물 그리고 사파리일 것이다. 세렝게티는 넓은 초원에서 자유롭게 살고 있는 동물들과 깨끗한 자연을 볼 수 있는 곳으로 아프리카의 다양한 관광지 중에서도 단연 최고로 인정받는다. 세렝게티는 마사이족 언어로 '끝없는 초원'이라는 뜻으로 탄자니아와 케냐에 걸쳐져 있지만 탄자니아 쪽이 더 큰 규모를 자랑한다. 1981년 유네스코 세계자연유산으로 지정된 곳인

만큼 국가에서도 관리에 더욱 집중하고 있다. 여행 비용은 캠핑, 롯지 등 숙박 형태와 일수에 따라 다르며, 개인 차량을 직접 운전해 구경할 수 없으므로 꼭 여행사에서 진행하는 투어에 참여해야 한다. 세렝게티의 광활함에 놀라고 아름다운 경관에 또 놀라고, 세렝게티는 탄자니아 여행 중 절대 빼놓지 말아야 할 여행지다.

## 교통

### 항공

#### 줄리어스니레레 공항
Julius Nyerere International Airport

코드 DAR
이용 가능 항공사 Ethiopia Airline, Etihad Airways, Srilankan Airlines, Singarpor Airline, Turkish Airline, Precision Air, Kenya Airways, Air Tanzania, KLM, RwandAir, Auric Air, Coastal Aviation

홈페이지 http://www.taa.go.tz/

#### 킬리만자로 공항 Kilimanjaro Airport

코드 JRO
이용 가능 항공사 Ethiopia Airline, Flydubai, Emirates, Precision Air, Kenya Airways, Air Tanzania, Air France, RwandAir, KLM, Coastal Aviation, Fastjet
홈페이지 http://www.kilimanjaroairport.co.tz/

### 버스

#### 우봉고 Ubungo 터미널
다르에스살람 시내에서 조금 떨어져 있어 가려면 택시나 달라달라 혹은 모토모토를 타고 가야 한다. 모시 혹은 아루샤에 간다면 여기에서 버스를 타면 된다. 므완자, 도도마 등 탄자니아 내에서 이동하려 할 때도 마찬가지다. 많은 버스가 터미널을 기점으로 움직이기 때문에 버스 이용자라면 이곳에 꼭 들러야 할 것이다.

#### 킬리만자로 익스프레스 Kilimanjaro Express
탄자니아에서 가장 좋은 버스라고 생각한다. 에어컨도 있으며 제시간에 출발한다. 우리나라 버스보다는 오래됐지만 시설도 깨끗하다. 또한 여행자도 부담 없이 탈 수 있을 정도의 가격이며 다양한 지역으로 간다.

#### 스칸디나비안 익스프레스 Scandinavian Express
탄자니아 전 지역뿐만 아니라 케냐, 우간다, 잠비아까지 가는 대형 버스회사다.

#### 다르 익스프레스 Dar Express
탄자니아 전 지역과 케냐 나이로비까지 갈 수 있다.

#### 로얄 코치 Royal Coach
탄자니아 전 지역을 갈 수 있다.

#### 임팔라 셔틀 Impala Shuttle
모시나 아루샤, 케냐 나이로비까지 갈 수 있다.

### 시내버스
최근 다르에스살람은 교통 혼잡을 줄이고자 버스 시스템을 운영하고 있다. PPP프로젝트는 달라달라 회사들과 인수 합병해 운영하고 있다. 하지만 여행자에게는 오히려 택시가 더 유용할 것 같다. 다르에스살람 시내에서 버스를 탈 일은 거의 없겠지만, 만약 탄다면 목적지를 꼭 물어보고 가격을 정한 후 타기를 추천한다. 외국인이 탑승하는 데 있어 불편한 점이 많고 질서가 정말 없기 때문에 버스를 눈앞에 두고 타지 못하는 경우도 있다.

### 기차

탄자니아와 잠비아를 연결하는 타자라 열차가 대표적이다. 국내선 기차도 있지만 기차보다는 버스를 이용하기를 추천한다.

# 페리

다르에스살람에서 잔지바르에 갈 때는 항공편 혹은 페리를 이용해야 한다. 보통 배낭여행자들은 페리를 많이 탄다. 다르에스살람 선착장에서 탈 수 있으며 잔지바르를 거쳐 수중호텔이 유명한 펨바 섬까지 가는 배도 있다. 1등석과 2등석으로 나눠놓은 배도 있지만 시설이 크게 차이나지는 않는다. 보통 하루에 4회 운영하며 오전 일곱 시 페리는 빨리 매진되므로 하루 전날 미리 표를 사거나 인터넷으로 표를 예약하는 것이 좋다. 보통 정각마다 출발하고 두 시간 정도 걸리며, 풍랑이나 파도 또는 날씨 때문에 시간이 변동될 수 있다. 플라잉호스FLYING HOSE 같은 저가 페리 회사는 가는 데 세 시간 이상 걸리기도 한다.

## 페리 회사

Azam Marine CO, LTD.
Kilimanjaro Ferry
홈페이지 http://www.azammarine.com/
전화 +255-22-212-3324
Flying Horse
전화 +255-24-223-3033

## 가격

| FARE | 구분 | 이코노미 | 비즈니스 | VIP | ROYAL |
|---|---|---|---|---|---|
| RESIDENTS (거주자) | 어른 | 25,000Tsh | 35,000Tsh | 50,000Tsh | 60,000 Tsh |
| | 어린이 | 15,000Tsh | 35,000Tsh | 50,000Tsh | 60,000 Tsh |
| NON RESIDENTS (비거주자) | 어른 | 35$ | 40$ | 50$ | 60 $ |
| | 어린이 | 25$ | 40$ | 50$ | 60$ |

## 시간표

| 구간 | 시간 | 도착 |
|---|---|---|
| 다르에스살람 → 잔지바르 (DAR ES SALAAM → ZANZIBAR) | 07:00 | 09:00 |
| | 09:30 | 11:30 |
| | 12:30 | 14:30 |
| | 16:00 | 18:00 |
| 잔지바르 → 다르에스살람 (ZANZIBAR → DAR ES SALAAM) | 07:00 | 09:00 |
| | 09:30 | 11:30 |
| | 12:30 | 14:30 |
| | 16:00 | 18:00 |

# 기타

## 호텔 픽업

미리 예약한 호텔이 있다면 공항으로 픽업을 요청하는 편이 안전하다. 모시나 아루샤 등의 도시 투어를 하는 경우 추가 비용을 내면 픽업해준다.

## 직장인을 위한 단기 코스

### 대자연 힐링 코스

TV에서만 보던 세렝게티를 즐길 수 있다. 킬리만자로 공항이 세렝게티에서 가장 가까운 공항이다. 필요한 것은 오직 망원경. 그 외에는 아무것도 준비할 필요 없다.

| 기간 | 7박 8일 | 예산 | 250만 원

| 여행 일정 |

1일차   인천공항 출발

2일차   킬리만자로 공항 도착

3~6일차   사파리 투어(세렝게티, 응고롱고로, 레이크 만야라, 타랑기레 국립공원)

7일차   킬리만자로 공항 → 인천으로 이동

8일차   인천공항 도착

### 킬리만자로 트레킹

트레킹을 좋아한다면 꼭 도전해보자. 킬리만자로는 전문 산악인이 아니어도 오를 수 있는 가장 높은 산이며 정상의 만년설을 볼 수 있는 날이 얼마 남지 않았다. 지금 당장 출발해야 한다!

| 기간 | 9일   | 예산 | 350만 원

| 여행 일정 |

1일차   인천공항 출발

2일차   킬리만자로 공항 도착

3일차   킬리만자로 트레킹 1일차

　　　　마랑구 게이트 → 만다라 산장(2700m)

4일차   킬리만자로 트레킹 2일차

　　　　만다라 산장(2700m) → 호롬보 산장(3720m)

5일차   킬리만자로 트레킹 3일차

　　　　호롬보 산장(3720m) → 키보 산장(4703m)

6일차   킬리만자로 트레킹 4일차

　　　　키보 산장(4703m) → 우후루봉 정상(5895m) → 호롬보 산장 하산(고도 적응)

7일차   호롬보 산장(3720m) → 마랑구 게이트

8일차   킬리만자로 공항 출발

9일차   인천공항 도착

## 사파리와 인도양: 동물의 왕국 3박 4일, 인도양에서의 휴식

| 기간 | 11박 12일 | 예산 | 300만 원

| 여행 일정 |

1일차   인천공항 출발

2일차   킬리만자로 공항 도착

3~5일차   사파리 투어(세렝게티, 응고롱고로, 레이크 만야라, 타랑기레 국립공원)

6일차   사파리 4일차

　　　　킬리만자로 공항 → 잔지바르로 이동 및 도착(항공)

7일차   (잔지바르 1일차)스톤타운

　　　　Day tour: 프리즌 섬 투어, 스파이스 투어

8일차   스톤타운 → 능귀 이동

　　　　Day tour: 사파리 블루 투어

9일차   돌고래 투어, 선셋 투어, 스쿠버다이빙

10일차   능귀 → 스톤타운 이동

　　　　Day tour: 야시장 투어

11일차   잔지바르 공항 이동 → 킬리만자로 공항 도착 및 출발

12일차   인천공항 도착

## 배낭여행자를 위한 자유 코스

### 정글 속 쳄쳄 온천 (킬리만자로 트레킹 & 쳄쳄 온천)

배낭여행자들은 킬리만자로 트레킹 비용이 부담될 수 있다. 또한 떨어진 체력으로 킬리만자로 정상까지 올라갈 자신이 없다면 1박 2일 혹은 당일 트레킹도 있으니 참고하기 바란다. 킬리만자로 산에는 숨겨진 명소가 또 하나 있다. 바로 쳄쳄 온천. 아주 뜨거운 온천물은 아니지만 정글 속에서 온천을 즐기는 느낌을 받을 수 있을 것이다.

| 기간 | 3박 4일   | 예산 | 25만 원 (항공권 제외)

| 여행 일정 |

1일차   인천공항 출발

2일차   킬리만자로 공항 도착

3일차　킬리만자로 당일 트레킹

　　　　마랑구 게이트 → 만다라 산장 → 마랑구 게이트 하산

4일차　쳄쳄 온천 & 1박 캠핑

### 정글 속 쳄쳄 온천
**(킬리만자로 트레킹 & 쳄쳄 온천 & 잔지바르)**
| 기간 | 13박 14일 | 예산 | 300만 원(항공권 제외)
| 여행 일정 |

1일차　인천공항 출발

2일차　킬리만자로 공항 도착

3일차　킬리만자로 당일 트레킹

　　　　마랑구 게이트 → 만다라 산장 → 마랑구 게이트 하산

4일차　쳄쳄 온천 & 1박 캠핑

5일차　모시 투어(시내 투어) → 잔지바르 이동

6일차　잔지바르 1일차: 스톤타운

　　　　Day tour: 프리즌 섬 투어, 스파이스 투어

7일차　스톤타운 → 능귀 이동

　　　　Day tour: 사파리 블루 투어

8일차　돌고래 투어, 선셋 투어, 스쿠버다이빙

9일차　능귀 → 스톤타운 이동

　　　　Day tour: 야시장 투어

10일차　잔지바르 공항 출발 → 킬리만자로 공항 도착 및 출발

11일차　인천공항 도착

---

### 신혼여행 추천 코스

**프라이빗 사파리 3박 4일,
잔지바르에서 즐기는 황홀한 신혼여행**

평생 한 번 가는 신혼여행, 이제 가까운 휴양지는 그만! 특별한 사람과 특별한 장소에서 특별한 경험을 할 수 있는 프라이빗 사파리에 가보자. 최근 아프리카 사파리 신혼여행이 알려지면서 긴 휴일을 알차게 보내려 하는 신혼부부가 많아졌다. 사파리와 함께 아름다운 잔지바르 섬까지 즐긴다면 새로운 경험이 될 것이다.

| 기간 | 11박 12일 | 예산 | 400~800만 원(롯지마다

---

예산 상이)

| 여행 일정 |

1일차　인천공항 출발

2일차　킬리만자로 공항 도착

3일차　프라이빗 사파리 1일차

4일차　프라이빗 사파리 2일차

5일차　프라이빗 사파리 3일차

6일차　프라이빗 사파리 4일차

　　　　킬리만자로 공항 → 잔지바르 이동 및 도착

7일차　잔지바르 1일차: 능위

　　　　Day tour: 사파리 블루 투어

8일차　능위 → 펨바 섬 이동

　　　　추천 숙소: 만타 리조트 The Manta Resort

9일차　펨바 섬 투어, 다이빙 투어

10일차　스톤타운 이동

　　　　Day tour: 야시장 투어

11일차　잔지바르 공항 → 킬리만자로 공항 도착 및 출발

12일차　인천공항 도착

---

### 세렝게티 추천 롯지

Four Seasons Safari Lodge

Melia Serengeti Lodge

Mapito Tented Camp Serengetti

Serena Safari Lodge

Ikoma Tented Camp

Serengeti Migration Camp

---

### 잔지바르 추천 호텔

Zawadi Hotel Zanzibar

The Palms

Miramont Retreat Zanzibar

Seasons Lodge Zanzibar

Dream of Zanzibar Resort

Ocean Paradise Resort & Spa

# 다르에스살람 Dar es salaam

탄자니아의 행정주인 다르에스살람은 정치 경제적으로 탄자니아에서 가장 중요한 도시며 사실상 수도로서의 역할을 수행하는 곳이다. 아랍어로 '평화의 항구'라는 뜻을 가진 이 도시는 높은 빌딩이 많고 깔끔해 막연하게 상상하던 아프리카와 다른 이미지에 깜짝 놀랄 것이다. 대형 쇼핑몰과 영

다르에스살람 지도
A 음리마니 시티 쇼핑몰
B 가리야코
C 므웬지 나무공예 마켓
D 국립박물관
E 페리 터미널
F 우붕고 버스터미널
G 타자라역

화관 등이 있어 문화생활 또한 할 수 있으며 잔지바르 섬에 가고 싶다면 비행기 또는 페리를 타고 이동할 수 있다.

## 볼거리

### 카리야코 | Kariakoo

다르에스살람의 중심지에 있는 가장 큰 재래시장으로 신선한 과일과 저렴한 물건들을 구입할 수 있다. 가방과 휴대폰 및 귀중품은 항상 조심해야 하지만 다른 곳에 비해 친절하다. 전자제품 판매점과 식료품 가게, 드레스 가게 등이 즐비해있어 여행 중 부족한 물품이 있다면 카리야코에서 사면 된다. 또 현지 의상을 저렴하게 사서 입어보는 것도 좋은 경험이 될 것이다.

## 음리마니 시티 쇼핑몰 | Mlimani City Shopping Mall

다르에스살람에서 가장 큰 쇼핑몰로 영화관과 '숍라이트'라는 마트가 있다. 다르에스살람 대학과 가까운 곳에 위치한 이곳은 시내와는 조금 떨어져 있다. 은행 업무를 보거나 환전을 할 수 있으며 가전제품 및 그 외 브랜드 제품도 구매할 수 있다. 또한 무료 와이파이를 이용할 수 있어 많은 사람이 찾는다. 대중교통이 번잡스러운 편이라 택시를 타고 가기를 추천한다.

© 위키피디아

## 국립박물관 | JUMBA LA MAKUMBUSHO YA TAIFA National Museum & House of Culture

다르에스살람 시내에 위치하며 탄자니아의 역사와 문화 자료를 수집해 보존해놓은 곳이다. 지금도 끊임없이 연구를 진행하고 있는 곳이기도 하다. 식민지 시절의 역사 자료를 잘 보존하고 있어 내·외국인을 막론하고 많은 사람이 찾는다. 다만 외국인 입장료는 8,000실링으로 내국인의 네 배 이상을 지불해야 한다. 박물관 내에 카페가 있어 대학생과 직장인들이 회의를 하는 모습을 많이 볼 수 있다. 가든 카페에서 시원한 망고주스를 한 잔 하며 여유를 찾는 것도 좋다.

## 므웬지 나무공예 마켓 | Mwenge Wood Carvers Market

탄자니아에 가면 손으로 깎은 나무 장식품이 눈에 띈다. 좋은 나무를 정성스럽게 깎아 크기와 모양이 제각각인 조각품을 만든다. 이곳에서는 높은 퀄리티에 가격까지 저렴한, 한국에서는 찾아볼 수 없는 특별한 조각품을 구입할 수 있다. 가게가 많아 가격 흥정 때문에 실랑이를 할 수도 있지만, 기분 좋게 예쁜 작품을 구입해보는 것도 좋겠다.

© 위키피디아

### 뉴 아프리카 호텔 | New Africa Hotel

© 트립어드바이저

다르에스살람 중심에 있는 외국인이 많이 찾는 호텔로 카지노와 클럽을 함께 운영한다. 맛좋은 조식이 준비돼 하루를 든든하게 시작할 수 있을 뿐만 아니라 수영장이 있어 호텔 내에서도 편안한 휴식을 즐길 수 있다. 바다가 보이는 객실이 있고 잔지바르로 이동할 수 있는 페리 선착장이 가깝다는 장점이 있다.

✿ 주소 Azikiwe Street, Dar es salaam, Tanzania 전화 +255-22-211-7050/5 요금 150달러~ 홈페이지 http://www.newafricahotel.com/

### 음베즈 비치 리조트 | Mbezi Beach resort

해변 바로 앞에 위치한 이 호텔은 가격 대비 최고의 서비스를 제공한다. 공항과 25킬로미터, 다르에스살람 시내와 17킬로미터나 떨어져 있지만 푹 쉬고 싶다면 추천한다.

✿ 주소 Mbezi Beach, Dar es salaam, Tanzania 요금 80달러~

© booking.com

### 사파리인 | SAFARI INN

시내에 위치해 시내 투어를 하기 좋다. 공항과는 12킬로미터 떨어져 있으며 카리야코 시장과 잔지바르 여객선 항구와 멀지 않은 곳에 있다.

✿ 주소 Mbezi Beach, Dar es salaam, Tanzania 요금 20달러

© 트립어드바이저

### 키켁 바 앤 게스트하우스 에어포트
| Kiceck Bar and Guest House Airport

공항과 2킬로미터 떨어진 곳에 있는 게스트하우스로 우추미 Uchumi 쇼핑센터와는 10킬로미터, 시내와는 20킬로미터 정도 떨어져 있다. 공항 주변에 머물러야 한다면 저렴한 가격에 실속 있게 이용할 수 있는 곳이다.

© 트립어드바이저

🌸 주소 Nija Panda Road 9F dar es salaam airport, Dar es salaam, Tanzania 요금 8달러

## 레인보우 호텔 | Rainbow hotel

잔지바르 페리 터미널과 300미터, 카리야코 시장과도 1.2킬로미터밖에 떨어져 있지 않다. 또한 도미토리가 있어 여행자들에게 사랑받는 곳이다.

🌸 주소 Morogoro Road, Kisutu, Dar es salaam, Tanzania 요금 도미토리 룸 25달러, 기본 룸 70달러

ⓒ 트립어드바이저

## 아파트먼트 인 다르 홈스테이 | Apartment in Dar Homestay

관광명소와 가깝고 치안도 안전하다. 공항 셔틀을 운영하고 있으며 무료 와이파이를 사용할 수 있다. 페리 터미널이 600미터 거리에 있어 접근성 또한 좋다.

🌸 주소 Jamhuri Street, aggrey street Reckon building, floor No 3, Mchafukoge, Dar es salaam, Tanzania 요금 20달러

ⓒ 트립어드바이저

## 키보디아 호텔 6 | Kibodya Hotel 6

시내 최고의 호텔로 꼽히는 곳으로 시계탑과 100미터 떨어져 있고 투어안내소와는 도보 6분 거리에 있다. 주변 다른 숙소보다 가격 대비 질과 만족도가 높다. 페리 터미널이 600미터 거리에 있어 접근성 또한 좋다.

🌸 주소 Nkrumah Street, Mchafukoge, Dar es salaam, Tanzania 요금 20달러

ⓒ booking.com

## 하버 뷰 스위트 | Harbour View Suites

다르에스살람 중심부에 위치하며 바다가 보이는 호텔이다. 쇼핑몰과 카지노가 있고 무료 와이파이를 사용할 수 있다. 수영장과 헬스장도 있어 비즈니스 용도로 써도 좋고 특히 커플이 선호하는 호텔이다.

🌸 주소 Samora Avenue, 9163 Dar es salaam, Tanzania 요금 100달러

ⓒ 트립어드바이저

### 리사 바비큐 | Rissa Barbeque

가격과 맛 그리고 서비스까지 완벽하게 갖춘 곳이다. 인도 음식점으로 착각할 정도로 탄두리가 맛있다. 가격도 저렴해 배부르게 먹어도 단돈 만 원이면 충분하다. 비록 차가운 맥주를 구하기는 힘들지만 음식이 맛있어 맥주도 맛있게 느껴질 것이다.

🏵 주소 Lumumba, Amani street, Dar es Salaam, Tanzania
전화 +255-716-110-011

© 트립어드바이저

### 더 비치 클럽 | he Beach Club

다르에스살람 해변을 보며 식사를 할 수 있는 식당으로 일몰이 기억에 남는 곳이다. 연어와 새우, 로브스터 등 해산물을 재료로 한 음식이 맛있고 가볍게 맥주도 즐길 수 있다. 멋진 음악과 시원한 맥주 그리고 친절한 서비스까지 진정한 휴식을 찾을 수 있는 곳이다.

🏵 주소 Coral Lane | Best Western Coral Beach Hotel, Plot 956/1412, Masaki, Msasani Peninsula, Dar es Salaam 2585, Tanzania 전화 +255-752-201-745

© 트립어드바이저

### 맘보즈 레스토랑 | Mamboz Restaurant

다르에스살람 시내 가운데 위치한 로컬 식당으로 야외 테라스 자리가 있다. 어쩌면 밖에서 굽는 바비큐 냄새에 자연스럽게 안으로 들어가 버릴지도 모른다. 투박해 보이지만 최고의 맛을 느낄 수 있어 고급 레스토랑보다 더 좋은 경험을 할 수도 있을 것이다.

🏵 주소 Corner Morogoro Rd & Libya ST, Dar es Salaam 5983, Tanzania 전화 +255-784-243-735

© 트립어드바이저

# 모시 & 아루샤 Moshi & Arusha

신이 주신 자연, 아프리카 초원을 관광하고 싶다면 탄자니아 북쪽의 모시와 아루샤에 가야 한다. 이 두 도시는 고원지대에 위치하며 기후는 사바나 기후다. 킬리만자로와 세렝게티에 갈 수 있는 도시로 많은 관광객이 찾는 곳이기도 하

**모시 & 아루샤 지도**
A  킬리만자로
B  세렝게티
C  레이크 만야라
D  타랑기레 국립공원
E  모시
F  아루샤

다. 관광산업의 발달로 호텔과 생활 인프라는 안정적이나 밤에는 치안이 좋지 않다.

## 🐾 볼거리

### 마랑구 투어 | Marangu tour

세 시간 정도 진행되는 이 투어는 킬리만자로 산 입구 주변의 커피 농장과 폭포를 구경하는 데이 투어로 모시에서 차를 타고 45분 정도 이동하면 할 수 있다. 폭포는 물줄기가 약하지만 자연적으로 만들어진 것으로 자연의 경치를 느낄 수 있다. 저녁 비행기를 타야 하는 여행자가 저렴한 가격에 빠르게 다녀올 수 있는 투어로 호텔에서 예약할 수도 있지만 킬리만자로 산 입구에서 그룹 가이드를 찾는 편이 더 저렴하다.

#### | 여행사 |

**마타타 투어** Matata tour
홈페이지 http://www.matatatours.com/
전화 +255-754-405-771

**아프리카 레인보우** Africa Rainbow
현지에서 운영하는 한인 여행사로 믿을 수 있는 정보와 안전을 보장한다.
홈페이지 http://m.blog.naver.com/PostList.nhn?blogId=ing19772
전화 070-4070-3702, +255-783-970-647
카카오톡 AfricaRainbow

**푸라하** Furaha
신혼여행 사파리, 잔지바르 전문 여행사
홈페이지 https://blog.naver.com/adelasano
전화 +82-10-6556-9119
카카오톡 adelasano

**라이온 킹** Lion king
홈페이지 http://lionkingadventures.com/
전화 +255-754-371-242

**얼스라이프 익스페디션** Earhlife Expeditions
홈페이지 https://www.earthlifeexpeditions.com/
전화 +255-753-89-131

**소울 오브 탄자니아** Soul of Tanzania
홈페이지 http://www.souloftanzania.com/
전화 +255-786-634-044

## 세렝게티 | Serengeti

꿈꾸던 세렝게티를 직접 눈으로 관찰할 수
있다. 세렝게티는 스와힐리어로 '거대한 초
원'이라는 뜻으로, 셀 수 없을 정도로 많은 동
물이 살고 있다. 면적의 75퍼센트는 탄자니
아에, 25퍼센트는 케냐에 속해 있다. 케냐에
속한 세렝게티는 '마사이마라'라고 불리며 실
제로 마사이족을 볼 수 있다. 모든 것이 푸르
고 어디에나 동물이 있어 지루할 틈이 없다.
동물에게 천국과도 같은 비옥한 땅 세렝게티
를 구경하는 투어는 모두가 꿈꾸는 투어가
아닐까 싶다.

# 세렝게티 Q&A

## Q 옷은 어떻게 입어야 하나요?

A 더울 것이라 생각하고 반팔과 반바지만 준비하면 안 된다. 새벽과 밤에는 온도가 낮아지므로 몸을 따뜻하게 해줄 긴팔 옷이 필요하다. 또 낮에는 햇볕이 뜨겁고 벌레가 있기 때문에 얇고 가벼운 바람막이를 입는 것도 좋다. 신발은 슬리퍼나 샌들도 좋지만 얇은 운동화가 외부 환경으로부터 발을 보호하는 데 더 좋다. 그리고 모자는 필수다.

## Q 팁은 얼마나 줘야 하나요?

A 팁은 이 지역 관광업에 종사하는 사람들에게 매우 중요한 부분이다. 이들은 임금이 거의 없기 때문에 대부분 팁으로 생계를 유지한다. 팁을 줄 때는 매일 주거나 일정이 끝나고 한꺼번에 줘도 된다. 특별히 불쾌한 일이 생기지 않았다면 보통 하루에 10~20달러 정도라고 생각하면 된다(요리사는 8~10달러). 팁을 줄 때 너무 각박하게 굴지 말자. 동물을 많이 보지 못해서, 음식이 맛이 없어서, 기분이 좋지 않아서, 말이 통하지 않아서 등의 이유로 팁을 주지 않는 사람들이 간혹 있다. 배낭여행이라 돈이 없다는 이유를 대는 사람도 있지만 우리의 여행을 위해 열심히 노력한 그들에게 대가를 준다고 생각하고 지불하자.

## Q 숙박은 어디서 하나요?

A 캠핑거나 롯지에서 숙박한다. 캠핑할 때는 캠프사이트에 텐트를 치고 침낭 안에서 잠을 잔다. 롯지는 150달러부터 3,000달러까지 비용이 천차만별이며 마음에 드는 곳을 고르면 된다. 신혼여행으로 오는 관광객들은 보통 동물을 볼 수 있는 깨끗한 롯지를 선호한다. 매우 깨끗하고 시설이 좋아 유명 호텔의 질을 뛰어넘는 롯지도 많다. 만약 진정한 야생을 즐기고 싶다면 캠프사이트도 좋다. 물론 샤워하기도 어렵고 시설이 열악해 불편하겠지만 이 정도는 감안해야 한다. 가격은 저렴한 편이고, 상황을 즐기다 보면 불편함이 줄어들지도 모른다. 캠프사이트에서는 주변을 맴도는 동물들을 만날 수 있고 자는 동안 동물들이 텐트 옆을 지나갈 때도 있다. 아름다운 경치 속에서 보내는 하룻밤, 뜻깊지 않을까?

## Q 세렝게티를 구경하기 가장 좋은 시기는 언제인가요?

A 세렝게티는 1년 내내 많은 관광객이 찾는 곳이지만 보통 11월부터 2월을 성수기라고 이야기한다. 우기가 지나고 건기가 시작되면 세렝게티 초원에 먹거리가 풍부해져 동물이 많이 몰려들기 때문이다. 다만 우기 때가 무조건 나쁜 것만은 아니다. 우기는 우기대로 볼거리가 많기 때문이다. 특히 6월과 7월은 동물의 대이동을 볼 수 있어 아주 좋은 시즌으로 치기도 한다. 1월과 2월은 가장 덥지만 동물들의 출산시기이기도 해 아기 동물을 볼 수 있다. 또 레이크 만야라의 물이 넘쳐 홍학도 볼 수 있다. 자연의 움직임이 활발한 덕분에 동물들 또한 많이 움직여 볼거리가 많은 때다.

## Q 준비물은 무엇인가요?

A 옷을 제외하면 망원경을 꼭 가져가야 한다. 비싸고 좋은 망원경이 아니라도 괜찮다. 보통 사파리 차에 망원경이 있긴 하지만 여러 사람이 공유하고 망가진 것도 있으므로 가벼운 개인 망원경을 챙기기를 추천한다. 또한 선크림을 바르지 않으면 밤에 온몸이 뜨거워질 것이다. 간혹 선크림을 바르지 않는 남성들이 있는데, 사파리의

뜨거운 태양으로부터 피부를 보호하려면 꼭 발라야 한다. 카메라 충전기와 여분 메모리카드, 간단한 세안도구, 밤을 즐겁게 해줄 영화나 책도 챙기면 좋다. 늦은 밤 밤길을 안전하게 비춰줄 랜턴, 깨끗한 침낭, 보온병도 큰 도움이 된다. 여유가 있다면 마스크팩을 가져가는 것도 좋은 팁이다.

## Q 어떤 액티비티를 즐길 수 있나요?

A 열기구 타기가 대표적인 액티비티다. 아주 큰 열기구를 타고 끝이 보이지 않는 세렝게티를 마음껏 구경할 수 있다. 또한 동물들의 이동도 볼 수 있어 특별한 경험이 될 것이다. 열기구는 새벽어둠을 뚫고 출발해 아침이 되면 내려온다. 해가 뜨면서 열기구도 함께 하늘로 오르고, 하늘에서 아침식사를 하는 것으로 일정이 끝난다. 가격은 1인당 400~500달러 정도며 호텔을 통해 예약하거나 직접 따로 예약해도 된다.

경비행기도 탈 수 있다. 보통 응고롱고로에서 세렝게티 국립공원까지 차로 네 시간 정도 소요되는데, 더 빠르게 가고 싶고 또 열기구를 타지 않고도 하늘에서 세렝게티를 보고 싶다면 경비행기를 추천한다. 아루샤 공항에서 세로네라Seronera 공항으로 이동하는 루트로 시간은 한 시간에서 한 시간 15분 정도 소요되고 가격은 200달러 전후다.

## Q 사파리 투어 업체를 고르는 기준을 알려주세요.

A 돌아가야 하는 때가 정해져 있는 직장인이라면 미리 예약하고 가는 편이 좋다. 시간적 여유가 있다면 아루샤나 모시에서 직접 사파리 투어 업체를 찾자. 여러 회사를 둘러보고 업체 평점을 보는 것도 좋은 방법이다. 사파리에서 사고가 나면 보상받기 어려우니 국가에서 인정한 사업 증명서도 확인하도록 하자. 비용은 일반 그룹 사파리는 700~1,000달러, 프라이빗 사파리는 1,200~1,800달러 정도로 다양하다. 다만 저렴하다고 무조건 좋은 것은 아니며, 그렇다고 또 무조건 비싼 곳만 고집할 필요도 없다.

## Q 이동시간은 어느 정도 걸리나요?

A 킬리만자로 공항에서 모시까지는 차로 두 시간, 아루샤까지는 한 시간 30분 정도 걸린다. 그리고 모시에서 세렝게티 국립공원까지는 다섯 시간, 아루샤에서 세렝게티까지는 세 시간 이상 걸린다. 시간이 부족하다면 경비행기를 활용해 불필요한 이동시간을 줄이는 방법도 좋다.

# 탄자니아의 사파리 국립공원

### 세렝게티 국립공원Serengeti national park

탄자니아와 케냐에 위치한 가장 큰 사파
리 국립공원으로 탄자니아에서는 세렝게
티, 케냐에서는 마사이마라 국립공원이라
고 부른다. 세렝게티 중부는 고급 롯지와
캠프사이트가 많고 동물 개체수도 가장
많아 여행자들이 꼭 방문하는 메인 사파
리다.

### 응고롱고로 분화구Ngorongoro District

응고롱고로는 세렝게티 국립공원 남쪽에
있는 용암 분출 후 함몰돼 생긴 지형으로
동물들이 살고 있다. 이곳은 자연 보호가
가장 잘 돼있는 곳 중 하나로 멸종 위기 동
물들도 볼 수 있는 곳이다. 보통 새벽 게임
드라이브로 가는 경우가 많은데, 안개가
촉촉하게 껴 신비한 느낌을 준다.

### 레이크 만야라 국립공원
Lake manyara national park

레이크 만야라에서는 매년 1월과 2월에 분
홍색 플라밍고(홍학)가 무리 지어 있는 모
습을 볼 수 있는데, 하나의 작은 섬처럼 보
일 만큼 많다. 세계적으로 유명한 작가 헤
밍웨이가 '아프리카에서 가장 사랑스러운
호수'라고 극찬한 이곳은 새들이 서식하기
좋은 환경이어서 작고 예쁜 새나 특이하고
본 적 없는 신비한 새도 만날 수 있다.

### 타랑기레 국립공원 Tarangire national park

레이크 만야라 혹은 타랑기레 국립공원 중
한 곳만 가는 여행자들도 있을 정도로 타
랑기레 국립공원은 필수로 가야 하는 곳은
아니지만, 가야 할 이유가 충분히 있는 곳
이기도 하다. 이곳은 바오밥 나무의 군락지
로 크고 웅장한 바오밥 나무를 많이 볼 수
있다. 소설 『어린왕자』에 등장해 유명해진
나무를 실제로 보면 이곳이 더 특별하게
느껴질 것이다.

### 킬리만자로 산 | Mount Kilimanjaro

아프리카의 최고봉. 만년설을 위해 충분히 오
를만한 가치가 있는 산이다. 스와힐리어로
'빛나는 산'이라는 뜻인 킬리만자로는 탄자니
아 북동부와 케냐의 국경지대에 있으며 화산
활동이 멈춘 휴화산이다. 이 산은 정상을 향
해 가는 동안 봄, 여름, 가을, 겨울의 정취를
모두 느낄 수 있다. 열대우림은 물론 황무지
와 눈이 덮인 정상까지 한순간도 눈을 뗄 수
없다. 마랑구 루트와 마차메 루트가 가장 유
명하며 그 중 '코카콜라 루트'라고 불리는 마
랑구 루트를 더 많이 오른다. 산악인이 아닌
일반인이 오를 수 있는 최고 높이의 산으로
정상에서 느끼는 기분은 말로 표현할 수 없
을 정도로 황홀할 것이다.

## 쳄쳄 온천 | Chemka Hot Springs

킬리만자로를 더 깊이 즐기고 싶다면 온천을 추천한다. 일명 쳄쳄 온천이라고 부르는 곳으로 활화산이었던 킬리만자로 산의 온천수에 몸을 담글 수 있다. 크지는 않지만 물이 맑고 숲이 우거져 있어 마치 정글에서 수영하는 느낌이 든다. 비포장도로를 한 시간 40분 정도 달려야 하니 달라달라보다는 택시 혹은 투어 회사를 알아보기를 추천한다. 개인 차량으로 가면 더 저렴한 가격에 즐길 수 있으나 가는 길

이 힘하고 위험해 동행과 함께 움직이는 것이 좋다. 모시에서 멀기 때문에 킬리만자로 트레킹을 끝낸 후 방문하도록 하자. 모든 피로가 싹 풀릴 것이다. 인생에 한 번, 타잔이 될 수 있는 기회다.

## 모시 | MOSHI

해발고도 약 800미터의 고지에 위치한 모시는 아루샤보다 작은 도시다. 킬리만자로 산 등반을 위해 찾는 외국인 관광객이 매년 증가하고 있다. 또한 탄자니아 농업의 중심지로 커피, 옥수수, 사탕 등 다양한 농작물이 재배되는 곳이기도 하다. 작은 도시지만 여행사가 많고 안전하며 시내에서 킬리만자로 산을 한눈에 볼 수 있다.

## 아루샤 | Arusha

### 헤리티지 문화 미술관 Culture Heritage Center

아루샤는 조형미술이 발달한 곳으로 문화유산이나 손으로 직접 깎은 동물조각을 보고 싶다면 헤리티지 문화 미술관을 추천한다. 조각은 거대하면서도 섬세하며 실제로 조각가들이 작업하는 것을 볼 수 있다. 또한 정교함과 섬세함을 갖춘 질 높은 작품을 감상하고 구매도 할 수 있다.

| 모시 숙소 |

## 킬리만자로 크레인 호텔 앤 사파리 | Kilimanjaro Crane Hotels & Safaris

모시 중심에 위치하며 있고 무료 와이파이를 사용할 수 있
다. 수영장이 있으며 바비큐를 이용할 수 있는 등 모시에서
최고로 손꼽히는 호텔이다.

✿ 주소 Old Moshi Road, Moshi, Tanzania  요금 50달러

ⓒ 트립어드바이저

## 카리부 비앤비 | Karibu B & B

무료 와이파이와 야외 수영장이 있으며 공항 셔틀도 운영
한다.

✿ 주소 Nsilo Swai 2, Moshi, Tanzania  요금 20달러

ⓒ 트립어드바이저

## 라피키 백패커스 앤 게스트하우스
| Rafiki Backpackers & Guesthouse

모시에 위치한 게스트하우스로 저렴한 가격에 시설이 깨끗
하다. 무료 와이파이를 사용할 수 있으며 다양한 외국인을
만날 수 있다. 시내에 위치해 투어 회사에 방문하기 편하다.

✿ 주소 Uru Road, Moshi, Tanzania  요금 도미토리 룸 10달
러, 싱글 룸 20달러, 트윈 룸 32달러

ⓒ 트립어드바이저

## 더 시크릿 가든 호텔 | The Secret Garden Hotel

분위기 좋은 호텔로 커플에게 인기가 많으며 다른 숙소에
비해 만족도가 높다. 가격도 저렴하다. 무료 와이파이가 있으
며 공항 셔틀 서비스를 제공한다.

✿ 주소 Soweto, 0306182 Moshi, Tanzania  요금 20달러

ⓒ 트립어드바이저

## 킬리만자로 백패커스 호텔 | kilimanjaro Backpackers Hotel

가격이 합리적이고 위치가 안전해 짧은 시간 머물며 여행 정보를 얻기 좋은 곳이다.

❀ 주소 Mawenzi road, Moshi, Tanzania 요금 싱글 룸 8~19달러, 트윈 룸 18달러, 트리플 룸 20달러, 도미토리 룸 5~7달러, 와이파이 포함

© 트립어드바이저

## 모어 덴 어 드롭 | More than a drop

공항 셔틀과 와이파이를 제공하며 커플에게 인기가 좋은 호텔이다. 조식이 맛있기로 유명하다.

❀ 주소 Amani street, off Uru Road, Moshi, Tanzania 요금 20달러~

© 트립어드바이저

## 파나마 호텔 | Panama hotel ltd

3성급 호텔로 무료 와이파이가 있으며 모시 시내에 위치한다.

❀ 주소 Market street, Moshi, Tanzania 요금 40달러

© 트립어드바이저

| 아루샤 숙소 |

## 뉴 사파리 호텔 | New Safari Hotel

1935년에 아루샤에 처음 생긴 호텔로 아루샤의 터줏대감이다. 비즈니스 고객이 많이 찾는 이곳은 빠른 인터넷을 이용할 수 있으며 컴퓨터가 있어 마치 PC방 같기도 하다. 팩스, 프린터 또한 이용할 수 있어 급하게 처리할 업무가 있다면 이곳에 묵기를 추천한다. 최근 리모델링으로 객실이 깔끔해졌고 싱

© 트립어드바이저

글 룸부터 트리플 룸까지 있다.

❀ 주소 Boma Road Street town Arusha Tanzania 전화 +255-27-254-5940/1 요금 100달러, 125달러, 180달러 홈페이지 http://newsafarihotel.com/

## 메루 호텔 | Meru Hotel

아루샤 시내에서 꽤 큰 호텔로 수영장과 회의실 및 산책로가 있어 여유로운 시간을 보내기 좋다. 시설이 깨끗하며 외국인 여행자가 많이 찾는 곳이다.

❀ 주소 Kanisa Rd, Arusha 전화 +255-27-297-0256/66 요금 200달러 홈페이지 https://www.mountmeruhotel.co.tz/

## 비너스 프리미어 호텔

4성급 호텔로 시내 중심에 위치해 있다. 유럽식 식사 메뉴가 많아 외국인이 많이 찾는다.

❀ 주소 Plot No 15, Block D, Martine Street, Arusha, Tanzania 전화 +255-27-254-7174/75 요금 150달러 홈페이지 http://venushotels.co.tz/

---

## 🍴 먹거리

| 모시 먹거리 |

### 킬리만자로 커피 라운지 | Kilimanjaro Coffee Lounge

가격이 비싸기는 하지만 커피가 맛있는 이곳은 모시 중심에 있어 외국인이 많이 찾는다. 생각보다 불친절하고 느리지만 무료 와이파이를 사용할 수 있고 오랜 시간 커피를 음미하며 마실 수 있다. 아보카도 샐러드와 레몬에이드 그리고 초코 쉐이크가 특히 맛있고 다양한 종류의 피자와 샌드위치가 있어 음식의 선택지가 많아 좋다.

© 트립어드바이저

❀ 주소 Station Street | Opposite Nakumatt Shopping Cenre, Moshi 0000, Tanzania 전화 +255-754-61-892

## 제이스 키친 | Jay's Kitchen

여행에 지쳤을 때 한국을 느끼고 싶다면 또는 치맥이 먹고 싶다면 추천한다. 소주와 맥주 그리고 매콤하고 풍미 깊은 한국음식을 먹을 수 있는 곳으로 양도 맛도 별 다섯 개를 주고 싶다.

© 트립어드바이저

✿ 주소 Boma Road, Moshi 6653, Tanzania  전화 +255-744-722-527

## 라 푸엔테 가든 | La Fuente Gardens

매우 넓은 정원과 놀이터가 있는 이곳은 직원이 친절하고 테라스가 조용해 늦은 오후 커피 한 잔의 여유를 즐기며 행복을 느낄 수 있는 곳이다. 케이크 종류도 다양해 디저트 카페로도 유명하다. 물론 식사도 할 수 있으며 미리 예약하면 도착 시간에 맞춰 음식을 바로 맛볼·수 있다. 햄버거, 멕시코 음식, 인도 음식 등 음식 종류 또한 다양하므로 여러 사람과 함께 가도 즐거울 것이다.

© 트립어드바이저

✿ 주소 Kilimanjaro Road, Moshi, Tanzania  전화 +255-686-807-711

## 미모사 | Mimosa

아루샤의 경치와 함께 합리적인 가격으로 맛있는 음식을 여유롭게 먹고 싶다면 추천한다. 친절한 서비스와 정성스럽게 만든 음식의 맛을 느낄 수 있을 것이다. 음식이 나오기까지 시간이 좀 걸려 짜증이 날 수도 있지만 참고 기다렸다 맛있게 먹자.

© 트립어드바이저

✿ 주소 Arusha Road | Uhuru Park, Moshi, Tanzania  전화 +255-765-352-826

## | 아루샤 먹거리 |

## 리버트리스 레스토랑 | Rivertrees Restaurant

전망이 좋아 휴식을 취하며 식사하기 아주 좋은 곳이다. 음식 주문 후 산책로를 한 바퀴 돌아보는 것도 좋다. 분위기가 고요하며 가격이 합리적이어서 많은 외국인 여행자가 찾는

© 트립어드바이저

곳이다.

❀ 주소 Arusha - Himo Road, Usa River, Arusha 00000, Tanzania  전화 +255-743-600-202

## 파이브 처트니 | Five Chutneys(Choice Fast Food)

가정식 인도음식으로 유명한 식당으로 색다른 음식을 맛보고 싶다면 추천한다. 맛이 좋고 저렴한 음식과 친절한 서비스로 여행자들의 니즈를 모두 충족시키는 곳이다. 현지인에게도 인기가 좋다.

❀ 주소 Azimio Street | Opp. Rushda Supermarket, Arusha 1103, Tanzania  전화 +255-783-505-505

© 트립어드바이저

## 비아비아 칼처럴 카페 | Via Via Caltural café - Arusha

탄자니아 현지 음식과 이탈리안 음식을 주문할 수 있다. 저녁에는 라이브 공연이 열려 음악과 함께 멋진 시간을 보낼 수 있다. 음악이 흐르는 멋진 정원에서 맛있는 음식을 먹으며 피로를 풀어보자.

❀ 주소 Boma road, Arusha, Tanzania  전화 +255-655-664-533

© 트립어드바이저

## 르파티오 | Le Patio

금요일과 주말에 라이브 공연이 열리므로 주말에 방문하기를 추천한다. 가격은 조금 비싼 편이지만 좋은 분위기와 음악 그리고 맛있는 음식이 있어 저녁을 즐기기에 충분하다. 정원을 산책하거나 포켓볼과 다트를 할 수도 있다. 메인요리도 맛이 좋지만 특히 디저트가 맛있기로 유명하다.

❀ 주소 Haile Selasie Road, Arusha, Tanzania  전화 +255-759-222-555

© 트립어드바이저

## Chapter

### 04 잔지바르 Zanzibar

탄자니아의 휴양지인 잔지바르는 다르에스살람에서 배로 두 시간 떨어진 곳에 있다. 한 번 방문하면 빠져나오기 힘들다는 이 섬은 투명한 인도양 바다를 즐기고 싶은 여행자에게 추천하는 곳이다. 잔지바르의 중심인 스톤타운에서는 잔지바르에서 가장 오래된 건축물을 볼 수 있는데, 아랍, 페르시아, 인도, 유럽, 아프리카 양식을 모두 포함한 신비하고 아름다운 건축양식으로 지은 것이다. 또한 노예감옥 투어로 노예무역의 역사를 배울 수 있고 투명한 바다를 보며 여행에 지친 심신에 활력을 불어넣을 수도 있다. 돌고래 투어와 스킨스쿠버 등 다양한 데이 투어day-tour가 있어 지루할 틈이 없는 곳이기도 하다.

## 스톤타운에서 능귀로 이동하기

능귀Nungwi는 스톤타운에서 택시로 40분~한 시간 정도 가면 있는 도시다. 택시로 가면 1인당 20~30달러 정도 든다. 가격이 부담된다면 쉐어링 버스를 이용해도 되는데, 보통 호텔에 말하면 버스를 불러준다. 10~12달러 정도의 가격으로 저렴하게 이용할 수 있으나 여러 호텔에 들르는 탓에 한두 시간 정도 걸린다. 그리고 달라달라를 타고 갈 수도 있다. 스톤타운에 있는 달라달라 버스터미널에서 능귀로 가는 버스를 타면 된다. 가격은 1~2달러로 매우 저렴하나 비포장 길을 달리기 때문에 불편할 수 있으며 가는 데 두 시간 정도 소요된다.

## 볼거리

### 스톤타운 | Stone Town

스톤타운은 그 자체로 관광지라고 할 수 있다. 미로 같은 좁고 구불구불한 길 때문에 관광객들이 길을 자주 잃어버리는 곳으로도 유명하다. 또한 이곳은 이슬람 문화권에 속해있다. 잔지바르 현지인의 95퍼센트 이상이 이슬람교를 믿기 때문이다. 그래서 우리나라에서 접하기 힘든 이슬람 건축양식을 많이 볼 수 있으며 18~19세기 모습을 그대로 간직하고 있어 고풍스럽고 우아해 보이기까지 한다. 다르에스살람에서 오는 페리가 정박하는 선착장과 공항이 있어 관광객들이 꼭 거쳐야 하는 곳이자 다양한 데이 투어를 즐기며 시간가는 줄 모르고 놀 수 있는 곳이기도 하다.

### 스파이스 투어 | Spice Tour

스파이스 투어는 향신료를 구경하고 체험하는 투어라고 생각하면 된다. 자연과 아프리카 식물의 생태계를 보고 직접 만져볼 수도 있다. 오전에 시작해 오후에 끝나는 투어로 시작 시간과 끝나는 시간은 투어회사마다 다르다. 비용은 10~15달러 정도인데, 스파이스 투어 가든과 해변에서 수영도 할 수 있고 식사 비용이 포함돼 있어 가격 대비 매우

만족스러운 투어이기도 하다. 또한 다양한 향신료와 과일을 직접 따서 먹어볼 수 있어 재미도 두 배다. 호텔을 통해 예약하거나 스톤타운 해변을 걷다 보면 만날 수 있는 투어 회사에서 신청해도 된다.

❀ 가격 10~15달러 소요시간 약 5시간(보통 오전 10시부터 오후 3시까지, 투어사마다 상이함

## 프리즌 아일랜드 투어 | Prison Island Tour

150살 먹은 거북이를 볼 수 있는 투어다. 프리즌 아일랜드는 스톤타운에서 보이는 작은 섬으로 보트를 타고 들어가며 그룹 투어를 하면 더욱 저렴하게 갈 수 있다. 보트를 타고 가다 배를 멈추고 수영할 수도 있다. 스노클링 장비를 빌릴 수 있으므로 가이드에게 미리 꼭 물어보길 바란다. 섬 안에는 거북이 공원이 있는데, 관광객 입장료는 8,500실링으로 현지인 가격과 네 배 이상 차이난다. 또한 거북이 등에 적힌 숫자는 거북이의 나이다. 이 섬은 식민지 시대 때 노예감옥으로 활용된 역사가 있어 내부에 감옥과 관리자들의 숙소가 재연돼 있다. 몇몇 곳은 레스토랑과 카페로 탈바꿈해 관광지로서의 역할을 다하고 있다. 투어가 끝나면 해변에서 수영을 즐길 수 있는데, 물이 투명하고 맑아 프리다이빙 하기 좋다.

✿ 가격 10~15달러(스노클 대여 비용 별도 3달러) 소요시간 반나절(투어사마다 상이함) 프리즌 아일랜드 입장료 4달러/ 8,500실링

## 사파리 블루 투어 | Safari blue Tour

사파리 블루 투어는 잔지바르에서 가장 유명한 돌고래 투어다. 투어를 하려면 스톤타운에서 동남쪽으로 움직여 키짐카지Kizimkazi 지역까지 이동해야 하며 보통 맛있는 식사(현지식)까지 모두 비용에 포함돼 있어 편하고 알차게 즐길 수 있다. 맹그로브 숲에서 휴식을 취한 후 구경하는 것을 마지막으로 탐험을 마무리한다. 데이 투어 중 가장 퀄리티가 좋고 외국인 관광객에게 인기가 좋다.

사파리 블루 투어

✿ 주소 Fumba Village Zanzibar, Tanzania 전화 +255-(0)777-423-162 가격 http://safari blue.net/

## 야시장 | Night Market at Forodhani Gardens

스톤타운 해변도로에 있는 포로다니 공원에서는 저녁마다 야시장이 펼쳐진다. 잔지바르 피자와 사탕수수 주스가 가장 인기 있는 음식이다. 노을이 지는 저녁 여섯 시부터 시작해 다음날 오전 열두 시

포로다니 야시장

넘어서까지 운영되며 주말에는 많은 관광객이 찾아 발 디딜 틈이 없을 정도다. 저렴하고 맛있는 음식으로 충분히 저녁을 해결할 수 있으며 잔지바르 커피도 맛볼 수 있다. 이 야시장의 묘미는 직접 방문해봐야 알 수 있다.

🌸 주소 On the Waterfront, Stone Town, Zanzibar City, Tanzania

# 능귀 | Nungwi Beach

### 돌고래 투어 Dolphin Tour

오전 아홉 시부터 시작되는 돌고래 투어는 돌고래와 함께 수영을 할 수 있는 데이 투어다. 호텔 또는 해변에 있는 투어 회사에서 예약할 수 있으며 능귀를 떠나 깊은 바다를 탐험하며 돌고래를 기다린다. 돌고래를 기다리면서 스노클링과 점심을 즐길 수 있어 가격 대비 흥미로운 투어이기도 하다. 다만 돌고래를 매번 볼 수 있는 것은 아니니 큰 기대는 하지 않는 편이 좋으며 돌고래가 보인다면 망설이지 말고 바로 바다로 뛰어들어야 한다.

### 선셋 투어 Sunset Tour

능귀의 일몰을 보고 싶다면 선셋 투어를 추천한다. 선셋 투어는 배의 돛을 밀어주는 바람에 몸을 맡긴 채 노을을 감상하는 투어로 10~15달러에 오후를 황홀하게 보낼 수 있다. 중간에 스노클링도 할 수 있으니 수영복을 챙겨 입고 가기를 추천한다.

## 파제 | Paje

잔지바르 섬 동쪽에 위치한 파제는 카이트서핑으로 유명한 곳이다. 능위만큼은 아니지만 관광객들이 자주 찾는 곳이기도 해 배낭여행자들 사이에서 유명해진 식당도 있다. 조용히 해변을 걷거나 서핑을 하기 좋다. 스톤타운에서 한 시간 30분 정도 거리에 있으며 갈 때는 택시나 달라달라를 이용하면 된다.

### 더 락 The Rock

'죽기 전에 꼭 가봐야 할 레스토랑'이라는 별명이 있을 정도로 특별한 레스토랑이다. 바다 한가운데에 있는 바위 위에 있어 해변을 통해 들어가야 한다. 예약제로 운영되므로 꼭 예약을 하고 가는 것이 좋다. 썰물 시간에는 걸어서 들어갈 수 있지만 밀물 시간에는 작은 보트를 타야 한다. 유명한 식당이라 가격대는 비싸지만 싱싱한 해산물 요리를 맛볼 수 있으며, '콜드 누들'이라 불리는 김치국수 비슷한 요리를 맛 볼 수 있다. 저녁이 되면 바다 가운데에서 빛나 더욱 아름다워 보인다.

위치 pingwe michanvi kae, Michamvi, Tanzania 전화 +255-776-591-360 예약홈페이지 http://book.therockrestaurantzanzibar.com 홈페이지 http://www.therockrestaurantzanzibar.com

### 호텔 온 더 락 Hotel on the Rock Zanzibar

호텔 전용 해변이 있어 휴식을 취하기에 이만한 곳이 없을 것이다. 바로 앞 바다에서 액티비티를 즐길 수 있고 맛 좋은 칵테일도 준비되어 있다. 자전거를 유료로 대여할 수 있다.

위치 Kusini Paje, P.O.Box 3439 Zanzibar, Paje, Zanzibar 전화 +255 629 987 902 요금 850달러~

### 더 워터프론트 잔지바르 비치 호텔 The Waterfront Zanzibar Beach Hotel

파제 중심지 쪽에 위치하고 있는 호텔로 아늑하고 수영장이 잘 되어 있다. 카이트서핑, 스쿠버다이빙, 카약 등 액티비티 체험활동을 운영하고 있다. 공항셔틀도 운영하고 있다.

위치 P.O. Box 364, Zanzibar 전화 +255 774 467 976 / +255 774 361 134 요금 120달러~

## 마피아 섬 | Mafia Island

마피아 섬은 잔지바르 군도의 섬이며 다이버들의 비밀스러운 장소다. 하필 '마피아' 섬이라 오해하기 쉽지만 이 이름은 아랍어 '모피예Morfiyeh' 혹은 '건강에 좋은 주거 장소'라는 뜻의 스와힐리어 '마할리 파 아퍄 Mahali pa afaya'에서 유래됐다. 다양한 산호초와 풍부한 해양 생물이 있고 고래상어의 이동을 목격할 수 있는 명소 중 한 곳이다. 바다거북이나 하마 같은 멸종 위기에 처한 해양 동물을 만날 수 있으며 조용한 시간을 보낼 수 있는 곳이기도 하다. 잔지바르 섬보다 상대적으로 관광객이 적어 마치 천국에 있는 듯한 느낌일 것이다. 다르에스살람에서 비행기로 45분 걸린다.

## 펨바 섬 | Pemba Island

여행자 대부분이 시간에 쫓기다 보니 스톤타운과 능

귀에서 시간을 보내고 잔지바르를 떠난다. 작은 섬일 뿐이라고 생각할 수 있지만 사실 잔지바르는

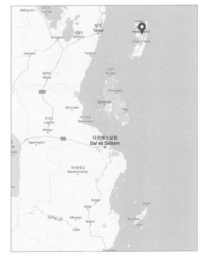

관광할 곳이 매우 많다. 반대로 펨바 섬을 여행하는 사람이 적은 이유는 방문할만한 사적지나 예쁜 해안이 없고 또 대중교통 등 인프라가 열악하기 때문이다. 하지만 펨바 섬에 신혼부부들이 몰려들면서 점점 관광 산업에 투자를 하고 있는 중이다. 가장 유명한 만타 리조트Manta Resort는 바다 위에 떠있는 호텔로, 바닷속이 보이는 객실이 있어 인기가 좋다. 만타 리조트 외에도 럭셔리 호텔들이 삼삼오오 세워지고 있다. 다르에스살람에서 비행기를 타거나 잔지바르에서 배를 타고 갈 수 있다.

### 더 아일랜드 타운 | The Island Town

스톤타운 내 위치한 호텔로 건축양식이 아름다우며 깔끔하다. 루프톱 레스토랑이 있어 상쾌하게 조식을 먹을 수 있다. 페리 터미널과 10분 이내 거리에 있으며 커플들이 선호하는 호텔이다.

❀ 주소 1226 Kokoni St, Zanzibar City, Tanzania 전화 +255-742-721-372 요금 40달러~

### 파크 하얏트 잔지바르 | Park Hyatt Zanzibar

로비와 레스토랑이 잔지바르 바다의 노을을 볼 수 있는 명당이다. 치안이 안전하고 건물이 깨끗해 지친 심신을 쉴 수 있는 곳이다. 리조트와 해변이 연결돼 있어 바로 해변으로 나가 산책을 하거나 수영할 수 있다. 레스토랑은 가격이 비싸지 않아 부담 없이 즐길 수 있다.

❀ 주소 Shangani Street, Stone Town 4255, Zanzibar City, Tanzania 요금 500달러~

### 프린세스 살메 인 | Princess Salme inn

스톤타운 해변과 가까이 있는 바다 전망 호텔이다. 공항 셔틀과 무료 와이파이를 제공한다.

❀ 주소 Stone Town, Mizingani Road, House 881, Malindi, Zanzibar City, Tanzania 요금 40달러

### 잔지바르 에어포트 호텔 | Zanzibar Airport Hotel

공항 셔틀과 무료 와이파이를 제공하며 잔지바르 커피와 함께 맛있는 식사를 즐길 수 있는 곳이다. 객실이 깨끗하며 시내 중심에 있어 외국인 관광객에게 인기 있는 호텔이다.

❀ 주소 Airport Road, Zanzibar City, Tanzania 요금 55달러

### 더블 트리 리조트 | Double tree resort

능귀 중심에 있는 호텔로 해변 바로 앞에 있다. 힐튼 잔지바르라고 부르기도 한다. 질 높은 서비스를 제공하는, 잔지바르에서 가장 인기 있는 호텔이다.

✿ 주소 Nungwi Village, Nungwi, Tanzania   요금 110달러~

### 라이트하우스 게스트하우스
| Lighthouse Guesthouse

능귀 해변 바로 앞에 위치한 호텔로 조용하고 관광객이 많이 없는 곳이다. 조용하게 휴식을 즐기고 싶다면 추천한다.

✿ 주소 Nungwi North, Nungwi, Tanzania 요금 25달러

### 코코아 게스트 하우스 | Cocoa Guest House

넓은 해변 앞에 위치한 이곳은 다이빙 에이전시와 가깝다. 해변과 능귀 중심지에 위치해 접근성이 좋고 이동이 쉽다는 것이 장점이다.

✿ 주소 Cocoa Nungwi street, Nungwi, Tanzania 요금 25달러

### 잠보 브라더 게스트하우스
| Jambo Brother Room & Food

해변과 1분 거리에 있으며 무료 와이파이를 사용할 수 있다. 음식이 맛있어 많은 관광객이 레스토랑으로 찾는 곳이기도 하다.

✿ 주소 Street Number 50, Nungwi, Tanzania   요금 30달러

### 더 비치 하우스 레스토랑
#### The Beach House Restaurant

잔지바르 해변 전망이 보이는 멋진 레스토랑, 서양식을 즐길
수 있고 가격은 비싸지만 맛과 서비스가 매우 좋아 인기가 많
은 곳이다. 저녁에는 시원한 바람을 맞으며 노을을 바라볼
수 있어 커플들이 가장 좋아하는 레스토랑이기도 하다. 멋진
시간을 보내고 싶다면 추천한다.

©트립어드바이저

🌸 주소 Shangani st, Stone Town, Zanzibar City, Tanzania  전화 +255-774-271-435

### 몬순 레스토랑 | Monsoon Restaurant

스톤타운 바다 앞에 있는 가격 대비 음식 맛이 좋은 맛집이
다.

🌸 주소 Forodhani Zanzibar City, Tanzania  전화 +255-744-
474-441

### 티하우스 레스토랑 | Tea House Restaurant

정돈된 가게의 루프톱에서 시원한 바람이 불어오는 바다를
보며 깔끔한 음식을 먹을 수 있다. 메뉴의 퀄리티에 비해 놀
라울 정도로 가격이 저렴하다.

🌸 주소 236 Hurumzi Street | Emerson on Hurumzi, Stone
Town, Zanzibar City, Tanzani  전화 +255-24-223-2784

## 잔지바르 커피하우스 | Zanzbar Coffee House

스톤타운 내에 위치한 잔지바르에서 가장 유명한 카페다. 호텔과 함께 있고 인테리어가 고급스러우며 테라스가 있어 많은 사람들이 찾는다. 또 디저트나 부리토 같은 간단한 음식을 맛볼 수도 있다. 가격은 다른 현지 카페보다 비싸지만 잔지바르에 왔다면 잔지바르 커피를 한 잔 마시며 더위를 피해 여유를 가져보는 것도 좋겠다.

✿ 주소 Mkunazini Street 1563/64, 4047 Zanzibar City, Tanzania  전화 +255-24-223-9319

## 캄바코쵸 바 앤 비치 레스토랑
### Kambakocho Bar & Beach Restaurant

문어 로브스터 등 신선한 해산물을 즐길 수 있다. 메뉴도 다양하고 서비스도 좋지만 가격이 비싼 편이다.

✿ 주소 Uroa Rd | Palumbo Reef, Uroa 3508, Zanzibar City, Tanzania  전화 +255-776-676-782

## 루크만 레스토랑 | Lukmaan Restaurant

잔지바르 맛집이라고 소문난 레스토랑으로 성수기에는 줄을 서야 할 정도다. 가격이 저렴하고 양이 넉넉하며 음식 맛도 좋다. 스톤타운에서 가장 만족할 만한 레스토랑이다.

✿ 주소 Mkunazini | Under the Baobab Tree, Stone Town, Zanzibar, Tanzania  전화 +255-777-482-131

ⓒ 트립어드바이저

## 타무 젤라테리아 이탈리아 | Tamu gelateria Italiana

아프리카를 여행하면서 이보다 맛있는 젤라토를 맛보기는 힘들 것이다. 많은 여행자의 극찬을 받은 귀한 젤라토 가게로, 오랜만에 시원함을 느껴볼 수 있을 것이다.

✿ 주소 Shangani St, Zanzibar City, Tanzania

# 킬리만자로 스페셜

## 여행 시 참고 사항

산악인이 아니라서, 산에 오른 적이 없어서, 산을 좋아하지 않아서 등의 이유로 겁먹을 필요는 없다. 킬리만자로 산은 세계에서 다섯 번째로 높은 산이지만 전문 산악인이 아니더라도 오를 수 있다. 하루 만에 올라가는 것이 아니고 최소 4박 5일 정도로 컨디션 조절을 하며 오르기 때문에 누구나 도전해볼 만하다. 5895미터의 높이로 고도에 따라 환경이 달라지며 봄, 여름, 가을, 겨울을 모두 느낄 수 있는 특별한 계절을 가진 산이기도 하다. 또한 한국에서 보지

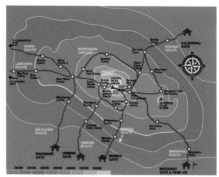

킬리만자로 산 등반 루트

못한 꽃과 식물을 볼 수 있어 오르는 재미가 더하다. 간혹 산소통을 가지고 가야 하는지 궁금해하는 사람들이 있는데, 필수품은 아니다. 오르는 동안 고산병으로 고생할 수도 있고 정상에서 호흡이 어려운 것은 사실이지만 산소통을 메고 오를 정도는 아니다. 그리고 중간에 얼마든지 오르기를 멈추고 내려올 수 있으니 마음을 편안히 먹고 오르도록 하자. 보통 하루에 네 시간에서 여섯 시간 정도 움직인다(개인차가 있을 수 있음). 처음에는 가벼운 옷차림으로 충분하지만 정상쯤에서는 두꺼운 스키복과 장갑, 털모자를 꼭 착용해야 할 만큼 온도 차이가 크니 무리해서 한 번에 오르지 말고 천천히, 여유를 가지고 오르기를 추천한다.

| 루트 | 최소 등산일 | 최대 등산일 | 난이도 | 경치 | 이용 관광객 수 | 추천 루트 |
| --- | --- | --- | --- | --- | --- | --- |
| 마랑구 루트 | 4 | 6 | 보통 | 보통 | 매우 많음 | 보통 |
| 마차메 루트 | 5 | 7 | 높음 | 매우 좋음 | 매우 많음 | 보통 |
| 롱가이 루트 | 6 | 7 | 보통 | 좋음 | 적음 | 추천 |
| 음부웨 루트 | 5 | 7 | 매우 높음 | 매우 좋음 | 매우 적음 | 비추천 |
| 음웨카 루트 | 9 | 9 | 높음 | 매우 좋음 | 매우 적음 | 강력 추천 |
| 쉬라 루트 | 6 | 7 | 높음 | 매우 좋음 | 보통 | 비추천 |
| 레모쇼 루트 | 6 | 7 | 높음 | 매우 좋음 | 보통 | 강력 추천 |

출처 : https://www.ultimatekilimanjaro.com

### 마랑구 루트 Marangu route

많은 사람이 오르는 루트로 경사가 완만하고 안전해 오르기 쉬워 '코카콜라 루트'라는 별명으로 불리기도 한다. 키보 산장까지는 아프리카 최고봉이라는 사실이 믿기지 않을 정도로 경사가 완만하고 천천히 올라가 크게 힘들지 않지만, 마지막 날에 고산병으로 고생하기는 매한가지다. 급작스럽게 난이도가 높아져 정상까지 등반에 성공할 확

마랑구 루트 지도

률은 낮은 루트이기도 하다. 하지만 산장이 있고 길도 안전하게 계단식이라 이 루트를 선택하는 사람은 항상 많다. 보통 5박 6일 동안 고산지대에 적응하며 이동한다.

### 마차메 루트 Machame route

'위스키 루트'라고도 불리는 마차메 루트는 마랑구 루트보다 길고 난이도도 더 높다. 이 루트는 마랑구 루트와는 전혀 다른 느낌이다. 산장이 없어 텐트를 이용하기 때문에 체온을 유지하기 어려울 수 있다. 하지만 매일 고도를 높여 몸이 산에 적응하도록 만들며 오르고 또 정상으로 가는 길이 다른 루트에 비해 완만해 포기하지 않고 정상에 도착할 확률은 높다.

마차메 루트 지도

### 롱가이 루트 Rongai route

소나무가 우거진 롱가이 숲Rongai Forest을 지나 1차 목표 지점을 키보 산장으로 잡고 북쪽 능선을 따라 고도를 높이며 오른다. 그 후 루트는 마랑구 루트와 같다. 마랑구나 마차메 루트에 없는 새로운 숲길을 원하는 이들에게 인기가 좋고 사람이 많지 않아 여유를 가지고

롱가이 루트 지도

걷고 싶다면 매우 좋은 코스다. 마차메 루트와 마찬가지로 산장에 머물지 않고 텐트에서 캠핑해야 한다. 하산할 때는 마랑구 루트로 내려오니 산장에서 사람들을 만나면 경험을 공유하는 것도 좋은 추억이 될 것이다.

### 음부웨 루트 Umbwe route

'도전'이라는 단어가 절로 생각나는 악명높은 루트다. 높은 고도를 빠르게 올라야 하고 경사가 매우 가팔라 오르는 사람의 수가 적을 뿐만 아니라 정상까지 오르는 데 성공할 가능성도 매우 낮다. 등산 경험이 많고 고도에 잘 적응할 수 있는 사람에게 적합한 루트다. 따라서 산행을 위해 오랫동안 준비할 필요가 있다.

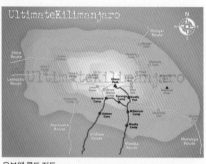

음부웨 루트 지도

### 음웨카 루트 Mweka Route

거의 알려지지 않았고 오르는 루트로 사용하기보다는 하산용 루트로 많이 이용한다고 한다.

음웨카 루트 지도

### 쉬라 루트 Shira Route

서쪽에서 동쪽으로 쉬라 고원을 가로지르며 걷는 루트다. 쾌적하고 경사가 완만해 오르기 어렵지 않다고 한다. 다만 사람들이 아직 많이 오르지 않아 익숙하지 않은 루트이므로 이 루트로 오르고 싶다면 사전에 충분히 알아보는 것이 좋다.

쉬라 루트 지도

## 레모쇼 루트 Lemosho route

킬리만자로 산의 새로운 루트 중 하나
다. 최소 6일에서 8일 정도로 다른 루
트보다 시간이 더 많이 필요하다. 산을
다방면으로 감상할 수 있어 킬리만자
로에서 가장 아름다운 루트로 여겨지
며 사람들이 최근 많이 찾는 루트다.

레모쇼 루트 지도

# 자주 묻는 질문

### Q 옷은 어떻게 입어야 하나요?

A 가볍고 보온성과 활동성이 뛰어난 등산복을 추천한다. 직접 올라보니 등산복이 제일 적
합했다. 값이 비싸지 않아도 괜찮다. 산 입구는 덥지만 산 안쪽은 숲이 우거져 시원하다. 벌레
와 풀 때문에 피부에 상처를 입을 수 있으니 얇은 긴팔과 긴 바지를 입도록 하자. 또한 중간 기
점이 되는 산장을 지날 때마다 온도가 확연히 달라지므로 반팔, 긴팔 그리고 두꺼운 옷까지 모
두 챙겨야 한다. 신발은 운동화 혹은 트레킹화가 좋다. 정상까지 완주할 생각이라면 만년설 때
문에 동상에 걸릴 수 있으니 두꺼운 양말과 등산화를 꼭 신어야 하고 장갑과 털모자, 목도리,
반다나 등 겨울옷을 준비해서 가야 한다. 핫팩을 준비해 옷에 붙이는 것도 좋은 방법이다.

### Q 가이드와 포터는 어떤 사람을 골라야 하고 몇 명이 함께 올라가나요?

A 가이드는 보통 1인당 한 명씩 함께 가는 경우가 많다. 산행 초반에는 가이드의 도움을 받
지 않아도 수월하게 올라갈 수 있지만 정상에 가까워질수록 등산객이 포기하지 않고 안전하
게 정상까지 오를 수 있게 도와주고 이끌어줘야 하므로 가이드의 역할이 매우 중요해진다. 보
통 가이드는 영어를 잘하지만 그래도 의사소통이 잘 되지 않을 수 있으니 가이드의 영어 실력
이 어느 정도인지 투어 회사에 미리 물어보는 것도 좋은 방법이다. 산행은 대부분 그룹으로 진

행되는데, 때에 따라 인원수가 다르니 투어 날짜를 미리 알아보고 가도록 하자. 보통 그룹당 요리사는 한 명 혹은 두 명, 짐을 함께 들고 가줄 포터는 1인당 두세 명 정도다.

## Q 식사는 어떻게 하나요?

A 모든 식사는 함께 등반하는 요리사가 만드므로 직접 요리를 할 필요는 없다. 투어 회사마다 메뉴가 다르며 보통 아침에는 가벼운 빵과 따뜻한 차를, 점심에는 도시락을 제공한다. 크게 맛있는 것은 아니지만 나름 균형 잡힌 음식을 주므로 산을 오르기에는 충분하다. 저녁에는 스파게티, 스테이크, 볶음밥 등 맛있게 조리된 음식이 나오고 후식을 주기도 한다. 밤에는 날씨가 추우니 따뜻한 차를 꼭 마시자. 작은 컵라면을 가져가는 것도 좋은 방법이다. 차가운 저녁 공기를 맞으며 컵라면을 먹으면 피로가 풀릴 것이다. 포터가 그룹 전체가 산행 중 먹을 음식과 물 그리고 등산객의 짐을 들고 산을 오른다.

## Q 숙박은 어디서 하나요?

A 1일차: 마랑구 산장(2700미터)

2일차: 호롬보 산장(3720미터)

3일차: 키보 산장(4700미터)

산장은 나무로 지어져 있으며 시설이 깨끗하고 2층 침대가 있다. 보통 한 방에 네 명 정도 잘 수 있다. 밤이 되면 온도가 낮아지므로 침낭이나 이불로 몸을 따뜻하게 해야 한다. 또한 휴대폰 및 카메라 충전은 산장 내부에서 할 수 없다. 산장 사무실에 가서 돈을 내고 충전기를 사용해야 한다.

## Q 준비물은 무엇인가요?

A 보온병, 핫팩, 모자, 선크림, 태극기, 선글라스, 보온용품, 헤드 랜턴, 침낭 등이 필요하다. 킬리만자로 산에는 페트병을 들고 올라갈 수 없다. 또 체온을 유지할 수 있도록 보온병에 따뜻한 물을 담아가는 것이 좋다. 특히 정상에서 꼭 필요하다. 헤드 랜턴은 새벽 산행 때 사용한다. 산에 잘 오르기 힘들 것 같으면 등산 스틱을 가져가는 것도 좋다. 또 대부분 고산병 때문에 음식을 잘 먹지 못하므로 열량이 높은 초콜릿이나 사탕을 가져가자. 나는 고추장과 라면 스프를 가져가 따뜻한 물에 라면 스프를 넣어 마시기도 했다. 또 고도가 올라갈수록 자외선이 강해지므로 선크림을 바르는 것이 좋다. 그리고 태극기를 챙긴다면 특별한 추억이 될 수도 있다. 정상에서 정신없는 와중에 태극기를 펼쳐 사진을 찍었는데, 가장 뜻깊은 사진이 됐다.

## Q 등산 장비를 대여할 수 있나요? 비용은 얼마나 드나요?

A 등산 장비를 한국에서 모두 챙겨갈 필요는 없다. 간단한 물건과 개인적으로 사용할 것만 챙겨가면 된다. 두꺼운 옷이나 등산 스틱, 장갑, 침낭 심지어 보온병까지 대여 업체에서 모두 빌려준다. 패딩과 스키복도 빌려주는데, 업체에 따라 약간 지저분할 수도 있다. 대부분 관리를 잘하기는 하지만 그래도 찝찝하다면 개인적으로 챙겨가자. 킬리만자로 입구에도 대여소가 있으니 깜빡한 물건이 있다면 이곳에서 빌리면 된다. 어떤 물건을 대여하는가에 따라 가격이 천차만별이므로 가격을 꼭 확인하고 빌리는 것이 좋다. 투어 회사를 통해 대금을 한 번에 결제할 수도 있는데, 투어 회사와 연계된 업체들이 있어 물품 대여 비용이 투어 비용에 포함되는 경우가 있으니 투어 예약 시 꼭 확인해보자.

## Q 고산병에 걸리면 어떻게 하나요?

A 고산병 증상은 사람마다 다르게 나타난다. 체력과 컨디션에 따라 강하게 나타나는 경우도 있고 고산병에 걸리지 않는 사람도 있다. 보통 두통이 심하고 어지러우며 불면증, 구토, 답답함, 호흡곤란 등이 일어난다. 고산병을 느끼는 고도도 사람마다 다르다. 보통 호롬보 산장을 나와 키보 산장에 다다를 때쯤 느끼는 경우가 많은데, 나 역시 이때쯤부터 고산병 증세를 느꼈다. 키보 산장을 '키보 병원'이라고 부를 만큼 이곳에 가면 모든 여행자가 지쳐있고 고산병 때문에 힘들어한다. 반면 가이드들은 너무나 멀쩡하고 심지어 바람이 쌩쌩 부는 밖에 설치한 텐트에 머문다. 고산병에 대비해 약을 가져가고 싶다면 한국에서 미리 준비하는 것이 좋다. 또한 보통 마지막 날은 키보 산장에 머물다가 밤 열 시 혹은 열한 시에 출발하니 키보 산장에 도착하면 바로 휴식을 취하자. 요리사에게 따뜻한 물을 달라고 해서 많이 마시면 더 좋다. 식사를 하지 못하더라도 준비한 초콜릿이나 사탕을 챙겨먹고 체온이 내려가지 않도록 몸을 항상 따뜻하게 해야 한다. 만약 증세가 심하다고 생각되면 가이드에게 말하고 걷지 못할 정도면 택시를 요청하자. 리어카 또는 들것에 누워 편하게 내려갈 수 있으니 상태가 악화되기 전에 미리 말하자.

## Q 등반증명서는 어디서 받나요?

A 등반이 끝난 후 가이드와 함께 등록 사무실에 가면 발급해준다. 잊지 말고 꼭 받아오자.

내가 킬리만자로로 간 이유는 만년설을 보기 위해서였다. 2022년, 지구 온난화 때문에 만년설이 사라진다는 뉴스를 보고 시간이 없다고 생각했다. 그리고 지금이 아니면 기회가 쉽게 생기지 않을 것 같았다. 평소 등산을 많이 다니지 않아 가장 높이 올라간 산은 한라산이 전부였다. 내가 과연 잘 오를 수 있을까? 정상에서 눈을 손으로 만져볼 수 있을까? 큰 배낭을 들쳐 메고 무조건 떠났다. 울창한 숲과 정글을 연상케 하는 산 입구를 보자 신이 났다. 그저 빨리 올라가고 싶었다. 산장에서 잠을 자고, 만년설 녹은 물로 샤워하고, 추운 아프리카에서 뜨거운 컵라면을 먹는 기분은 정말 말로 표현할 수 없었다. 혼자만의 시간을 가지며 생각하기에 딱 좋았다. 그리고 매일 산을 오를 때마다 다른 계절을 마주하는 것 같았다.

마지막 날, 밤 열 시부터 시작된 산행은 달빛과 별빛만으로도 걷기 충분했고 춥던 몸은 해가 뜨자 천천히 녹았다. 내 몸과 함께 만년설도 해를 받아 녹으며 반짝반짝 빛났다. 눈을 뜰 수 없을 정도로 눈이 부셨다. 고산병으로 지친 몸과 정신이 다시 깨어나는 기분이었다. 정상에 있는 사람들이 다 멈춰있는 것 같았다. 구름 위에 몸이 떠 있고 산을 오를 때 빙하를 지나가는 이곳이 정말 아프리카가 맞나? 머리가 깨질 듯 아팠지만 그때의 기분과 황홀함은 잊혀지지 않는다. 포기하지 않고 끝까지 올랐다는 성취감은 직접 느껴보지 않으면 절대 알 수 없을 것이다.

킬리만자로, 그곳은 너무나 아름다웠다.

Ethiopia

# PART 08

# 에티오피아

에티오피아는 해발 고도 2500미터에 위치한 나라로 고도가 높아 평균 온도 16도를 유지하는 시원한 곳이다. 또한 아프리카에서 가장 오래된 독립국으로 식민 지배를 당한 경험이 없어 자부심이 대단한 나라이기도 하다. 또 에티오피아에 가면 한국전쟁 참전 용사들도 만날 수 있고, 한-에티오피아 간의 특별한 관계도 꾸준히 이어지고 있다. 2015년에는 유럽관광무역의회가 최고의 관광지로 에티오피아를 선정하기도 했다. 이처럼 에티오피아는 오랜 역사와 유네스코 세계문화유산을 가지고 있는 나라, 또 여행하고 싶은 그런 나라다. 또한 에티오피아는 세계 5위의 커피생산국인 동시에 아프리카 국가 중 가장 많은 커피를 생산하는 국가로 재배환경이 완벽해 커피농장 투어도 인기가 많다. 도시는 타 아프리카 지역에 비해 발달이 미비했으나 현재 중국의 원조로 빠르게 개발되고 있다. 다만 불안정한 경제상황으로 반란과 지역 부족 간 싸움이 잦으며 북쪽에서는 아직도 군사분쟁이 일어나고 있으니 최신 정보를 미리 파악한 후 안전하게 여행을 준비해야 한다.

## 에티오피아 둘러보기

### 기본 정보

| 국가명 | 에티오피아 (Ethiopia) | 전 압 주파수 플러그타입 | 220V, 50Hz, C, E, F, L |
|---|---|---|---|
| 수 도 | 아디스아바바(Addis Ababa) | 종 교 | 개신교 19% 이슬람 34%. 에티오피아정교 44%. |
| 사용 언어 | 암하라어(암하릭어), 영어, 오로모어 | 환 율 | 1,000원 = 24.29비르 |
| GDP | 805억 6,149만 달러, 세계 65위 | 은 행 | Commercial Bank of Ethiopia |

공휴일 **Ethiopian Christmas Day**(에티오피아 성탄절) 1월 7일 **Epiphany**(예수공현축일) 1월 19일 **Adwa Victory Day**(아도아 전쟁기념일) 3월 2일 **Ethiopian Good Friday**(예수 십자가형 추모일) 4월 14일 **Ethiopian Easter Sunday**(부활절) 4월 14일 후 일요일 **International Labor Day**(노동절) 5월 1일 **Patriot's Victory Day**(애국자 기념일) 5월 5일 **D**erg Downfall Day(민주 정권 수립일) 5월 28일 **Eid-Al-Fitr**(라마단 종료일) 6월 26일 **Eid-Al-Adha**(메카 순례 시작일) 9월 2일 **Ethiopian New Year**(에티오피아 신년) 9월 11일 **Finding the ture cross-Meske**l(참 십자가 발견일) 9월 27일 **Miland un Nabi**(예언자 모하메드 탄신일) 12월 1일

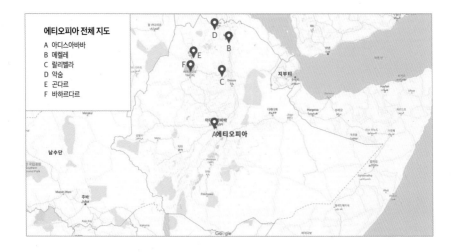

에티오피아 전체 지도
A 아디스아바바
B 메켈레
C 랄리벨라
D 악숨
E 곤다르
F 바하르다르

##  비자 정보

### 수수료

| 비자 종류 | 1개월, 단수 | 3개월, 단수 | 3개월, 복수 | 6개월, 복수 |
|---|---|---|---|---|
| 관광 | 50달러 | 60달러 | 70달러 | 80달러 |

### 도착 비자
아디스아바바 공항으로 입국시 받을 수 있다고 한다. 한국에서 출발하는 여행자라면 도착비자를 추천한다.

### 사전 비자
에티오피아 대사관을 통해 사전 입국 비자를 신청할 수 있다.

### 대사관
주소 서울시 용산구 이태원2동 회나무로44길 20
연락처 대표번호 (+251)(0)113-72 81 11~14 / 모바일 대표번호 (+251)(0)94 42 28 44
접수 시간 월~금 08:00~12:00, 13:30~16:00
★ 오전, 오후 모두 접수 및 수령 가능
비자 발급 가능 시간 월~금 14:00~16:00
소요 시간 4일

### E-VISA
단수 관광 비자(1달 혹은 3달), 아디스아바바 공항으로 입국하는 경우에만 받을 수 있다.
신청 주소 https://www.evisa.gov.et/#/<wbr/>home
준비물 개인정보입력(이름, 출생년도, 거주지, 이메일), 여권용 사진 파일과 여권 사본 첨부

### 준비물
여권 사진 1장(신청서에 붙이는 사진 외 추가 제출 필요 없음), 50달러(관광 비자 기준), 만료되지 않은 여권 원본(만기가 6개월 이상 남아있어야 함), 비자 신청서, 항공권 사본, 주민등록증 혹은 운전면허증 사본(앞면)

### 팁
· 국내에서 미리 비자를 받아서 입국하면 공항에서 기다리는 시간이 짧아진다.
· 대사관은 카드나 한화는 받지 않고 달러만 받는다.
· 대리접수가 가능하며 위임장 같은 서류는 필요 없다.

### 여권 분실 시
여권을 분실한 지역의 경찰서에 출두해 신고한 후 경찰서에서 발급해주는 리포트를 꼭 받아야 한다. 암하릭어로 써주니 아디스아바바 스타디움 주변에서 영어로 번역공증(장당 25비르)을 한 후 한국대사관에서 영사 확인증(4달러)을 받아 두는 것이 좋다.
★ 여권을 재발급 받는 데는 2~3주가 소요되며 여권을 발급받으면 이민국에서 다시 비자를 받아야 출국할 수 있다.

## 국경

| 인접국 | 국경 명칭 | 여는 시간 | 닫는 시간 |
|--------|-----------|-----------|-----------|
| 케냐 | 모야레Moyale | 00:00~24:00 | |
| 수단 | 메테마Metema | 06:00 | 18:00 |
| 남수단 | 지카우Jikawo | 외국인 통과 금지(현지 문의) | |
| 지부티 | 가라피Galafi | 00:00~24:00 | |

## 안전수칙

### 주의사항

#### 여성 범죄 급증

여성 혼자 대중교통이나 숙박업소를 이용하다 성희롱이나 성폭행을 당하는 사건이 발생하고 있다. 동행을 구하거나 그룹 투어를 신청해 혼자 있는 시간을 줄이기를 추천한다. 만일을 위해 짧은 바지보다는 무릎 아래까지 오는 치마나 바지를 입는 것이 좋다. 야간에 돌아다니는 여성에게 마취제를 사용해 의식을 잃게 만든 후 금전을 빼앗거나 상해를 가하는 범죄가 급증하고 있다.한국인을 보고 '중국인(치나)'이라고 놀리거나 위협하는 경우도 있는데, 이럴 때는 맞대응하기보다 무시하고 침착하게 지나가는 것이 좋다.

#### 마약류 잎 주의

마약류 잎(차뜨)를 권하거나 판매하는 사람이 많으니 타인이 건네는 잎 종류는 받지 않는 것이 좋다.

#### 운전 주의

무장 강도나 야생동물 때문에 야간에 지방도로를 이용한 여행은 매우 위험하니 낮에 이동하기를 추천한다. 또 에티오피아는 세계에서 자동차 한 대당 교통사고 피해자 비율이 가장 높은 국가로 운전이 매우 복잡하고 어렵다. 이런 상황에서 외국인이 자동차 사고를 내면 군중심리로 폭행사고가 일어날 수 있으니 가급적 운전을 피하는 편이 좋다.

#### 대사관 연락처

주소 Embassy of the Republic of Korea P.O. BOX 2047, Addis Ababa Ethiopia
대표번호 +254-22-211-6086~8

긴급 연락 (+251)-(0)92-217-4741
메일 ethiopia@mofa.go.kr
근무시간 월~금 08:00~12:00, 13:30~17:00 (영사 업무: 10:00~12:00, 14:00~16:00)
★토, 일요일 및 주재국 공휴일은 휴무

#### 주요 병원 연락처

명성기독병원(MCM-Myungsung Christian Medical Center)
주·야간 응급센터 전화 251-11-629-46-02
★ 앰뷸런스 운영
대표번호 251-11-629-29-63(FAX: 251-11-629-27-95)

Quick service Referral Center(신속 진료센터)
핸드폰 0922-366-401
한국어 통화 가능 전화 0922-750-101, 0921-307-284
홈페이지 www.mcmet.org
메일 msmcmet@gmail.com

Red Cross
전화 907

St. Gabriel 병원
전화 0116-613-622

Nordic Medical Center
전화 092-910-5653(진료 예약: 8901)

#### 경찰

긴급사항 911
연방경찰 0115-512744
아디스아바바경찰 0111-559122

#### 소방서

본부(Giorgis Area) 912, 0111-567004

## 기후

### 해발고도 2500미터, 고온다습한 에티오피아

에티오피아의 기후는 도시마다 큰 차이를 보인다. 수도 아디스아바바는 비교적 온화하고 평균 기온 15도를 유지한다. 하지만 저지대 또는 사막과 홍해 근처는 더위가 극심해 60도까지 올라가기도 한다. 해발고도가 전체적으로 높기 때문에 시원하고 선선한 편이며, 강수량은 연평균 1000~1500밀리미터 정도다.

## 에티오피아 더 알아보기

### 다나킬

에티오피아를 방문하는 여행자는 대부분 다나킬 투어를 하러 온다고 해도 과언이 아니다. 우연히 에티오피아에 갔다가 누군가가 "화산Volcano"이라고 표현하는 것을 듣고 찾아간 곳이 다나킬이었다. 다나킬은 차를 타고 새로운 행성을 돌아다니는 느낌이 드는 곳이다. 아무것도 숨 쉬고 있지 않을 것 같은 행성을 지나 알록달록한 행성을 만나고, 또 뜨겁고 매서운 바람이 부는 행성도 다녀온 것 같다. 눈앞에서 타오르는 마그마도 봤다. '이 광경을 본 당시의 내 인생이 얼마나 멋졌는지 나중에 꼭 이야기하고 싶다'라는 생각이 들었다. 이처럼 다나킬은 탐험에 대한 설렘과 신선함을 느낄 수 있는 곳이다.

### 다나킬 투어 여행사

#### ETT
한국인이 가장 많이 찾는 ETT 여행사는 아디스아바바와 메켈레에 사무소가 있다. 메켈레 이동 교통편이나 환전, 유심 카드 구입, 게스트하우스 연계, 짐 보관 등 다양한 서비스가 있으며 이용하고 싶은 서비스를 미리 요청하면 된다.
주소 5th Floor, Nega City Mall, Tito Street,, Addis Ababa, Ethiopia
전화 +251-92-921-4110
홈페이지 http://www.ethiotravelandtours.com

#### Timeless Ethiopia Touring
한국인들은 잘 모르지만 외국 관광객들에게는 유명한 곳이다. 다나킬 외에도 다양한 상품을 이용할 수 있다.
주소 P. O. BOX 250 Code 1110 Addis Ababa, Saris Addisu Sefer, Heyday Hotel
전화 +251- 114-70-9089
홈페이지 https://www.timessethiopia.com/about-us

## 랄리벨라 암굴 교회

'천사가 지은 교회'라고 불리는 랄리벨라 암굴 교회는 종교 탄압을 이겨내겠다는 절실함을 가지고 땅을 파고 바위를 깎아 지은 만큼 정교하고 또 웅장하다. 지금도 이곳에서 예배를 보는 현지인을 만날 수 있다.

또한 이 교회군이 있는 랄리벨라는 도시 자체가 유네스코 세계문화유산으로 지정돼 있을 만큼 문화적으로 큰 인정을 받고 있다.

## 에티오피아만의 특별한 달력

에티오피아력은 율리우스력Julian Calendar이라고도 한다. 1년이 13개월이며 평년은 365일, 윤년은 366일인 태양력이다. 전 세계에서 사용하는 그레고리우스력Gregorian Calendar보다 7~8년 늦으며, 시간을 계산하는 법도 다르기 때문에 약속을 잡을 때는 에티오피아 시간인지 국제 시간인지 꼭 확인해야 한다. 에티오피아에서는 하루를 일출과 함께 시작해 낮과 밤을 열두 시간으로 나눈다. 즉 아침 여섯 시에 해가 뜬다면 이때를 자정이라고 생각하면 된다. 보통 외국인에게는 국제 시간을 기준으로 말하지만 간혹 오해가 생길 수 있으니 항상 확인하는 것이 좋다.

에티오피아의 율리우스력

## 항공

**볼레 국제공항**Bole International Airport
코드 ADD
이용 가능 항공사 Ethiopia Airline, Etihad Airways, Srilankan Airlines, Singarpor Airline, Turkish Airline, Precis ion Air, Kenya Airways, Air Tanzania, KLM, Rwand Air, Auric Air, Coastal Aviation
전화 +251-11-665-6666
홈페이지 http://addisairport.com/

**알룰라 아바 네가 공항**Alula Aba Nega Airport
코드 MQX
전화 +251-91-401-4951

**랄리벨라 공항**Lalibela Airport
코드 LLI
전화 +251-33-336-0046

**곤다르 공항**Gondar Airport
코드 GDQ
전화 +251-58-114-0400

**바히르다르 공항**Bahir dar Airport
코드 BJR
전화 +251-58-226-0033

## 버스

### 일반 버스Normal bus

12인승 승합버스지만 많이 타면 열여덟 명까지 타기도 한다(더 많이 탈 때도 있음) 정류장이나 노선도가 없기 때문에 원하는 곳에서 타고 내릴 수 있다. 문에 위험하게 매달려있는 사람은 안내원으로 목적지를 말하면 탑승 가능 여부를 알려준다. 요금은 거리에 비례하며 한 구간마다 한화로 75~100원 정도다. 소매치기가 많고 납치를 당할 수 있으므로 꼭 목적지와 비용을 먼저 이야기하고 타기를 바란다.

### 스카이버스SKY BUS

금색의 고급형 장거리 고속버스다. 새벽이나 아침에 출발하며 외곽 지역을 여행할 경우 타면 된다. 만약 투어 회사를 이용한다면 투어 회사에서 예약을 해줄 것이다. 투어 회사를 이용하지 않는 경우 피아자piazza에 위치한 타이투 호텔Taitu hotel에서 티켓을 구매해야 하며, 전 좌석 예약제이므로 미리 예약해야 한다.

홈페이지 http://skybusethiopia.com

## 기차

아프리카 최초 경전철tram로 지상철이라고도 한다. 2015년에 개시했으며 이동거리에 비해 매우 저렴하다. 속도는 느리지만 출퇴근 시간에 많은 인파가 몰린다. 치안을 위해 경찰도 탑승한다. 지상철이 모든 전기를 쓰기 때문에 정전이 많다는 소문이 있을 정도로 아디스아바바의 명물이다.

## 기타

### 택시

종종 매우 낡은 택시가 있는데, 일반 택시와 헷갈리면 안 된다. 우리가 흔히 생각하는 택시는 "스몰 택시small taxi"라고 외쳐야 탈 수 있다. 보통 미터기가 없으니 탑승 전 미리 목적지와 비용을 확실하게 정해놓는 편이 좋다. 만약 공항에서 탄다면 노란 택시를 타자. 정부에서 부여한 허가증을 가지고 영업하는 택시로, 비용은 약 두 배 비싸다. 가격 정찰표를 보여주기도 하지만 어차피 두 배 비싼 가격이 적혀있으므로 꼭 흥정하고 탑승하기를 바란다.

### 바자지Bajaj

바자지는 삼륜차로 수도 아디스아바바에는 그다지 많지 않고 바하르다르나 메켈레, 랄리벨라 등 외곽 도시에 가면 자주 볼 수 있다. 개인이 운행하며 노선도 가격도 정해진 것이 없다. 문이 없어 위험하고 사고가 많아 유의해야 한다. 또한 바자지를 이용한 소매치기나 납치도 흔하게 일어나니 조심해서 타야 한다.

## 직장인을 위한 7일 여행 코스

타오르는 화산을 직접 보고 싶다면 일주일간의 다나킬 투어를 강력 추천한다. 에티오피아의 자연을 한 번에 구경할 수 있는 투어로 날씨가 덥고 야외취침이 대부분이라 힘들고 지치겠지만 절대 잊을 수 없는 진귀한 경험을 할 수 있다. 2박 3일 코스도 있으니 시간적 여유가 없다면 고려해도 좋다. 에티오피아에서 가장 중요한 관광지를 잊지 말자!

TIP 에티오피아 국제선 항공을 타고 왔다면 국내선은 50퍼센트 할인된 가격으로 이용할 수 있다. 여행 에이전시 혹은 아디스아바바 사무실에서 안내해준다.

| 기간 | 7박 8일  | 예산 | 180만 원
| 여행 일정 |
1일차  인천공항 출발
2일차  아디스아바바 도착 → 저녁 비행기로 메켈레 도착
3일차  다나킬 투어 1일차
　　　 에르타알레 이동, 소금사막 투어
4일차  다나킬 투어 2일차
　　　 유황온천 투어
5일차  다나킬 투어 3일차
　　　 화산 투어
6일차  다나킬 투어 마무리 및 메켈레 공항 출발 → 아디스아바바 도착
7일차  아디스아바바 출발
8일차  인천 공항 도착

## 직장인을 위한 9일 여행 코스

다나킬만 투어하기가 조금 아쉽다면 랄리벨라와 악숨도 함께 방문해보자. 거대한 성전과 자연 그대로의 에티오피아를 느낄 수 있을 것이다. 아디스아바바에서 메켈레까지는 비행기를 타고 가기를 추천한다. 국내선 할인을 받을 수 있고, 오랜 시간 비포장도로를 달릴 필요가 없어 시간과 체력을 아낄 수 있다. 다만 메켈레 공항은 연착이 잦으므로 시간을 여유 있게 잡아야 한다. 또한 메켈레에서 랄리벨라, 랄리벨라에서

악숨은 버스로 여섯 시간 정도면 도착하므로 비용을 아끼고 싶다면 육로 여행도 좋다.
| 기간 | 8박 9일  | 예산 | 230만 원
| 여행 일정 |
1일차  인천공항 출발
2일차  아디스아바바 도착 → 랄리벨라공항 도착
3일차  랄리벨라 암굴 교회(바위 교회)
4일차  랄리벨라
5일차  랄리벨라공항 → 악숨공항
6일차  악숨 왕국 투어
7일차  악숨 왕국 투어
8일차  악숨 왕국 투어 → 아디스아바바공항
9일차  아디스아바바 출발 → 인천공항 도착

## 예가체프의 나라, 커피 투어

'에티오피아'하면 누구나 커피가 떠오를 것이다. 커피 따기 체험을 하고 싱싱하고 질 좋은 커피콩을 구매할 수 있는 투어를 생각하는 사람도 많을 것이다. 하지만 커피 투어를 하기는 쉽지 않다. 최소 2박부터 시작해 일주일 동안 진행되는 투어도 있으며, 투어를 하려면 반나절 이상 이동해야 하므로 시간을 많이 써야 한다. 또한 우리나라에서 흔히 하는 농작물 따기 체험과는 다르므로 투어 업체를 잘 선정해야 한다.

## 배낭여행자를 위한 자유 코스

### 에티오피아 종단 루트

아디스아바바에서 시작해 메켈레, 랄리벨라, 악숨, 곤다르, 바하르다르를 모두 돌 수 있는 에티오피아 종단 루트를 추천한다. 도시마다 이동하는 데 걸리는 시간이 다르고 교통도 불편하기 때문에 충분한 시간을 두고 이동하기를 바란다.

바하르다르에 있는 청나일강의 발원지 타나 호수에서 요트를 타고 들어가면 정교도 수도원이 있는데, 이곳에는 에티오피아의 국보로 여겨지는 그림이 있어 신비함을 더해준다. 600년 동안 섬에서 수도원을 지켜온 수도사들이 있으며 작은 마을도 있다. 누

구도 쉽게 알 수 없을 것 같은 곳이다. 또한 곤다르와 바하르다르에서는 맛있는 생맥주를 마실 수 있다. 이 두 도시는 황홀한 날씨와 자연을 즐기기 딱 좋은 곳이다.

| 1일차 | 인천공항 출발 → 아디스아바바 도착 |
|---|---|
| 2일차 | 아디스아바바 시내 투어 |
| 3일차 | 아디스아바바 출발 → 메켈레 도착 |
| 4일차 | 다나킬 투어 |
| 5일차 | 다나킬 투어 |
| 6일차 | 다나킬 투어 |
| 7일차 | 다나킬 투어 |
| 8일차 | 다나킬 투어 마무리 → 랄리벨라 출발 및 도착 |
| 6일차 | 랄리벨라 암굴 교회 |
| 7일차 | 랄리벨라 암굴 교회 |
| 8일차 | 랄리벨라 출발 → 악숨 도착 |
| 9일차 | 악숨 왕국 투어 |
| 10일차 | 악숨 왕국 투어 |
| 11일차 | 악숨 출발 → 곤다르 도착 |
| 12일차 | 곤다르 성(파슬게비) 투어 |
| 13일차 | 곤다르 시내 투어 |
| 14일차 | 곤다르 출발 → 바하르다르 도착 |
| 15일차 | 타나 호수 정교도 수도원 투어 |
| 16일차 | 바하르다르 시내 투어 |
| 17일차 | 청나일강 폭포 투어 |
| 18일차 | 아디스아바바 도착 → 인천공항 도착 |

## 에티오피아 트레킹 투어

### 시미엔 산 트레킹

곤다르에 위치한 시미엔 산은 '아프리카의 지붕'이라고 불린다. 3박 4일이면 충분히 오를 수 있는 산으로 경사진 곳이 없어 편안한 트레킹을 할 수 있다. 또한 만들어진 것이 아닌 야생 그대로의 자연을 즐길 수 있다. 3박 4일간의 트레킹은 특별한 경험이 될 것이다.

| 기간 | 5박 6일 | 예산 | 별도문의

| 여행 일정 |

| 1일차 | 아디스아바바 도착 → 곤다르 도착 |
|---|---|
| 2일차 | 시미엔 산 트레킹 1일차 |
| | 데바르크 Debark → 산카바르 캠프 Sankarber Camp 이동 |

| 3일차 | 시미엔 산 트레킹 2일차 |
|---|---|
| | 산카바르 캠프 Sankaber camp → 기치 캠프 Gich Camp 이동 |
| 4일차 | 시미엔 산 트레킹 3일차 |
| | 기치 캠프 Gich Camp → 이멧고고 Imet gogo → 체넥 캠프 Chennek Camp 이동 |
| 5일차 | 시미엔 산 트레킹 4일차 및 하산 |
| | 체넥 캠프 Chennek Camp → 브와힛 패스 Bwahit Pass → 암비코 캠프 Ambico Camp 이동 |
| 6일차 | 곤다르 출발 → 아디스아바바 도착 |

## 발레 산 트레킹 투어

발레 산 Bale mountains national park 은 4400미터의 높은 산으로 아디스아바바에서 육로로 일곱 시간 정도 거리에 있다. 아직 한국인에게는 많이 알려지지 않은 곳으로, 국립공원이라 하기에는 조금 부족한 점이 많다. 우선 롯지가 없어 캠핑을 해야 한다. 다행히 입구에서 포터와 가이드를 영입할 수 있으며 입장료는 비싸지 않다. 산행 내내 바람이 많이 불어 추울 수 있으니 패딩과 침낭을 챙기면 유용하게 사용할 수 있다.

| 기간 | 2박 3일 | 예산 | 별도 문의

| 여행 일정 |

| 1일차 | 아디스아바바 출발 → 발레 산 국립공원 도착 |
|---|---|
| 2일차 | 발레 산 트레킹 1일차 |
| 3일차 | 발레 산 트레킹 2일차 |
| 4일차 | 발레 산 트레킹 3일차 |
| 5일차 | 발레 산 국립공원 출발 → 아디스아바바 도착 |

## 신혼여행 추천 코스

만약 신혼여행을 꼭 에티오피아로 가야만 한다면, 지금이라도 늦지 않았다. 인접 국가인 탄자니아나 케냐로 가기를 추천한다.

# 아디스아바바 *Addis Ababa*

에티오피아의 수도인 아디스아바바는 적도에 가까운 편이나 해발 2500미터 지점에 있는 고원도시로 '새로운 꽃'이라는 뜻을 가지고 있다. 에티오피아의 문화, 경제, 행정 중심지로 300만 명이 거주하고 있으며 암하릭어를 사용한다. 남쪽으로는 케냐의 해안도시 몸바사까지 기차로 연결돼 있으며 동쪽으로는 지부티까지 연결돼 있다.

아디스아바바 시내

A 볼레 공항
B 트리니티 성당
C 에티오피아 국립박물관
D 에티오피아 한국전 참전 용사 묘지

## 🔭 볼거리

### 트리니티 성당 | Holy Trinity Cathedral

트리니티 성당은 아디스아바바에서 가장 유명한 성당이다. 하일레 셀라시에Haile Selassie 황제의 관과 에티오피아 지도자 및 역대 대통령의 묘소가 있다. 뿐만 아니라 성당 지하에는 한국전 참전 용사를 위한 곳도 마련돼 있다. 하일레 셀라시에는 에티오피아의 마지막 황제로 국제연맹 가입, 노예제도 폐지 등 근대화 정책을 추진했고 헌법도 제정했다. 아프리카 통일기구OAU의 지도자로 활약하기도 한, 에티오피아에서 가장 존경받는 황제다. 성당 내부의 창문은 아담과 하와, 예수의 제자들의 업적이 스테인드글라스로 장식돼 있으며 외부는 유럽에 있는 듯한 느낌을 준다. 100비르의 입장료를 지불해야 하지만 어떤 종교를 믿든 아름답고 조용한 성당을 느껴보는 것도 좋은 경험이 될 것이다.

🌸 주소 Aratkilo area | Addis Ababa 123, Ethiopia  전화 +251-91-982-9515

### 에티오피아 국립박물관 | National Museum of Ethiopia

아디스아바바에 있는 유일한 국립박물관으로 최초의 인류 루시의 화석이 보존돼 있는 곳으로 유명하다. 고대 인류학 및 선사시대 유물전시관과 근대전시관 등 네 주제로 나눠져 있으며 고대 유물과 에티오피아 전통 문화를 가장 잘 볼 수 있는 곳이다. 역사와 문화를 알고 에티오피아를 여행한다면 더 멋진 여행이 될 것이다.

🌸 주소 King George VI Street, Addis Ababa, Ethiopia  전화 +251-11-111-7150

### 에티오피아 한국전 참전 용사 묘지
| Ethiopian korea war veterans memorial park

국립박물관과 멀지 않은 곳에 위치한 이곳은 6.25 전쟁에 참전한 에티오피아 군인들을 기리고자 한국에서 모금해 세운 기념탑이다. 한국어와 암하릭어로 설명이 적혀 있어 간단하게나마 역사를 훑어볼 수 있다. 또 참전 용사 마을에 방문하면

참전 용사 동상 ⓒ https://goo.gl/bDPBEa

코이카 등 우리나라 봉사단체들이 활동하고 있어 현지에서 생활하는 한국인들도 만날 수 있다. 이런 노력 덕분인지 에티오피아 사람들은 한국과 동맹을 맺은 것을 자랑스럽게 생각하며 한국인에게 호의적이다.

## 🏨 숙소

### 힐튼 호텔 | Helton hotel

키르코스에 위치한 힐튼호텔은 아디스아바바 시내 중심에 있어 다양한 관광지를 구경하러 가기 매우 좋은 곳이다. 숙소 중 가장 안전하고 인프라가 좋아 사업차 방문한 사람들에게도 인기가 좋다. 비즈니스 룸 센터와 회의실 등 업무 편의성을 높여주는 시설과 수영장, 헬스장, 스파 등 휴식을 위한 공간도 있다.

힐튼호텔 공식 사이트 ⓒhttps://goo.gl/bB8n32

✿ 주소 Corner Of Menelik II Avenue  요금 200달러~

### 트리니티 호텔 | Trinitiy Hotel

트리니티 호텔은 공항에서 가까운 거리에 있고 시내에 있어 위치적으로 안전하다. 또한 공항까지 가는 셔틀을 운영하며 가격에 비해 효율적이고 깔끔해서 인기가 좋은 곳이다. 예약 시 에티오피아 내 비행기 티켓도 함께 예매할 수 있어 다양한 도시를 여행할 경우 편리하다. 시내에 있어 주위에 음식점도 많고 쇼핑몰 또한 근처에 있어 지루할 틈이 없을 것이다. 따뜻한 물이 나오며 와이파이를 사용할 수 있고 개인 세탁도 가능하다. 다만 시내 중심에 있는 탓에 소음이 약간 있다.

ⓒbooking.com

✿ 주소 Corner Of Menelik II Avenue, Addis Ababa, Ethiopia  요금 60달러~

### 메나롤 게스트하우스 | Menarol Guest House

아디스아바바 공항에서 5킬로미터 떨어진 곳에 위치한 곳으로 싱글 룸부터 패밀리 룸까지 총 42개의 방이 있는 커다란 게스트하우스다. 무료로 와이파이를 사용할 수 있으며 무료 셔틀 또한 운영되나 룸 예약 시 미리 문의해보기를 추천한다. 스파가 있어 여행의 지친 피로를 풀 수 있으며, 주변에는 에티오피아 국립박물관, 그랜드 몰, 로컬 시장 등 구경할 만한

ⓒbooking.com

곳이 많다.

🌸 주소 Yeka Fikremariam Aba Techan St, Addis Ababa, Ethiopia  요금 25달러~

# 메켈레 아디스 베드 앤 브렉퍼스트
## Melala Addis Bed&Breakfast

저렴한 숙소를 찾는다면 이곳을 추천한다. 가격과 가격 대비 질이 모두 좋은 곳이어서 배낭여행자들이 좋아할 만한 곳이다. 트리니티 성당과 가까운 곳에 있고 무료로 와이파이를 사용할 수 있으며 공항 픽업 서비스도 이용할 수 있다.

🌸 주소 Togo Street Behind Denberua Hospital (haya hulet to signal road), Addis Ababa, Ethiopia  요금 15달러~

©booking.com

# 패밀리 코지 베드 앤 브렉퍼스트
## Family Cozy Bed And Breakfast

공항과 근접해 있는 이 호텔은 가족 같은 분위기로 집을 생각나게 한다. 가격도 합리적이어서 가족이나 친구와 머물기 좋은 곳이다. 따뜻한 물과 와이파이도 무료로 제공한다. 화려하지는 않지만 오래 머물고 싶은 곳이다.

🌸 주소 Ethio-Chiana Road or | In front of Ibex Hotel, Addis Ababa 4449, Ethiopia  요금 40달러~

©booking.com

# 오렌지 리버 호텔 아파트먼트
## Orange River Hotel Apartments

아파트형 호텔로 볼레 공항과 15킬로미터 떨어져 있다. 최신식 아파트 호텔로 수영장과 정원이 있다. 무료로 와이파이를 사용할 수 있고 공항까지 가는 셔틀도 무료로 운영하고 있어 최근 가장 인기가 좋으며, 유명 명소와도 약 5킬로미터밖에 떨어져 있지 않아 관광객도, 사업차 방문한 사람도 머물기 좋은 완벽한 곳이다. 가격 대비 질이 좋은 곳이라고 할 수 있겠다. 1인실부터 가족 룸까지 있다.

🌸 주소 Bole Homes, Bole, 2067, Addis Ababa, Ethiopia  요금 35달러

©booking.com

## 노스 아디스 호텔 | North Addis Hotel

아디스아바바에서 가장 실속 있는 호텔이다. 관광 명소와 겨우 1~2킬로미터 떨어진 곳에 위치하며 볼레 공항과는 9킬로미터 떨어져 있다. 시장과 쇼핑몰도 근처에 있으며 방값은 조식이 포함된 가격이다. 환전도 할 수 있어 장기 여행자들에게도 인기 있는 곳이다.

© booking.com

✿ 주소 Inku Silase Banty St, Addis Ababa, Ethiopia  요금 23달러

## 🍽 먹거리

## 토모카 카페 | TOMOCA

해외 관광객의 마음을 사로잡은 이 카페는 항상 자리가 부족하다고 한다. 여기에서 파는 커피를 한국에서도 즐기고 싶다면 토모카 원두를 구입하면 된다.

✿ 주소 Wavel St, Addis Ababa, Ethiopia  전화 +261-11-111-1781

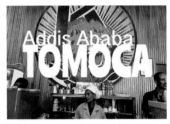

© Google Image

## 모예 커피 로스팅
| Moyee Coffee Roasting PLC

이곳은 한국인에게는 많이 알려지지 않았지만 작은 로스팅 공장이 있어 공장투어를 하는 단체도 간혹 볼 수 있다. 250그램에 한화 2,500~3,000원 정도로 품질 좋은 커피콩을 저렴하게 구입할 수 있어 선물용으로도 많이 산다. 모예 커피는 에티오피아 기내 면세품목에도 들어가 있고 네덜란드 외 유럽으로도 수출되고 있는 품질 좋은 커피다.

✿ 주소  Ring Rd, Addis Ababa, Ethiopia  홈페이지 https://www.moyeecoffee.com/

© http://gcrmag.com/profile/view/fairchain-coffee-revolution-or-false-promise

## 루시 라운지 앤 레스토랑
| Lucy Lounge & Restaurant

국립박물관과 아디스아바바공과대학 옆에 있는 레스토랑
으로 에티오피아 음식, 이탈리아 음식 등 다양한 나라의 음
식이 있어 외국인이 많이 방문한다. 성수기에는 사람이 많아
자리가 없거나 주문하고 오래 기다려야 한다는 불편함이 있
다. 반대로 비수기에는 정원을 구경하며 여유 있는 식사를
즐길 수 있다.

©트립어드바이저

✿ 주소 St George St | Arada Sub City, Next to National
Museum, Addis Ababa, Ethiopia 전화 +251-91-114-6646

## 바타 트래디셔널 레스토랑 앤 바
| Bata Traditional Restaurant & Bar

에티오피아 현지 문화를 즐기며 밥을 먹을 수 있는 훌륭한
식당으로 아름답고 소박한 정원에서 전통 음악과 춤을 보며
식사할 수 있다. 말 그대로 문화를 즐길 수 있는 특별한 레스
토랑이다.

©트립어드바이저

✿ 주소 Off from Bole road to Rwanda Embassy and
straight down about a 800 meters and Bata Restaurant
will be on your right hand side 전화 +251-11-663-1096

# Chapter 03

## 메켈레 Mekele

아디스아바바에서 북쪽으로 약 780킬로미터 정도 떨어진 곳에 위치한 메켈레에는 에티오피아에서 가장 유명한 다나킬이 있다. 소금사막과 타오르는 활화산을 직접 두 눈으로 볼 수 있어 인기가 좋다. 하지만 아디스아바바와 달리 생활 인프라가 부족한 도시이므로 미리 만반의 준비를 하는 편이 좋다. 또한 종족 간 분쟁이 잦아 위험지역으로 손꼽히는 곳이기도 하기 때문에 안전에 유의해야 한다. 항공편이나 버스 편으로 이동할 수 있으나 에티오피아 항공은 할인이 되므로 에티오피아 국내선을 이용하기를 추천한다.

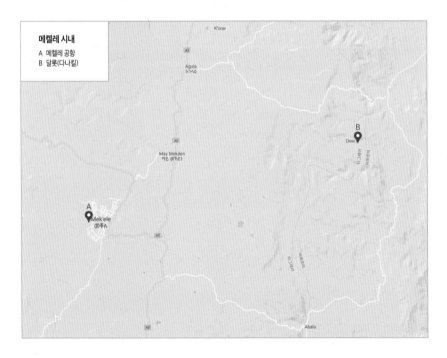

**메켈레 시내**
A 메켈레 공항
B 달롯(다나킬)

## ◉◉ 볼거리

### 다나킬 투어 | Danakil Tour

다나킬은 에티오피아 북부에 있는 사막이며 화산 활동이나 지각변동이 잦은 다나킬 함몰지Danakil Despression는 지구상에서 가장 고도가 낮은 축에 드는 지역이다. 다나킬은 수천 년 전에는 홍해의 일부였기에 지금도 광활한 소금평원과 소금호수가 남아 있다. 그래서 이곳에 사는 아르파 족은 암염을 채굴해 생계를 유지한다. 소금사막뿐만 아니라 유황온천도 볼 수 있으며 타오르는 용암 또한 볼 수 있다. 용암이 흐르는 곳은 세계 각국의 관광객이 많이 찾는 관광지로 전 세계의 화산 중 으뜸이라고 말할 수 있다.

### 아심바 게스트 하우스 | Asimba Guest House

직원이 친절하고 시설이 깨끗해 여행자들의 사랑을 받는 곳이다. 위치가 좋아 이동하기 편하고 고급 호텔 못지않은 시설을 겸비하고 있다.

❀ 주소 Kebele 17, Mek'ele, Ethiopia  요금 60달러

ⓒ booking.com

### 플래닛 호텔 | Planet Hotel

메켈레에서 가장 좋은 호텔로 손꼽히는 곳으로 완벽한 시설을 갖추고 있다. 무료 와이파이와 조식을 제공하고 수영장을 구비하고 있다. 배낭여행자에게는 다소 부담스러운 가격이지만 피로를 풀고 에너지를 충전하기에는 최적의 장소다.

❀ 주소 Hawulti, Mek'ele, Ethiopia  요금 80달러~

ⓒ 트립어드바이저

### 밀라노 호텔 | Milano Hotel

공항 셔틀을 운영하고 있고 와이파이도 사용할 수 있다. 다나킬 투어 회사 사무실이 바로 아래층에 있어 투어할 때 매우 편리하고 좋다.

❀ 주소 Balloni Kebele 09, 1000 Mek'ele, Ethiopia  요금 16달러

ⓒ 트립어드바이저

## 웨이라 펜션 | Weyra Pension

다나킬 투어 회사들과 1킬로미터 정도 떨어져 있으며 와이파이를 사용할 수 있다. 조용하고 저렴한 숙소를 찾는다면 안성맞춤이다.

🌸 주소 Alula Street mekele, Mek'ele, Ethiopia  요금 11달러

© booking.com

---

## 🍴 먹거리

## 카리부 키친 | Karibu Kitchen

야외 정원이 있는 레스토랑으로 분위기가 매우 좋다. 다양한 메뉴가 있지만 단연 피자가 최고다. 이곳에 한 번만 가는 사람은 없을 정도로 인기가 좋은 곳이다.

🌸 주소 Opposite the 7th Day Adventist Church in Mekelle, Mek'ele, Ethiopia

© 트립어드바이저

## 아베이 컬처 레스토랑 | Abay Cultural Restaurant

음악과 춤이 있는 레스토랑으로 식사를 하면서 현지 공연을 볼 수 있는 깨끗한 식당이다. 서비스도 우수하고 음식도 맛있다.

🌸 주소 Heading North along Hahefen Street, turn right after Zebra Cafe. Take the first left and follow the signs. Mek'ele, Ethiopia

© yelp

# 랄리벨라 & 악숨 Lalibela & Axum

종교의 성지인 랄리벨라와 악숨은 에티오피아에서만 볼 수 있는 특별한 관광지다. 먼저 랄리벨라는 '천사가 지어준 교회'라는 뜻이다. 원래 랄리벨라는 12세기 말 에티오피아를 통치하던 왕의 이름으로 이 이름에는 특별한 의미가 담겨있다. 옛날 에티오피아에서는 아기가 태어날 때 벌이 집에 들어오면 좋은 징조라고 생각했는데, 이 왕이 태어날 때 벌이 들어와 이름을 '랄리벨라'라고 지었다고 한다. 마을은 조용하고 한적하며 황무지가 연상된다. 하지만 관광객이 많아 조경이 깔끔하게 정돈돼 있고 도시가 세계문화유산으로 지정되면서 도시 전체를 재정비하고 있다.

원래 왕국이었던 악숨은 인도나 지중해 동부 지역 나라들과 무역을 하면서 부를 창조하던 곳으로 에티오피아 역사에서 빼놓을 수 없는 지역이다. 문화적·사회적 산업을 발전시켰다는 업적을 인정받아 1980년에 유네스코 세계문화유산에 등재됐다. 또한 에티오피아에서 유일하게 기독교 수도원을 볼 수 있는 곳이며 동아프리카에서 가장 오래된 '성모마리아의 시온교회'는 악숨 현지인들이 가장 좋아하는 교회다.

## 볼거리

### 암굴 교회 | Rock Churches

과거 에티오피아 사람들은 무슬림이 예루살렘을 함락한 이후부터 랄리벨라를 새로운 예루살렘으로 여겼으며 박해당하는 무슬림을 위해 지하에 11개의 암굴 교회를 지었는데, 현재 이 교회들은 유네스코 세계문화유산으로 등재됐다. 암굴 교회에 들어갈 때는 복장 규정을 지켜야 하며 50달러의 입장료를 내야 한다. 티켓은 4일 동안 사용할 수 있으며 각 교회마다 검표원이 있으니 버리지 말고 꼭 가지고 다니자.

✤ 주소 Lalibela 1260, Ethiopia

### 악숨 왕국 | Kingdom of Axum

과거 동로마 제국과 페르시아 사이에서 가장 강력한 국가였던 악숨 왕국은 시바 여왕의 나라로도 잘 알려져 있다. 악숨 지역에는 기독교 유적지가 많아 성지순례 코스로도 유명하다. 하지만 이곳에서 가장 유명한 유적지는 태양 숭배의 상징인 오벨리스크다. 이 오벨리스크는 최대 높이 33미터로 원래는 굉장히 높이 솟아 있었으나 현대에 들어와서는 두 동강 난 채 쓰러져 있었다. 다행히 세계문화유산으로 지정되면서 재건돼 과거의 웅장함을 다시 느낄 수 있게 됐다. 유적지 지하에는 왕의 무덤과 함께 여러 개의 방이 있으며 람하이 왕과 칼렙 왕의 무덤도 있다.

| 랄리벨라 숙소 |

### 랄리벨라 호텔 | Lalibela Hotel

랄리벨라 관광안내센터에서 100미터 떨어진 곳에 있는 이
곳은 랄리벨라에서 가장 인기 있는 호텔이다. 공항 셔틀(유
료)과 택시 및 셔틀 서비스를 이용할 수 있다. 자전거 대여(유
료)도 가능하고 시설이 잘 정비돼 있어 전반적으로 편안하게
이용할 수 있다.

🌸 주소 Geterge Street, Kebelle 02, Lalibela, Ethiopia 요금
30달러

ⓒ 트립어드바이저

### 허니랜드 호텔 | Honey Land Hotel

랄리벨라 교회와 매우 근접해 있다. 특히 암석 1교회에서 도
보로 5분밖에 걸리지 않으며 시설이 깨끗해 인기가 좋은 곳
이다. 가격에 비해 만족도가 높은 호텔이다.

🌸 주소 Lalibela 7220, Ethiopia 요금 싱글 룸 30달러

ⓒ 트립어드바이저

### 세븐 올리브스 호텔 | Seven Olives Hotel

현지인의 중심 집결지인 랄리벨라 광장
에 있는 호텔이다. 랄리벨라 교회와는 5
킬로미터 정도 떨어져 있으나 도시 중
심에 있어 레스토랑과 은행 등 주변 인
프라가 좋다. 시설도 깔끔하고 24시간
내내 보안이 이뤄져 안전하다. 호텔과

함께 레스토랑을 운영하고 있으며 레스토랑에서는 높은 퀄리티의 에티오피아 음식을 맛볼 수 있다.

🌸 위치 랄리벨라 광장 요금 30달러

## 소라 롯지 랄리벨라 | Sora Lodge Lalibela

공항 픽업 서비스와 조식이 제공되며 새로 지은 곳이라 시설이 매우 깨끗하다. 랄리벨라 교회와 가까워 이동하기 편리하며 와이파이도 무료다. 세계문화유산으로 지정돼 있는 랄리벨라 특유의 건축양식대로 지은 곳이기도 하다.

✿ 주소 Geterge, Lalibela, Ethiopia 요금 100달러

©트립어드바이저

| 악숨 숙소 |

## 호텔 데리나 | Hotel Delina

주요 관광지 1킬로미터 이내에 있으며 깨끗하고 저렴해 배낭여행자들에게는 최고의 호텔이다.

✿ 주소 Fikada Kebele 02, 1000 Aksum, Ethiopia 요금 23달러

## 콘소라 인터내셔널 호텔 | Consolar International Hotel

중요 관광지와 1.7킬로미터 떨어져 있으며 무료 와이파이를 사용할 수 있다.

✿ 주소 Menahria Maibel, 0287 Aksum, Ethiopia 요금 62달러

# 곤다르 Gondar

곤다르는 에티오피아 암하라 주의 도시로 타나 호수 북쪽에 위치한다. 과거 에티오피아 제국의 수도이기도 했으며 부를 가장 많이 축적한 곳이기도 하다. 지금도 부유한 제국의 역사를 보존하고 있으며 곤다르 성 투어를 하면서 과거를 되짚어볼 수 있다. 또한 다션<sup>Dashen</sup> 맥주 공장이 있으므로 시원한 생맥주와 함께 여유를 즐기고 싶다면 꼭 들르자.

## 🔭 볼거리

### 곤다르 성 | Castles of Gondar, 파실게비 | Fasil Ghebb

곤다르 성은 에티오피아의 예전 수도답게 에티오피아의 역사가 살아 숨 쉬는 곳으로 에티오피아 황제들의 요새이자 부의 상징이었던 궁전이 있다. 유적으로는 수도원, 도서관, 연회장, 마구간 그리고 사자들을 가둬놓던 우리 등이 있으며 건축물도 한 가지 건축양식이 아닌 아랍, 아프리카, 힌두 등 여러 문화의 영향을 받았고 선교사들의 영향으로 바로크 양식도 찾아볼 수 있다. 지금은 성 외벽과 내부가 많이 손상돼 있지만, 내부를 보면 무

슨 용도로 사용하던 방이었는지 바로 알 수 있다.

곤다르 성과 2킬로미터 떨어진 곳에는 '파실라다스 황제의 욕조Fasilides' Bath'라고 불리던 파실게비 수영장이 있다. 깊이는 2.5미터이며 신기하게도 수영장 가운데에 건물이 들어서 있다. 수영 대회와 왕족들의 파티 장소로 이용했다고 하며 지금도 전통의식을 행하는 팀카트Timkat 축제가 열릴 때면 물을 채운다. 또 예수의 세례를 그대로 재현한 세례 의식도 진행한다고 한다.

✿ 주소 Gondar region, Gonder, Ethiopia  전화 +251-91-102-1308

## 시미엔 산 | Semien Mountains National Park

시미엔 산은 1978년에 유네스코 세계문화유산으로 지정된 국립공원이다. 자연 경관이 뛰어나고 에티오피아에서만 볼 수 있는 희귀 야생동물을 만날 수 있는 트레킹 코스가 있어 인기가 좋다. 숙박시설과 편의시설이 미비해 불편할 수 있지만, 그만큼 깨끗한 자연을 즐길 수 있다는 의미이기도 하다. 우기가 끝난 직후인 10월에 가장 푸른 산을 볼 수 있으며 산에 올라가는 길 내내 화산활동으

로 생겨난 봉우리와 폭포 등 웅장한 경관이 계속 등장하는 것이 일품이다. 해발고도 4000미터의 높은 산이지만 산악인이 아니어도 충분히 오를 수 있는 산이라 트레킹을 즐기는 사람들에게 인기가 좋다. 곤다르에서 시작해 악숨에서 끝나는 투어 상품도 있으니 다음 여행지가 악숨이라면 꼭 투어 일정을 확인해보기를 바란다.

✿ 주소 Gonder 0125, Ethiopia  전화 +251-92-196-3544

## 다션 맥주 공장 | Dashen Beer Factory

여행 중 시원한 생맥주를 마시고 싶다면 다션 맥주 공장에 가보자. 곤다르 시내에서 20~30분 정도 거리에 있으며 공장 내에 있는 레스토랑에서는 저렴하고 맛있는 서양음식과 공장에서 갓 뽑은 맥주를 제공한다. 하지만 공장에 직접 들어가서 견학하지 못할 수 있으니 미리 연락한 후 방문해보기를 바란다. 맥주 공장에 들어가지 못하더라도 맛있는 음식과 생맥주를 즐기러 방문하는 것도 충분히 좋을 것이다.

✿ 주소 Road To Bahir Dar And Airport, Gonder, Ethiopia

# 플로리다 인터내셔널 호텔
**Florida International Hotel**

파실게비(곤다르 성)에서 7킬로미터 떨어진 곳으로 공항과는 12분밖에 걸리지 않는다.

✿ 주소 Road to Airport, Gonder, Ethiopia  요금 45달러

© hotels.com

# 고하 호텔 | **Goha Hotel**

창문으로 곤다르 전체를 볼 수 있으며 내부는 고급스러운 느낌이 난다. 야외 수영장이 있으며 공항 셔틀 서비스를 무료로 이용할 수 있다. 또한 퀄리티 높은 서비스를 제공한다. 공항에서는 20분 거리, 파실게비에서는 10킬로미터 정도 떨어져 있다.

✿ 주소 Arboghoch Adebabay, 30, Gonder, Ethiopia  요금 85달러

© hotels.com

# 먹거리

## 더 포 시스터즈 레스토랑
| The Four Sisters Restaurant

뷔페식 식당으로 맛있는 음식과 신선한 과일이 있다. 분위기 좋은 야외에서 식사를 즐길 수도 있으며 서비스까지 완벽하다.

❀ 주소 By The Soccer Field Behind the Public Library, Gonder, Ethiopia 전화 +25-91-873-6510

© 트립어드바이저

## 하버샤 커피 | Habesha Coffee

하버샤는 '에티오피아 사람'이라는 뜻으로, 곤다르에서 유명한 카페다. 비록 허름한 곳에 있지만 커피 맛은 특별하다. 특히 에티오피아 마키아토를 추천한다.

❀ 주소 Piazza, Gonder, Ethiopia

© 트립어드바이저

## 고하 호텔 레스토랑 | Goha Hotel Restaurant

고하 호텔에 있는 레스토랑이다. 곤다르에는 대부분 현지 로컬 식당만 있어 맘에 드는 식당을 찾기 힘들 수 있다. 비싸지만 깔끔하고 여유 있는 식사를 즐기고 싶다면 추천한다.

❀ 주소 Gonder, Ethiopia 전화 +251-58-111-0634

© 트립어드바이저

# 06 바하르다르 Bahir dar

바하르다르는 에티오피아 북서부에 위치한
도시로 암하라 주의 주도이며 청나일강의
원류인 타나 호수 남쪽에 위치해 있다. 에티
오피아의 주요 관광지에 속하는 이곳은 타
나 호수와 나일강이 있을 뿐만 아니라 다양
한 꽃으로 도시를 장식하고 조경의 조화로
움에도 신경을 써 도시 자체가 아름답다. 평

화의 상징으로 통하는 도시여서인지 사람들도 친절하다. 날씨를 만끽하고 여유를 즐기기에
좋은 관광지다.

바하르다르
A 타나 호수
B 청나일 폭포
C 바하르다르 공항

## 🔭 볼거리

### 타나 호수 | Tana Lake

바하르다르 한가운데 위치한 타나 호수는 청나일강의 발원지다. 서울보다 여섯 배나 큰 호수에는 37개의 섬이 있고 그 안에 수도원이 10여 개 있다. 600년 전 무슬림의 공격을 피해 섬으로 들어가 종교를 지켜낸 수도사들의 작은 마을이 있는 것이다. 꼭 섬에 가지 않더라도 에티오피아의 황홀한 날씨를 즐기며 충분히 휴식을 취할 수 있어 외국인 관광객이 많이 찾는다. 호수를 바라볼 수

있는 레스토랑에 가면 이들의 여유를 함께 즐길 수 있을 것이다.

### 청나일 폭포 | Blue nile falls

'블루나일 폭포'라고도 불리는 청나일 폭포는 아프리카에서 두 번째로 큰 폭포다. 바하르다르 시내에서 한 시간 정도 떨어져 있으며 대중교통으로 갈 수는 없다. 비포장도로를 한 시간 넘게 달려야 해 오토바이나 바자지로 가기에는 무리가 있기 때문이다. 폭포 입구에서 한 시간 정도 걸어 들어가면 작은 마을이 나오는데 아이들이 뒤따라오며 목걸이와 바구니를 사라고 하기도 한다. 폭

포로 가는 길에는 흔들다리를 건너야 하며 다리 끝에서는 음악을 연주하는 사람이 반겨준다. 강물의 양이 많으면 웅장한 물줄기와 무지개를 볼 수 있다.

## 🏨 숙소

### 솔리아나 호텔 | Solyana Hotel

타나 호수 내 위치한 수도원과 2.7킬로미터 떨어져 있으며 이 곳저곳 돌아다니기 편한 곳에 있는 호텔이다. 시설이 깔끔하고 깨끗해 외국인 관광객이 많이 찾는 곳이다. 무료로 와이파이를 사용할 수 있으며 조식을 제공한다.

🌸 주소 keble 14 next to Egziaberab Church, 1010 Bahir Dar, Ethiopia 요금 35달러

ⓒ트립어드바이저

### 마무히 백패커스 롯지 | Manuhie Backpackers Lodge

타나 호수와 700미터밖에 떨어져 있지 않으며 호수 주변 호텔 중 가장 평점이 높다. 자전거를 빌릴 수 있으니 자전거를 타고 바하르다르 시내를 돌아봐도 좋겠다.

🌸 주소 Kebele 03, around lake tana, Bahir Dar, Ethiopia 요금 10달러

ⓒ트립어드바이저

## 🍴 먹거리

### 디세트 롯지 | Desset Lodge

식당에서 바라보는 풍경이 아름답고 최고의 음식이 제공되는 곳으로 타나 호수 바로 옆에 있다. 야외 좌석도 있으며 생맥주를 판다. 조용하고 경치가 좋아 커플에게도 인기가 좋다. 바하르다르 중심에 있어 쉽게 찾을 수 있을 것이다.

🌸 주소 Main Airport Road | Next to Old Stadium, Bahar Dar, Ethiopia 전화 +251-91-834-0199

## 우드 커피 | Wude Coffee

넓고 예쁜 정원이 있는 카페다. 바하르다르에서 가장 유명하며 외국인 관광객이 많이 찾는 곳이다. 커피 메뉴도 다양하고 에티오피아 전통 커피 '분나'를 맛볼 수 있다.

✿ 주소 Infront of kuriftu resort and spa, Bahar Dar 1417, Ethiopia 전화 +251-91-192-0891

ⓒ 트립어드바이저

## 아베이 민치 롯지 레스토랑 | Abay Minch Lodge Restaurant

리조트 내에 있는 레스토랑으로 리조트는 타나 호수 앞에 위치한, 수영장이 딸린 고급 호텔이다. 가격은 비싸지만 퀄리티가 높은 음식과 서비스를 제공한다. 후식으로는 아이스크림 튀김이 유명하다.

✿ 주소 Near Adewa Road, Bahar Dar, Ethiopia 전화 +251-58-218-1039

ⓒ 트립어드바이저

## 쿠리후 리조트 | kuriftu resort bahir dar

아이스크림 튀김을 디저트로 먹을 수 있는 고급 레스토랑이다. 맛 좋은 서양음식을 제공하며 와인과 함께 근사한 저녁을 즐길 수 있다.

✿ 주소 off the main road, Bahir Dar, Ethiopia 전화 +251-91-109-1185

ⓒ 트립어드바이저

ⓒ 트립어드바이저

# 다나킬Danakil 스페셜

다나킬은 에티오피아 북부에 있는 사막으로 마치 다른 행성에 간 것 같은 신비한 곳이다. 산업혁명으로 변해가는 에티오피아의 다른 도시와는 달리 현지 그대로를 경험할 수 있고 정돈되지 않은 신비한 자연(소금사막, 유황지대, 용암)을 볼 수 있다. 투어로만 관광할 수 있다.

## 다나킬 일정

### 1일차: Mekele-Hamade Ela
메켈레에서 유황지대로 이동한다. 노란색과 초록색 그리고 황무지의 묘한 색을 감상할 수 있다.

### 2일차
아침 일찍 출발해 에타에일Erta Ale에 위치한 아소코마Askoma로 이동한다. 화산으로 가는 길은 매우 험난하다. 80킬로미터 이상 이동해야 하며 가는 동안 굳은 용암, 암석, 모래 그리고 가끔 보이는 야자수 등 시시각각으로 바뀌는 풍경을 감상할 수 있다. 작은 마을들을 지나 늦은 오후 아소코마에 도착하면 9킬로미터의 트레킹이 시작된다. 트레킹 중 해가 지면서 멀리서 타오르는 용암을 볼 수 있다. 저녁에는 야외에서 캠핑을 한 후 30킬로미터의 화산을 직접 눈으로 볼 수 있다.

### 3일차
새벽 일출과 함께 용암 주변을 산책한다. 캠프사이트로 돌아온 후 소금호수Lake Afdera 지역으로 이동한다. 새하얗게 쌓인 소금 때문에 마치 눈이 온 듯한 느낌이 들 것이다. 소금이 채굴되는 곳으로 이동해 소금을 캐는 사람과 나르는 낙타들의 이동도 볼 수 있다.

## 4일차
메켈레로 다시 이동한다.

★ 투어 회사마다 일정 순서가 다를 수 있다. 보통 용암, 소금호수, 유황지대 등 세 곳을 방문하고 작은 마을에서 식사를 해결한다. 자세한 일정은 업체에 미리 문의해보는 것이 좋다.

# 자주 묻는 질문

### Q 샌들을 신고 가도 되나요?

A  신발은 가장 편한 것을 신으면 된다. 하지만 투어 때 돌이 많은 곳이나 바위 지형을 많이 다녀야 하고 또 장시간 걷기 때문에 샌들보다는 운동화나 가벼운 트레킹화를 추천한다. 살이 긁히거나 상처가 나면 감염될 수도 있기 때문이다.

### Q 복장은 어떻게 준비해야 할까요?

A  지레짐작으로 아프리카가 덥다고 생각한다면 큰 오산이다. 앞에서도 말했듯이 에티오피아는 평균 기온이 16도 정도로 저녁에는 춥다. 그러므로 경량패딩이나 바람막이를 챙기는 것이 좋고 활동하기 편하고 가벼운 등산바지도 도움이 된다.

### Q 침낭이 필요할까요?

A  부피를 많이 차지하는 침낭은 여행자들이 들고 갈지 말지 가장 많이 고민하는 물건이다. 하지만 만약 내가 아프리카를 다시 여행한다면 침낭을 꼭 들고 갈 것이다. 다나킬 투어는 1박을 제외하면 모두 야외에서 자야 한다. 이때 침낭이 없으면 모래바람을 그대로 맞으며 자야 하고 또 꼼짝없이 추위를 견뎌야 한다. 저렴하고 가벼운 침낭을 챙겨가자. 무조건 비쌀 필요는 없다.

## Q 다나킬 투어는 예약을 하고 가야 하나요?

Q 일정이 빠듯하고 계획적인 여행을 해야 한다면 예약을 하고 가기를 바란다. 메일로 문의하고 예약하면 된다. 또 최근에는 왓츠앱What's app을 사용하는 투어 회사가 많아져 실시간으로 확인하고 예약할 수 있는 곳도 있다. 예약을 한다면 해외송금보다는 현지 결제를 추천하고, 출발 전에 두 번 이상 확인하자.

## Q 아디스아바바에서 메켈레까지 어떻게 가나요?

### A 버스

열두 시간에서 열네 시간 정도 걸리며 우리나라 관광버스 같은 고속버스와 미니버스 모두 운영하고 있다. 비포장도로가 많고 중간중간 정류장에 멈출 때도 있기 때문에 더 오래 걸릴 수도 있다.

추천 버스 회사
**Selam Bus Line**
홈페이지 https://selambus.wordpress.com/
**Ethio Bus**

### A 비행기

에티오피아 항공을 타고 왔다면 에티오피아 국내선을 반값에 이용할 수 있으니 비행기를 타는 편이 이득이다. 하지만 에티오피아 항공이 아닌 다른 항공사를 이용하면 할인을 받을 수 없다는 점을 기억하자. 비행기를 타면 다나킬에 한 시간 내로 도착할 수 있다. 그리고 투어 회사에 공항 픽업을 요청하면 안전하게 이동할 수 있을 것이다.

## Q 식사는 어떻게 하나요?

A 투어 비용에 모든 식사 비용이 포함돼 있다. 물론 현지식으로 준비되는 경우가 많기 때문에 입맛이 까다롭다면 개인적으로 먹을 것을 챙기자. 보통 투어 비용에 물은 포함되고 음료 및 주류는 포함되지 않는다.

## Q 화장실은 어떻게 가고 샤워는 어떻게 해야 하나요?

A 화장실은 정해진 곳이 없다. 화장실에 가고 싶을 때 드라이버에게 말하면 적당한 곳을 찾아 차를 세워준다. 그럼 차에서 내려 바위 뒤에서 볼일을 보면 된다. 야외 취침을 하기 때문에 샤워는 불가능하며 3일 중 하루, 게스트하우스에 머물 때만 씻을 수 있다. 하지만 물이 부족하기 때문에 몸 전체를 닦기는 힘들 수 있다. 전반적으로 위생이 좋지 않으므로 티슈나 물티슈를 챙겨가면 유용하게 사용할 수 있다.

## Q 투어할 때 옷은 어떻게 입어야 하나요?

A 낮에는 햇볕이 뜨겁기 때문에 가볍게 입되 살이 타지 않도록 모자나 바람막이를 준비하는 편이 좋다. 모래바람이 많이 부니 마스크나 스카프를 착용하는 것도 도움이 된다.

## Q 비용은 얼마 정도 드나요?

A 투어 회사마다 다른데, 최저 400달러부터 시작이다. 그룹으로 가면 더 저렴하게 갈 수 있지만 저렴하다고 무조건 좋지만은 않다. 여러 투어 회사에 연락해 비교해보기를 바란다.

## Q 예약은 어떻게 하나요?

A 한국에서 예약하는 방법이 있고 현지 사무소에 가서 예약하는 방법이 있다. 모든 계획을 짜놓고 출국한다면 미리 메일이나 전화로 확답을 받고 가는 편이 좋고, 자유여행이라면 직접 방문해서 예약하는 것도 괜찮다. 하지만 직접 방문할 경우 투어를 떠나는 날짜가 정해져 있으므로 시간적 여유를 두는 것이 좋다. 그리고 예약할 때 메켈레까지 어떻게 가는지, 항공권 예약 시 할인을 어떻게 받을 수 있는지, 숙소는 어디가 좋은지, 공항 픽업 및 드롭을 해주는지 등을 물어보자.

# 다나킬

이름부터가 수상하다. 긍정적인 단어는 아닌 것 같다. 다나킬에 가면 '극한'이
라는 단어가 저절로 떠오를 것이다. 나는 평소 산 오르기와 운동을 좋아해 체
력이라면 자신 있었다. '힘들면 얼마나 힘들겠어?'라고 생각하고 발걸음도 가
볍게 하루를 시작했지만 첫날부터 모든 것이 쉽지 않았다. 화장실 찾기도 어려
웠고 달랑 침낭 하나에 의지해 지붕과 벽 없이 별을 보며 자는 것도 완전히 새
로운 경험이었다. 한국에서 언제 이런 경험을 해볼 수 있을까?

3박 4일간의 다나킬 투어는 마치 다른 행성을 다녀온 것 같은 느낌이었다. 눈
이 내린 것 같은 소금사막은 노을이 닿는 순간 보석으로 변하는 듯했다. 또 지
독한 냄새를 참아야 했지만 이제껏 본 적 없는 유황지대를 봤을 때는 감탄이
절로 나왔다. 지구가 아닌 다른 곳에 온 것 같아 내 자신이 특별하게 느껴질 정
도였다. 그리고 화산. 화산은 때에 따라 가까이 볼 수도 있고 반대로 아예 다가
갈 수조차 없을 수도 있는 곳이다. 나는 걷다가 발 밑 돌에 흐르는 붉은 마그마
에 겁을 먹기도 하면서 마그마가 튀면 사람에게 닿을 정도의 거리에서 화산과
마주했다. 뜨겁게 타오르고 튀어오르는 용암에 모든 사람이 숨을 죽였다. 나
역시 숨죽여 바라보기만 했다.

3박 4일 동안 덥고 힘들었다. 오랜 시간 걸어야 했고 중간에 뒤처지는 사람도
많았다. 하지만 타오르는 마그마를 본 순간 '여기 오길 잘했군'이라는 생각이
들었다.

그렇지만 다른 행성으로의 여행은 다나킬만으로 충분할 것 같다.

Kenya

# PART 09

# 케냐

케냐의 정식 명칭은 케냐 공화국Republic of Kenya이다. 인도양과 접한 지역은 저지대, 내륙으로 향할수록 고지대라는 지형적 특색이 있다. 수도인 나이로비도 1670미터라는 비교적 높은 고도에 있으며, 환경이 이렇다보니 커피 농사를 짓기 적절하다. 아프리카의 다른 나라처럼 케냐에도 역시 5000미터가 넘는 산인 케냐 산이 있으며, 동물이 살기 좋아 엄청난 양의 동물의 보고가 있다. 빠른 속도로 발전하고 있는 도시와 더불어 지금도 전통의상을 입고 다니는 마사이족도 있어 구시대와 신시대가 공존하는 흥미로운 나라다.

# 케냐 들어가기

## 케냐 둘러보기

### 기본 정보

| | |
|---|---|
| 수 도 | 나이로비(Nairobi) |
| 사용 언어 | 영어, 스와힐리어 |
| 종 교 | 기독교 80%, 이슬람 10%, 기타 10% |
| 전 압 | 220V, 240V |
| 환 율 | 1,000원 = 90.03케냐 실링 |
| 은행 | Central Bank of Kenya |

국가명
케냐
(Kenya)

공휴일 **New Year's Day** 1월 1일 **Good Friday**(성 금요일) 매년 변동 **Easter Day**(부활절) 매년 변동 **May Day**(노동절) 5월 1일 **Madaraka day**(자치정부수립기념일) 6월 1일 **Moi Day** 10월 10일-케냐 2대 대통령 모이 대통령을 기념하는 날 **Kenyatta Day**(케냐타 데이) 10월 20일-케냐 초대 대통령이자 독립운동가 케냐타를 기념하는 날 **Independence Day**(독립기념일) 12월 12일 **Idd Ul Futr**(라마단 금식 종료일) 매년 다름 **Christmas** 12월 25일 **Boxing Day** 12월 26일

**케냐 전체 지도 [ 📍 ]**
A 나이로비
B 암보셀리 국립공원
C 몸바사
D 나쿠루 호수
E 마사이마라 국립공원
F 모얄레

**국경 근처 나라 [ 📍 ]**
A 우간다
B 탄자니아
C 에티오피아
D 소말리아

비자 정보

### 도착 비자
공항으로 입국하거나 에티오피아 쪽 모얄레 국경 또는 탄자니아 쪽 나망가 국경을 넘어오는 경우 출입국 관리소에서 직접 비자를 구매할 수 있다. 한때 e-visa만 되고 도착 비자는 안 된다는 말과 함께 구매를 지양하던 때도 있었다. 하지만 최근에는 다시 도착 비자를 신청하는 사람들이 많아지고 있다.
비용 50달러

### E-VISA
케냐는 온라인으로 비자를 발급받을 수 있다. 가장 편리한 방법이기도 하고, 사전에 비자를 취득하는 것만으로도 국경에서 받을 스트레스의 절반은 줄일 수 있다. www.evisa.go.ke에서 Single Entry/Transit 비자(72시간 내 경유용) 중 적합한 쪽을 선택한 뒤 진행한다.
양식을 작성하고 대금을 지불하면 'Bill-paid(지불됨)'라는 문구가 뜨고 'Approval-Pending(결제 진행 중)'으로 처리된다. 마지막으로 'Approval'이 'Issued' 됐다고 뜨면 발급된 것이다.

### 준비물
여권 사진, 50달러, 만료되지 않은 여권

### 팁
나의 경우 첫 번째 갈 때는 분위기도 낼 겸 케냐 대사관에 직접 방문해 서류도 작성해보고 대사관 앞에서 사진도 찍었으나 두 번째 갈 때는 온라인으로 신청했다. 두 비자 모두 모두 입국할 때는 큰 차이가 없었으나 편의 측면에서 e-visa가 단연 편했다. 하지만 여러 나라를 여행할 예정이라면 이태원에 다른 대사관들도 있으니 겸사겸사 함께 방문한 후 간 김에 아프리카(나이지리아, 모로코, 케냐 등) 로컬 음식도 먹어보기를 추천한다.

 국경

| 인접국 | 국경 명칭 | 여는 시간 | 닫는 시간 |
|---|---|---|---|
| 탄자니아 | 나망가namanga | 00:00~24:00 | |
| 에티오피아 | 모얄레moyale | 08:00 | 18:00 |

## 안전수칙

### 주의사항

**비리 공권력 주의**
아직 경찰이나 군인의 부정부패가 만연해 범죄가 일어났을 때 대처가 미온하며, 수사 시 착수비 등 뒷돈을 요구하는 사례가 있다.

**날치기 주의**
의외로 많이 당하는 범죄 중 하나가 날치기다. 길거리에서 가방이나 핸드폰을 낚아채는 것 외에도 차 밖에서 열린 차창에 손을 집어넣어 물건을 낚아채가는 경우가 더러 있으니 조심해야 한다.

**슬럼지역 주의**
키베라 등 슬럼지역은 방문을 삼가고, 업무나 봉사활동으로 방문하는 경우에도 불필요한 사진촬영으로 문제가 되지 않도록 주의해야 한다.

**긴급 연락처**
긴급 전화 999
★ 범죄, 화재, 긴급 구조, 로밍 폰 사용 시: +254-20-999

**대사관 연락처**
주소 1st, 2 nd Fl. Misha Tower, Westlands Road, Nairobi, Kenya,
대표번호 +254-20-361-5000
긴급 연락 +254-708-984-891
메일 emb-ke@mofa.go.kr
근무시간 월~금 08:00~17:00(점심시간: 12:00~13:00)

**주요 병원 연락처**
Nairobi hospital
대표번호 284-5000

Aga Khan
대표번호 366-2000

Kenyatta Hospital
대표번호 272-6300
* 출처. 외교부 해외여행 안전 가이드라인

## 기후

### 두 번의 건기와 우기가 오는 케냐

봄과 가을에는 우기가 온다. 4월~5월이 첫 번째 우기, 11월~12월이 두 번째 우기다. 대개 4월이 강수량이 가장 많아 이때 여행하면 비를 자주 마주칠 가능성이 크니 주의하자. 6월~7월은 겨울로, 건조하다. 시기가 유럽의 휴가철과 맞물려 성수기인 때이기도 하다. 보통 3월이 가장 덥고 7월이 가장 시원하니 여행 일정을 짤 때 참고하자.

### 자연재해

다행히 케냐는 자연재해가 적어 지진이나 태풍의 피해에서 비교적 자유로운 나라다. 일부 지역에 가뭄이 들거나 우기 때 비가 오는 경우도 있지만 다른 국가와 비교해 심각한 편은 아니다.

## 케냐 더 알아보기

## 아프리카의 커피

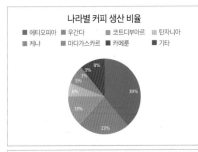

**나라별 커피 생산 비율**

■ 에티오피아 ■ 우간다 ■ 코트디부아르 ■ 탄자니아
■ 케냐 ■ 마다가스카르 ■ 카메룬 ■ 기타

39% / 23% / 13% / 6% / 5% / 3% / 3% / 8%

**나라별 커피 소비율**

■ 에티오피아 ■ 알제리 ■ 이집트 ■ 수단 ■ 모로코
■ 남아공 ■ 튀니지 ■ 마다가스카르 ■ 코트디부아르 ■ 기타

28% / 18% / 8% / 7% / 6% / 6% / 5% / 4% / 4% / 14%

아프리카에서 특히 유명한 커피 생산 국가들이 있다. 케냐(AA), 탄자니아(AA), 에티오피아(예가체프), 르완다(레이크 키부) 등이 그렇다. 나는 케냐와 탄자니아 두 군데서 커피 투어를 해볼 기회가 있었다. 케냐의 커피 농장 투어는 굉장히 넓은 부지에 공장형태로 돼 있었던 반면 탄자니아에서는 마랑구 언덕에서 작게 농장을 운영하고 있는 소유주에게 투어를 신청했다. 케냐에서는 70달러 안팎의 비용을 냈고, 탄자니아에서는 50달러 정도를 냈다(협상만 잘 한다면 더 싸게 체험할 수도 있다). 에티오피아는 2박 3일 기준

으로 200달러 정도를 요구해 가지 않았다. 예가체프 농장에 가보지 못했다는 아쉬움이 남는다.

선물로 뭘 살까 고민하고 있다면 커피콩이 가장 적합하다고 생각한다. 무게에 따라 조금씩 다르긴 하지만 250그램이나 500그램짜리 꾸러미를 만 원 안팎에 살 수 있으므로 여러 명에게 돌려도 부담이 적다. 비용 면에서도 현지의 상징을 준다는 측면에서도 아주 적합하다. 단점은 너무 많이 사면 무게가 많이 나가 들고가기가 다소 힘들 수 있다.

커피 브랜드 중 AA는 이제 브랜드처럼 자리매김했지만 정확히는 맛이 아닌 크기와 모양을 표현하는 단위다. 그래서 케냐 AA, 탄자니아 AA처럼 나라 이름을 붙여 부를 수 있는 것이다. AA의 경우 스크린 사이즈가 18(약 7.14밀리미터) 이상인 원두를 부르는 명칭이며, A와 B등급이 50퍼센트씩 섞인 AB는 스크린 사이즈가 15~16(약 6.4밀리미터) 정도다. 케냐에는 특별히 PB(Peaberry: 커피체리에 생두가 하나만 들어있음)라는 별도 등급도 있다. 또한 품질과 맛이 우수한 순으로 TOP, PLUS, FAQ 등으로 등급이 나눠진다. 예를 들어 Kenya AA TOP은 케냐에서 나는 커피 중에서도 아주 우수한 커피라고 할 수 있다.

에티오피아의 커피는 예가체프와 시다모 G2가 양대 산맥을 이루고 있다. 그 중 예가체프는 산미가 강해 커피를 잘 모르는 사람도 맛이 독특하다고 생각할 수 있다. 어떤 느낌인지 감을 잡아보고 싶다면 스타벅스 리저브 매장에서 에티오피아 예가체프 리저브를 시켜보자. '산미란 이런 것이구나'라고 느낄 것이다. G2는 카페인 함량이 상대적으로 낮아 다른 커피보다 덜 부담스럽다는 장점이 있다. G2란 300그램당 결점이 있는 원두의 개수가 4~14개 사이라는 의미다.

케냐의 유명 카페, 자바 하우스

**295**

# 내 입맛에 맞는 사파리 고르기

스와힐리어로 '여행'이라는 뜻의 사파리는 가장 유명한 세렝게티만 떠올리기 쉬우나 우리가 자주 가는 아프리카 국가들에는 하나 이상의 사파리가 가능한 국립공원이 있다. 남아공의 크루거, 나미비아의 에토샤, 보츠와나의 쵸베, 짐바브웨의 황게, 탄자니아의 세렝게티, 케냐의 마사이마라, 마다가스카르의 라노마파나, 우간다의 머치슨 국립공원 등이 그것이다. 뿐만 아니라 케냐의 암보셀리 국립공원처럼 풍경 또는 사진으로 유명한 곳들도 있다. 고르기 쉽게 유명한 사파리들의 특색을 간단 요약으로 알아보자.

## 케냐: 마사이마라 국립공원

세렝게티와 사실상 같은 곳이나 지리적인 여건으로 구분된 곳으로 7월~8월이 성수기다. 근처의 나쿠루호수Lake nakuru는 세상에서 가장 많은 플라밍고가 모이는 곳이니 놓치지 말자.

## 케냐: 암보셀리 국립공원

케냐지만 킬리만자로 산과 가까워 동물 무리와 함께 킬리만자로 산을 사진에 담을 수 있는 국립공원이다. 마사이마라의 명성에 묻혀있지만 점차 관광객 수가 늘어나고 있다.

## 탄자니아: 세렝게티 국립공원

'초원'이라는 수식어와 함께 인기로 전 세계 1위를 달리는 사파리로 동물의 종수와 마릿수가 가장 많다. 사파리 중 딱 한 군데만 간다면 주저 없이 이곳을 골라야 한다. 가는 길에 있는 응고롱고로 분화구 지대도 놓치지 말자.

## 보츠와나: 쵸베 국립공원

하루 만에 리버 크루즈river cruise와 육지의 게임드라이브를 모두 즐길 수 있는 사파리다. 세렝게티나 마사이마라보다 가격이 저렴하고 리빙스턴과도 한 시간 정도 거리로 가까워 접근성이 좋은 편이다.

## 짐바브웨: 황게 국립공원

사람들이 잘 가지 않는 사파리로, 정보가 없는 것은 아니지만 되도록이면 다른 사파리에 가기를 권장한다.

## 마다가스카르: 라노마파나

마다가스카르는 고립된 큰 섬이다. 그래서 라노마파나에는 카멜레온, 개구리, 거미, 특이한 새 등 이색적인 식생들이 살고 있다. 애니메이션 <마다가스카>를 보고 꽂혔다면 꼭 한 번 가볼 것. 이곳의 주인은 리머(여우원숭이)다. 하지만 실제로 사자나 기린은 살고 있지 않다는 점!

## 나미비아: 에토샤 국립공원

나미비아 북부 쪽에 위치한 사파리로 허가받은 차량과 가이드만 들어갈 수 있는 세렝게티와 달리 직접 운전해서 구경할 수 있다는 장점이 있다. 하지만 이곳에서만 볼 수 있는 이색적인 광경이 적은 편이라 아쉽다.

## 남아공: 크루거 국립공원

남아공 동북부에 위치한 공원으로 모잠비크 쪽에 있으며, 요하네스버그에서 약 여섯 시간 정도 걸린다. 규모가 커 운이 좋지 않으면 동물을 충분히 보지 못할 수 있지만 오히려 사파리 마니아들은 그것에 묘미가 있다며 주기적으로 크루거 파크를 찾는다. 여름철에는 말라리아 모기가 있어 조심해야 한다.

# 교통

## 항공

### 조모케냐타 공항

아프리카의 입국 루트 중 꽤 큰 비중을 차지하고 있는 나이로비의 조모케냐타 공항은 비행기가 많이 경유해 케냐를 들르지 않는 여행자도 거쳐가는 경우가 많다. 대한항공이 최초로 아프리카 직항을 운행한 공항이기도 하다(현재는 수요가 없어 사라짐).

에티오피아 항공을 이용해 에티오피아 에어라인을 타고 들어갈 수 있고, 에티하드나 에미레이츠, 카타르 항공을 타고 중동지역을 경유해 들어가는 방법도 있다. 또 중국 남방항공을 이용해 광저우를 거쳐 들어가는 방법도 있다. 최상위급의 5성 항공도 많이 취항한다는 의미는 그만큼 이곳이 인정받고 있으며 안정적인 공항이라는 뜻이다. 실제로 아프리카에 있는 공항임에도 불구하고 부대시설이나 호텔에서 운행하는 셔틀 등이 잘 돼있는 편이다. 보통 소규모 도시의 공항은 게이트도 하나고 전반적으로 공항이라기보다 터미널 같은 느낌인 경우가 많다.

동아프리카의 허브 공항, 조모케냐타

### 이용 가능 항공사(2018년 3월 기준)

Kenya airline, KLM, China Southern, Qatar Airways, British Airways, Ethiopian Airlines, Royal Air Maroc, Air France, Swiss, Etihad Airways, Lufthansa, Emirates, Saudia, Air Canada, Turkish Airlines, EgyptAir

## 버스

### 모던코스트 Mordern Coast

모던코스트는 케냐뿐만 아니라 탄자니아, 우간다, 르완다까지 갈 수 있는 버스를 운행하는 회사다. 탄자니아 근처에는 온라인으로 예약할 수 있는 버스회사가 비교적 적은데, 모던버스의 버스는 깔끔하고 가는 길이나 예상시간도 조회가 가능해 애용했다. 남부 쪽의 인터케이프 버스만큼 좋지는 않지만 말 그대로 충분히 '모던'하고 부드럽게 운전하는 기사님이 있어 안정감을 안겨준다. 온라인으로 예약한 후 사무실이나 버스 타는 곳으로 찾아갈 수도 있고, 현지에서 직접 예매해도 된다. 가격이 이미 정해져 있어 바가지가 없다는 것도 장점이다.

홈페이지 https://www.modern.co.ke/

### 임팔라 셔틀버스 impala shuttle

임팔라버스는 세련된 느낌의 중형버스로 셔틀버스와 비슷한 느낌이다. 공항에서 탈 때도 온라인 예약

모던버스를 타려고 줄 선 사람들

임팔라 셔틀버스

이 가능하다. 하지만 온라인으로 예매와 결제까지 한 번에 하는 경우 모던버스보다 불편하다. 메일을 보내 답변 받는 방식으로 진행되기 때문이다.
홈페이지 https://www.impalashuttles.com/

### ★ 탄자니아로 넘어가기

탄자니아로 넘어갈 때는 나망가 국경을 거치는데, 도착 비자 비용을 낸 후 황열병 예방접종 증명서 확인을 마치면 입국할 수 있다. 나이로비에서 육로로 가다보면 제일 먼저 아루샤를 마주하며 대개 버스는 아

침에 출발해서 늦은 오후에 도착하는 경우가 많다.

### ★ 에티오피아로 넘어가기

에티오피아로 바로 넘어가는 버스는 없다. 모얄레를 비롯해 여러 소도시를 경유해서 가야 한다. 그리고 가는 데 최소 1박 2일 이상이 걸리므로 건강상, 시간상 비행기를 타고 넘어가라고 권하고 싶다. 항공상으로는 거리가 가까워 비용도 10만 원 초반으로 들 것이다.

## 택시

나이로비에는 일반 택시와 우버가 있다.
일반 택시는 노란색과 흰색으로 칠해져 있으며 외부에 'taxi'라고 적혀 있다. 보통 친절하게 현지 가격을 부르기보다 바가지를 약간 씌우려 한다. 아예 바가지를 쓰지 않기는 어렵고, GPS를 켜서 제대로 이동하는지 확인한 뒤 길만 돌아가지 않는다면 적당한 가격으로 협상하는 편이 좋다. 현실적으로 현지인과 같은 가격을 내고 타기는 어렵다.
우버는 아프리카에서 활성화가 비교적 잘 돼있는 편이다. GPS를 기반으로 검색하므로 보다 편리하고 사용자 친화적이다. 그러나 택시업계에서는 우버를 그

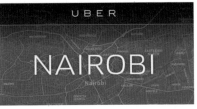
우버 나이로비 홍보 사진

리 달갑게 생각하지 않아 가끔 반대시위가 일어나거나 우버를 향해 돌멩이를 던지는 사람도 있다.

## 봉고·미니버스

나이로비뿐만 아니라 아프리카 전역에 있는 운송수단의 형태라고 봐도 좋다. 봉고나 작은 버스를 개조해 사람들을 태우고 내려주면서 돈을 받는다. 여럿이 최적의 거리를 이동하려 할 때 효율적인 교통수단이다. 마다가스카르에도 유사한 형태의 '마타투'라는

밴이 있는데, 현지인뿐만 아니라 닭이나 오리 등도 타 내부가 썩 청결하지는 않다. 그러나 진짜 현지를 느끼고 싶다면 몇 번쯤 타 봐도 재미있을 것이다. 다만 서로 굉장히 밀착해 앉아야 하니 항상 소지품을 조심하자.

# 케냐 여행 루트

## 직장인을 위한 단기 코스

### 케냐판 동물농장 코스

케냐의 메인인 마사이마라와 더불어 코끼리 고아원, 기린 센터를 방문해 유명 동물들이 포함된 볼거리를 모두 섭렵하는 코스다. 짧은 일정에 동물들과의 소중한 시간을 알차게 담았다.

|기간| 4박 5일

1일차 나이로비 조모케냐타 공항 도착 → 코끼리 고아원 방문

2일차 마사이마라 사파리 1일차
나쿠루 호수, 나이바샤 호수

3일차 마사이마라 사파리 2일차

4일차 마사이마라 사파리 3일차 → 나이로비 복귀

5일차 기린 센터 방문 → 카니보어 방문 → 조모케냐타 공항 이동

## 신혼여행 추천 코스

### 신혼부부를 위한 호화 사파리

케냐에서 사파리를 고급스럽게 즐겨보면 어떨까. 고급 롯지에 누워 동물을 구경하고, 기린 호텔에서 기린과 함께 점심식사를 할 수 있다면 평생 잊지 못할 최고의 여행이 될 것이다.

|기간| 5박 6일

1일차 나이로비 조모케냐타 공항 도착 → 기린 호텔 숙박

2일차 마사이마라 롯지 사파리 1일차
숙박: 심바 롯지

3일차 마사이마라 롯지 사파리 2일차
숙박: 애쉬닐 롯지

4일차 마사이마라 롯지 사파리 3일차 → 나이로비 복귀

5일차 코끼리 고아원 방문 → 백화점 및 나이로비 시내 쇼핑

6일차 케냐 커피 농장 투어 → 조모케냐타 공항 이동

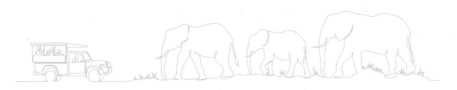

Chapter

02

# 나이로비 Nairobi

케냐 중남부에 위치한 수도 나이로비는 해발 고도가 1670미터에 이르며 연평균 기온이 약 18도 정도로 시원한 편이다. 동쪽으로는 인도양과 마주하고 있으며 서남부 지역으로 가면 마사이마라나 나쿠루 호수 등 다양한 동물들의 서식지를 만날 수 있다. 아프리카 내에서 요하네스버그와 더불어 치안이 불안하다는 평이 많으나 도시 자체는 상당히 발달된 편이며, 대형마트와 호텔도 들어서 있다. 허브가 되는 조모케냐타 국제공항도 있어 아프리카 종단을 생각하고 있다면 반드시 거쳐야 하는 도시 중 하나다. 소말리아와 인접해 있어 동북쪽은 위험경보가 내려지는 경우가 있으며 군사분계선에서는 소소한 분쟁 사건도 많으니 최대한 안전 여행을 중심으로 계획을 세우는 것이 중요하다.

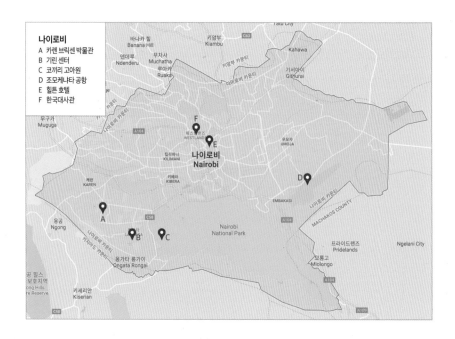

## 코끼리 고아원 | Sheldrick Elephant Orphanage

<무한도전> '도토! 잠보~' 편으로 방송에 노출되면서 널리 알려진 곳이다. 원래 이름은 sheldrick elephant orphanage로 부모를 잃은 코끼리들을 기르고 양육하는 곳이다. 후원도 받고 있으며, 직접 밥을 챙겨주고 직원들과 함께 코끼리를 돌볼 수 있도록 시스템이 잘 돼있어 나이로비의 유명 관광지로 자리 잡았다. 코끼리를 키우고 있음에도 불구하고 나이로비 중심가와 멀리 떨어져 있지 않으니 시간이 있다면 꼭 방문해볼 것.

🌺 주소 The David Sheldrick Wildlife Trust P.O. Box 15555 Nairobi Kenya 전화 +254-202-301-396, +254-733-891-996 홈페이지 https://www.sheldrickwildlifetrust.org/

## 기린 공원 | Giraffe Centre

도심에서 기린을 만날 수 있는 기회! 나이로비 중심지에서 40분 정도 차를 타고 가면 있는 공원이다. 이곳에서 기린에게 직접 먹이를 주며 뽀뽀하는 사진이 SNS에 퍼지면서 유명해졌다. 사파리에서는 기린을 이렇게 가까운 거리에서 볼 수 없으므로 '인생 샷'을 남기기 좋은 곳이다. 케냐에 거주하지 않는 외국인은 성인 기준 입장료가 1,000케냐 실링으로 만 원이 약간 넘는데, 합리적인 금액이라고 생각한다. 미성년자는 반값인 500케냐 실링이다.

🌺 주소 P.O. Box 15124-00509 Nairobi, Kenya 전화 +254-208-070-804, +254-734-890-952 홈페이지 https://giraffecenter.org/

### 카렌 브릭센 박물관 | karen blixen museum

영화 <아웃 오브 아프리카>의 원작자 카렌 브릭센의 저택을 박물관으로 만든 곳이다. 역사, 문화에 관심이 있다면 들러보자.

✺ 주소 P.O Box 40658- 00100 GPO, Nairobi, kenya  전화 +254-736-919-321, +254-722-146-193 홈페이지 http://www.museums.or.ke/

### 마사이 마을 | Masai Village

케냐에는 여러 부족이 살고 있는데 그 중 가장 유명한 부족이 마사이족이다. 35만 명 정도가 빅토리아 호수부터 케냐 중앙고원까지 넓게 펼쳐져 산다. 이들의 점프와 귀를 뚫는 문화는 우리나라에도 잘 알려져 있다. 할례 문화가 있으며, 소를 중요하게 생각하는 부족이다. 앞서 말했듯이 마사이

마사이족이 높은 점프를 선보이고 있다

족뿐만 아니라 다른 부족도 굉장히 많아 동물보다 부족 문화 위주로 관광하는 관광객도 더러 있다.

### 나쿠루 호수 | Lake Nakuru

전 세계에서 가장 많은 홍학이 모이는 곳이다. 홍학이 운집할 때는 호수를 뒤덮을 정도의 핑크빛 물결이 펼쳐진다. 단독으로 가기보다는 마사이마라에 갈 때 코스로 껴서 가는 경우가 많으니 투어 회사를 정할 때 일정에 나쿠루 호수가 포함돼 있는지 꼭 확인하고 가자. 추가 비용을 받는 곳도 있기 때문이다.

홍학 떼로 유명한 나쿠루 호수

### 암보셀리 국립공원 | Amboseli National Park

이곳은 킬리만자로 산이 보이는 사진으로 유명하다. 서쪽에 마사이마라가 있다면 남쪽에는 암보셀리 국립공원이 있다. 많은 여행사가 드넓은 초원과 동물, 킬리만자로 산을 함께 찍은 사진을 홍보용으로 사용한다. 하지만 킬리만자로 산은 탄자니아에서만 오를 수 있음을 명심하자.

✺ 전화 +254-731-999-999 홈페이지 http://www.amboselinationalpark.co.ke/

킬리만자로와 사파리가 한 눈에 보이는 암보셀리 국립공원

## 마사이마라 국립공원 | Masaimara National Park

세렝게티 다음으로 선호하는 사람이 많은 사파리
다. 사실상 세렝게티와 같은 지역이지만 역사적인
사건 때문에 국경이 나뉘었고, 탄자니아 쪽은 세
렝게티, 케냐 쪽은 마사이마라라는 이름이 붙었
다. 인지도와 규모에 차이가 있어서인지 세렝게티
보다 조금 저렴한 편인데, 7월~8월은 동물들이 북
쪽으로 이동하는 성수기라 비용을 평소보다 비싸
게 받는다. 하지만 협상만 잘한다면 비수기와 비슷한 금액으로 구경할 수도 있다. 600여 종의 동물이 서
식하고 있으며 이들의 대이동을 관찰하기 용이한 지형적 특징을 가지고 있다.

❀ 홈페이지 http://www.maasaimaraconservancies.co.ke/

## 🏨 숙소

### 기린 장원 호텔 | giraffe manor

마당에 기린이 뛰어놀고 큰 문을 열면 식탁으로
기린이 고개를 들이밀어 먹을 것도 줄 수 있는 아
주 특별한 숙소다. 1박에 140만원 이상이기 때문
에 배낭여행자보다는 신혼여행 온 부부들이 가는
편이다. 한 번 가면 잊지 못할 추억을 만들 수 있
는 곳으로 이곳에 더해 기린 센터giraffe centre까지 간
다면 케냐의 유명한 기린 관련 명물은 대부분 본
것이다. 인기가 좋아 6개월 이상 전에 예약해야
한다.

기린장원 호텔 마당의 기린들

❀ 주소 Giraffe Manor. Langata, Nairobi, Kenya 전화 +254-731-914-732

### 헤밍웨이 나이로비
| Hemingway Nairobi

세계 최대 규모의 여행 사이트 트립어드바이저에
서 1위를 장기간 지키고 있는 호텔이다. 1박에 70
만원을 호가하지만 돈이 아깝지 않을 정도로 5성
급 호텔만의 위엄이 있으며, 아프리카 분위기가
나면서도 왕궁에 온 것 같은 착각이 들 정도다. 재

정적으로 여유가 있다면 나이로비 최고의 호텔에 묵으며 하루 정도는 황제가 된 듯한 기분을 느껴도 좋지 않을까?

🌸 주소 Mbagathi Ridge, Nairobi, Kenya  전화 +254-711-032-000

## 이주열 나이로비 게스트하우스

사진관으로 시작해서 지금은 게스트하우스까지 하는 곳. 삼겹살, 김치찌개 등의 한식을 대접하며 점차 한국인들의 쉼터로 변모 중이다. 아프리카 대륙을 종단하는 중이라면 잠깐 이곳에서 쉬었다 가면 어떨까?

🌸 주소 mwingi road mwingi court huses no69  전화 +254-722-264-789

## 인터컨티넨탈 나이로비 | Intercontinental Nairobi

세계적으로 유명한 최고급 호텔로 최소 20만 원 정도는 잡고 가야 한다. 10만 원대 특가상품이 나왔다면 무리해서라도 하루 정도는 자보는 것도 좋다. 조모케냐타 공항에서 16킬로미터 정도 떨어져 있으며 왕복 셔틀버스가 있다.

🌸 주소 City-Hall Way, Nairobi, kenya  전화 +254-203-200-000

## 힐튼 나이로비 | Hilton Nairobi

세계적으로 유명한, 객실과 서비스 질이 높은 호텔이다. 조모케냐타 공항까지 약 30분 정도 걸리지만 투숙객에게는 대개 근처 호텔방을 제공한다. 환불할 수 없는 저렴한 방을 고르면 가격이 15만 원 안팎까지 떨어지지만 20~30만 원 사이의 방이 일반적이다.

🌸 주소 Mama Ngina St, Nairobi, kenya  전화 +254-202-288-000

## 더 코티지 게스트하우스 기기리
### | The Cottage Guest House Gigiri

게스트하우스지만 1박에 10만 원 정도로 아주 저렴한 편은 아니다. 하지만 현지 게스트하우스 중 높은 평가를 받고 있는 숙소로 가격 대비 내부 퀄리티와 부대시설이 좋다. 직원들도

친절하고 인근에 공원과 카루라 숲<sup>karura forest</sup>이 있어 시간 보내기에도 좋다.

✿ 주소 42 Gigiri Court - Off, 00100 United Nations Cres, Nairobi, kenya 전화 +254-707-065-133

## 🍽 먹거리

### 터스커 라거 맥주 | Tusker Lager Beer

터스커는 큰 엄니가 있는 코끼리, 멧돼지 등을 의미한다. 그래서 맥주병 외관에도 어금니가 있는 동물이 그려져 있다. 맛 자체는 평범한 페일 라거로 평가가 좋은 편은 아니다. 다만 아프리카 맥주이므로 '경험차 시원하게 마셔보자'라는 기분으로 마시면 좋다. 마트나 상점에서 쉽게 구매할 수 있으며 레스토랑 같은 곳에서도 거의 다 판매한다. 특이한 점은 케냐는 맥주 값과 병 값을 따로 받기 때문에 맥주를 병째로 온전하게 가지고 가고 싶다면 추가로 병 값도 결제해야 하며 가격은 약 500케냐 실링 정도다.

### | 케냐 토종 먹거리 |

#### 우갈리 | Ugali

동부 아프리카 쪽 주식인 우갈리는 옥수수 가루를 끓은 물에 넣어 반죽해 만든 음식이다. 만들기 간편하고 가격이 저렴해서 현지인들이 선호하는 메뉴다.

#### 만다지 | Mandazi

동부 아프리카 지역에서 먹는 음식으로 반죽을 삼각형 모양으로 빚어 튀겨낸다. 만드는 방법에 따라 달게 소스를 찍어먹기도 한다.

### | 케냐 3대 카페 |

커피 농장 투어를 하기 힘들다면 유명한 3대 카페를 투어해 보는 것은 어떨까?

#### 자바 하우스 커피 | JAVA House Coffee

케냐에서 가장 유명한 커피숍이다. 커피 맛도 굉장히 진하고 스타벅스의 리저브 커피처럼 케냐 AA뿐만 아니라 르완다 키

부, 탄자니아 AA, 에티오피아 예가체프 등 다양한 종류의 커피를 만나볼 수 있다.

### 아트 카페 | Art caffee

나이로비에만 무려 10개의 지점을 가진 커피브랜드. 커피뿐 아니라 베이커리도 맛있고, 가벼운 저녁거리도 판다. east-africa's choice awards를 2015, 2016년 연속 수상한 이력도 있다.

🌸 홈페이지 http://www.artcaffe.co.ke/

### 돌만즈 커피 | Dormans Coffee

돌만즈 또는 도르만스라고 부르며 어느 슈퍼에서나 이곳의 원두를 팔고 있다. 특히 인스턴트 커피가 유명해 선물용으로 많이 구매해간다. 케냐인들이 자주 먹는 커피라고 한다.

### 탈리스만 | Talisman

탁 트인 느낌의 테이블과 내부 인테리어, 식당의 분위기가 음식을 기분좋게 먹을 수 있는 여건을 만들어 준다. 무난한 음식 퀄리티를 가지고 있지만 가격이 저렴하지는 않아 자주 가기에 부담될 수 있다. 그래도 트립어드바이저에서 몇 년간 상위랭크를 지키고 있는 집이니 방문해보는 것은 큰 의미가 있을 듯하다.

🌸 주소 320 Ngong Road | Karen, Nairobi, Kenya 전화+254-705-999-997

### 카니보어 | Carnivore

다양한 종류의 고기를 접할 수 있으며 눈도 즐겁다. 이름답게 붉은 불꽃과 야만적인(?) 느낌의 인테리어로 강렬한 인상을 주며 『론리플래닛』 세계

붉은 인테리어가 인상적인 카니보어

50대 음식점에 들어간 곳이기도 하다. 악어 고기 같은 특이한 고기와 케냐의 전통 바비큐 야마초마를 맛볼 수 있으니 기회가 된다면 무조건 가볼 것.

🌸 주소 Langata Rd, Nairobi 00200, Kenya 전화+254-733-611-608

# 03 몸바사 Mombasa

몸바사는 나이로비에 이은 케냐의 두 번째 중심 도시로 우리나라의 부산과 비슷하다. 아름다운 해변이 유명해 여행자 대부분이 해변을 구경하러 방문하며 시내도 나이로비 못지않게 많이 발달돼있다. 동아프리카에서 가장 붐비는 항구가 있으며 관광객에게 직접적으로 피해가 가는 경우는 드물지만 인근 해역에서 소말리아 해적이 문제를 일으킬 때도 있다. 나이로비-몸바사 철도가 개통되면서 몸바사를 찾는 여행자가 많아졌다.

## 👀 볼거리

### 밤부리 해변 | Bamburi Beach

해변을 끼고 있는 도시다 보니 이곳 외에도 냐리Nyali 해변과 같은 다양한 해변이 발달돼 있다. 나이로비에서 사파리와 시티 투어를 하고 편하게 쉬려 하는 여행자에게 권하고 싶은 곳이다. 탄자니아에 잔지바르가 있다면 케냐에는 밤부리 해변이 있다.

🐾 주소 Malindi Road, Mombasa 80100, Kenya 전화 +254-723-467-107

### 할러 공원 | Haller Park

공원이라고 불리지만 동물원 느낌이 나는 곳이다. 대개는 울타리 앞에서 봐야 하지만 거북이를 비롯한 몇몇 동물에게는 가까이 갈 수 있다. 당연하지만 동물을 놀라게 하거나 음식을 함부로 주는 행동을 해서는 안 된다. 사파리에서 하마, 기린, 악어 등을 많이 봤겠지만 가까이서 오랜 시간 보고 싶다면 이곳도 괜찮다.

🐾 주소 North Coast of Mombasa along the Mombasa Malindi Road, Mombasa 80100, Kenya

### 플라밍고 비치 리조트 앤 스파
#### Flamingo Beach Resort & Spa

해변과 인접할 뿐만 아니라 내부에 수영장이 있어 관광객들이 많이 찾는 곳이다. 야자수와 풀장의 조화가 예술이다.

🌸 주소 Dolphin Road Off Shanzu | Shanzu, Mombasa 20254, Kenya

### 세레나 비치 리조트 & 스파 | Serena Beach Resort & Spa

몸바사 최고의 리조트. 1박에 30만 원대로 가격이 있는 편이나 대개 휴양을 목적으로 몸바사를 방문하는 여행자가 많아 인기가 좋다. 최고 수준의 풀장을 소유하고 있고 외국인이 많아 함께 어울리기 좋은 곳이다. 이곳 외에도 세레나 롯지 등 이름이 유사한 숙박업체들이 있는데, 대부분 퀄리티가 좋은 편이다.

🌸 주소 Serena Rd, Mombasa, Kenya, Shanzu, Mombasa 80100, Kenya

### 타마린드 몸바사 | Tamarind Mombasa

바닷가 근처에서 고급 해산물 요리를 먹어보고 싶다면 이곳이 제격. 인도양에서 잡은 해산물을 그대로 요리해 맛있는 정찬을 만들어준다. 음식과 디저트의 퀄리티도 고급 레스토랑 수준이다. 몸바사에 머무른다면 하루 정도는 이곳에 들러보자.

🌸 주소 Silos Road | Nyali, Mombasa 80100, Kenya  전화 +254-41-447-1747

### 율스 레스토랑 | Yul's Restaurant

디저트로 인기가 많은 집. 해변에서 아이스크림 먹기는 분위기 내기에 최고다. 생과일 주스도 비교적 저렴한 편이니 날이 덥다면 잠시 쉬었다 가자.

🌸 주소 Malindi Road, Mombasa 80100, Kenya  전화 +254-41-548-5950

# 마사이마라 국립공원 스페셜

마사이마라는 나이로비로부터 약 300킬로미터 정도 떨어져 있는 국립공원으로 빅 5가 있는, 아프리카에서 세렝게티에 이어 인기순위 2위를 달리는 사파리다. 또한 케냐의 주요 수입원이 될 만큼 커다란 관광자원이다. 1800제곱킬로미터의 면적을 가진 이곳은 제주도와 크기가 비슷하며, 세렝게티는 강원도만한 규모로 좀 더 크다. 국경을 기준으로 케냐 쪽은 마사이마라, 탄자니아 쪽은 세렝게티라고 부른다. 마사이마라의 남동부 지역에는 아카시아가 숲을 이루고 있으며 서쪽은 리프트 밸리와 마주하고 있다.

코뿔소 등 위의 새. 망원경에 카메라를 대고 찍는 것이 팁

사자를 보려고 몰려든 사파리 차

## 좋은 사파리 회사 구하기

국립공원 보전을 위해 허가받은 차량만 들어갈 수 있다 보니 좋은 여행사 고르기가 가장 관건이다. 다음과 같은 세 가지 기준을 바탕으로 업체를 고르면 적어도 나쁜 업체를 고르지는 않을 것이다.

### 여행 전체 일정표 확인

'마사이마라 몇 박 몇 달러'라는 가격보다 더 중요한 것은 일정이 어떤가이다. 2박 3일 동안 마사이마라 부근만 돌다 오는 회사도 있고 주변 주요 볼거리까지 모두 돌고 오는 회사도 있다. 앞에서 말했듯이 마사이마라와 나이로비 사이에는 나쿠루 호수와 나이바샤 호수Lake Naivasha가 있는데, 계약한 후 "나쿠루는 안 가나요?"라고 물어보면 추가 요금을 받는 경우가 더러 있으므로 전체 일정표를 사전에 받아보는 일은 아주 중요하다.

### 포함 내역 확인

포함 내역과 포함되지 않은 내역을 확인하는 일은 아주 중요하다. 여행사 대부분이 추가로 내야 하는 비용을 모두 말해주는 듯 보이지만 교묘하게 숨어있는 비용들이 있다. 꼭 확인해야 할 것은 식사Every Meal, 국립공원 입장료Park Fee, 픽업 서비스Pick up, 숙박Accomodation이다. 그나마 입장료는 금액대가 높아 장난치는 경우가 별로 없지만 출발 전날 숙박도 포함할지, 식사 비용에는 세 끼가 모두 포함되는지, 돌아가서 공항까지 데려다주는 것도 포함인지 확인해야 한다. 픽업 서비스가 포함되지 않는 경우 추가로 적게는 50달러부터 많게는 100달러까지 부르는 곳도 있다. 보통 모든 내역이 '포함' 칸에 적혀 있고 '포함되지 않음' 칸에는 tips, beverage, snack, alcohol 정도만 적혀 있으나 더 있다면 사전에 문의하거나 협상해야 한다.

### 좋은 차

음식, 비용도 신경 써야 하지만 더욱 중요한 것은 좋은 차다. 사고 없이 안전하고 편하게 돌아올 수 있어야 한다. 차량의 상태는 천차만별이다. 의자 시트가 움푹 꺼져있거나 창문이 제대로 열리지 않는 정도는 단순 불편 선에 그치지만, 과하게 덜덜거리거나 쉽게 과열돼 자주 멈추는 경우 이용을 중단하거나 차량 교체를 요청해야 한다. 2박 3일 동안 20~30시간은 타야 하니 꼭 좋은 차로 투어하기를 원한다고 요청해두자. 하지만 우리는 차량 전문가가 아니고, 현지에 도착하기 전까지는 차를 볼 기회가 없어 사실상 요청해도 확인하기가 좀 어렵다. 그러니 비용을 더 내고서도 좋은 차량을 이용할 수 있다면 그렇게 하기를 권장한다.

# 팁

마음에 드는 투어 회사를 골랐다면 마사이마라를 만끽하는 방법도 알아보자.

## 성수기

앞에서도 말했듯이 7월부터는 성수기라 비수기 때보다 요금을 더 받는다. 요금이 조금 비싸더라도 비수기 때보다는 동물들이 대이동을 시작할 때 구경해야 사파리의 질이 올라갈 것이다.

## 빅 5

게임드라이브 가이드들은 대개 '빅 5'를 기준으로 움직이려 한다. 빅 5를 보여주는 것을 목표로 잡고 다른 그룹과 무전이나 휴대폰으로 소통하며 빅 5가 있는 곳으로 달려가곤 한다. 여기서 빅 5는 사냥하기 어려운 다섯 동물, 즉 사자, 코끼리, 버팔로, 표범, 코뿔소를 말한다. 개인적으로는 빅 5만 찾아다니기보다는 여러 동물을 접하는 쪽이 마사이마라를 즐기는 더욱 좋은 방법이라고 생각한다. 투어를 하다 보면 손쉽게 빅 3, 빅 4 정도는 볼 수 있으므로 너무 이 다섯 동물에게만 연연하지 말고 동물들의 행동(사냥, 교미 등), 동물 떼의 이동 등을 보러 가자고 해도 충분히 마사이마라를 만끽할 수 있을 것이다.

## 최고급 사파리 즐기기

아프리카를 두 번, 세 번씩 가는 사람은 많지 않다. 경험차 한 번 가는 경우가 대부분이므로 해볼 수 있는 경험은 다 해보자. 세렝게티에도 있는, 열기구를 타고 드넓은 초원 위를 날아가는 벌룬 사파리는 어떨까? 동물들의 이동과 마사이마라의 전경을 한눈에 볼 수 있는 사파리로 강력 추천한다. 시간과 횟수에 따라 요금을 받으며 사전에 예약해야 탈 수 있다. 또한 캠핑할 수 있는 캠핑장 외에 '롯지'라는 고급 숙소가 있다. 저렴한 곳은 20만 원부터 시작하며 포시즌스 세렝게티 롯지처럼 1박에 100만 원이 넘어가는 곳도 있다. 정말 좋은 곳에서는 숙소나 수영장에 누워 아래에 펼쳐진 사파리를 볼 수 있다. 특히 신혼부부들이 많이 선택하는 숙소니, 신혼여행으로 아프리카에 간다면 하룻밤은 롯지에서 자보면 어떨까?

맨 처음 아프리카에 가고 싶었던 이유는 두 가지였다. 사파리 그리고 스핑크스. 그래서 나의 첫 여행지는 이집트, 케냐, 탄자니아였다. 나이로비에서 사파리 차를 타고 네 시간여 만에 도착한 마사이마라에서는 얼룩말과 임팔라 무리가 나를 반겨줬다. 대여섯 마리가 아닌 그야말로 수십 마리가 말이다. 저 멀리 코끼리와 기린 무리도 보였다. 도착한 지 10분만에 내가 평생 본 동물보다 더 많은 동물을 볼 수 있었다.

이처럼 사파리에 갈 때 빅 5 위주로 돌지 않고 사냥하고 쉬는 동물, 교미하거나 어슬렁거리는 동물을 보는 것도 충분히 흥미롭다. 동물과 대자연에 대한 로망이 있다면 아프리카에 꼭 한 번 꼭 가보기를 바란다.

몇 차례 아프리카를 오가면서 다섯 종류의 사파리를 체험해봤다. 이 중 어디가 최고였느냐고 묻는다면 단연코 동부 아프리카 사파리를 꼽겠다. 가장 이색적인 곳은 마다가스카르의 라노마파나였다. 어느 사파리에 가든 좋은 카메라와 망원경을 챙겨가는 것을 잊지말자. 다만 드론은 반입이 좀 어렵다.

Egypt

# PART 10

# 이집트

이집트는 아프리카 대륙 북동부에 있는 나라로 종교와 인종 탓인지 우리에게는 중동이라는 느낌이 더 강하지만 지리상으로는 아프리카다. 익히 알고 있듯 4대 고대 문명 발상지 중 한 곳이며 피라미드, 스핑크스 등이 널리 알려져 있어 친숙한 나라이기도 하다. 16세기에는 세계에서 인구가 가장 많았으며 오늘날에는 아랍과 함께 중동지역의 정치·문화적 중심국가로 자리 잡았다. 최근 경제 위기로 이집트 달러의 가치가 많이 떨어져 물가가 낮아진 덕에 여행자들에게는 고마운 나라이기도 하다.

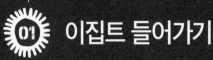

# Chapter 01 이집트 들어가기

## 이집트 둘러보기

### 기본 정보

| 국가명 |  이집트 (Egypt) | 전 압 주파수 플러그타입 | 220V, 50Hz, C, F |
| --- | --- | --- | --- |
| 수 도 | 카이로 | 종 교 | 이슬람/수니파 90%, 기독교 10% |
| 사용 언어 | 아랍어 | 환 율 | 1,000원 = 15.94EGP |
| GDP | 2,353억 6,912만 달러, 세계 45위 | 은 행 | Central Bank of Egypt |

**공휴일** Coptic Christmas(콥틱 기독교의 성탄절) 1월 7일  **Police Day and Revolution Day** 1월 25일(2011년의 이집션 혁명을 기념하는 날)  **Coptic Easter Sunday**(콥틱 부활절) 4월 8일  **Sham El Nessim**(봄의 날, 부활절 후 월요일) 4월 9일  **Sinal Liveration Day**(시나이 반도 반환기념일) 4월 25일  **Labour Day**(노동절) 5월 1일  **End of Ramadan Day 1~ End of Ramadan Day 4**(라마단) 6월 15일~18일  **Revolution Day June 30**(혁명기념일) 6월 30일  **Revolution Day July 23**(혁명기념일) 7월 23일  **Eld Al Adha**(희생제로 불리는 이슬람 최대 명절) 8월 23일~25일  **El Hijra**(이슬람 새해) 9월 11일  **Armed Forces Day**(국군의 날) 10월 6일  **Moulid El Nabi**(무함마드 탄생일) 11월 20일

**이집트 전체 지도**
A 알렉산드리아
B 카이로
C 다합
D 후루가다
E 룩소르
F 아스완

비자 정보

### 도착 비자

입국 시 공항 내 은행에 비자 비용을 내고 도착 비자를 발급받아야 한다. 도착 비자는 스티커 형태로 구매한 후 별도의 양식 작성 없이 바로 여권에 붙여 입국 신고서와 함께 입국 심사 때 제출하면 된다. 도착 비자를 받으려면 여권 유효기간이 6개월 이상 남아 있어야 하며, 사증은 다섯 장 이상 남아있어야 한다.
가격 30달러
기간 30일
준비물 여권 비자 대금(싱글 30달러)

### 사전 비자

주한 이집트 대사관을 이용해야 한다.
준비물 여권(유효기간이 6개월 이상 남아 있어야 함) 여권 사본 1장, 여권 사진 1장, 비자 대금(단수 24,000원, 복수 29,000원)

### 팁

간혹 여행자 중 이집트를 너무 사랑해 한 달 이상 머무는 사람들이 있는데, 비자 연장이 쉬우니 걱정하지 말고 신청하자.

## 안전수칙

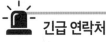 긴급 연락처

**범죄 신고** 122
**화재 신고** 180
**응급 환자**(앰뷸런스) 123

### 대사관 연락처
주소 3 Boulos Hanna St., Dokki, Cairo, A.R.E
대표번호 +20-2-3761-1234/7

긴급 연락 +20-12-8333-3236
메일 egypt@mofa.go.kr

### 주요 병원 연락처
응급의료센터 앗쌀람 병원 2524-0250/0077
카이로 메디컬 센터 2258-1206

# 기후

## 여기도 아프리카, 고온건조 이집트

이집트는 지역 대부분이 건조 기후에 속한다. 북회귀선이 나라의 남부를 지나고 북부의 지중해 연안은 대체로 북위 31도 30분에 해당하기 때문이다. 나일강 계곡과 지중해 연안의 좁은 해안지방을 제외하면 전국이 사막 기후나 마찬가지인 것이다. 내륙으로 갈수록 건조해지고 기온이 높아진다. 서부나 남부 지방 중에는 수 년간 비가 오지 않은 지역도 있다. 지중해 연안에서는 겨울에 약간의 비가 내리는 지중해성 기후가 나타나며 기온에 따라 1년을 여름과 겨울의 두 계절로 나눈다. 4월~10월은 고온 건조한 여름이고 11월~3월의 겨울에는 낮에는 덥고 밤에는 서늘하다. 또 환절기에는 남쪽에서 저기압이 발생해 모래를 동반한 열풍이 내습한다. 이것이 그 유명한 '깜 신'이라는 바람이며 때로는 40도 이상의 고온을 몰고 오기도 한다. 겨울에는 지중해 방면에서 불어오는 북풍 때문에 비가 조금 내리기도 하는데, 대체로 나일강 삼각주와 해안의 좁은 범위에 영향을 미친다. 연 강수량이 100밀리미터 이상 되는 곳도 있지만 거의 비가 없는 지대가 대부분이다. 결국 나일강의 혜택으로 관개용수의 편의를 얻을 수 없는 곳은 곧 불모의 사막이라는 것이다. 또 일교차가 매우 심하고 여름철 낮에는 사막에서 50도 이상의 극단적인 고온현상이 나타난다.

# 이집트 더 알아보기

## 이슬람의 나라

### 이집트의 이슬람

이슬람은 그리스도교, 불교와 함께 세계 3대 종교 중 하나다. 아랍의 예언자 무함마드가 610년에 창립한 세계종교로서 서아시아, 아프리카, 인도 대륙, 동남아시아를 중심으로 현재 약 10억 명의 신자가 있다. 한국인에게는 다른 두 종교에 비해 상대적으로 생소한 종교인데다가 워낙 특징이 뚜렷한 종교여서 많은 여행자가 무슬림에 대한 궁금증을 가지고 이집트를 방문한다. 실제로 이집트 인구의 90퍼센트가 이슬람교를 믿는다. 이슬람교 교리에 따라 돼지고기를 먹는 것은 금지며 다른 동물의 고기 또한 할랄 방식으로 도축된 것만 먹을 수 있다. 또한 라마단 기간에는 부자든 가난한 사람이든 모든 무슬림이 해가 떠 있는 시간 동안 금식을 한다. 이렇게 문화가 상당히 달라 문화 차이에 많이 놀라곤 하니 여행을 떠나기 전, 이슬람의 규율을 살짝 공부하고 가면 이집트를 더 풍족하게 즐기는 데 도움을 줄 것이다.

### 이집트의 무슬림

무슬림이란 이슬람 신도를 부르는 명칭이다. 앞에서도 말했듯이 이집트 인구 대부분이 무슬림이며 이들은 우리의 평범한 친구 같으면서도 라마단 기간에는 금식을 한다거나 술을 마시지 않거나 돼지고기를 먹지 않는 등 이슬람의 규율을 정확히 지키는 신도이기도 하다. 그래서 조심해야 할 부분이 많다. 무슬림은 알라 외에는 머리를 숙이지 않는 것이 종교적 관례다. 그래서 이집트에서는 존경을 표하고자 머리를 숙이는 한국식 인사는 할 수 없다. 대신 악수를 한 후 오른손을 가슴에 대는 것이 그들의 존경의 표시다. 또한 무슬림은 자신의 종교에 대한 자부심이 강하므로 함부로 종교에 대해 이야기하는 것, 우리의 문화나 방식을 강요하는 것도 금지다.

## 이집트의 여성 인권

외국인이 함부로 그 나라의 인권에 대해 판단할 수는 없지만, 이집트는 특이한 점이 있다. 유니세프UNICEF의 2013년 보고서를 보면 이집트 여성(15~49세)의 91퍼센트가 성기性器의 일부분을 잘라내는 '할례'라는 의식을 한다. 다른 국가에 비해서도 엄청난 비율이다. 이집트 정부는 1996년에 할례를 법적으로 금지하고 강력한 처벌을 시행했지만 여전히 동네 이발소나 산파의 집에서 흔히 이뤄지고 있다. 이집트 사람들은 할례를 고대 이집트 때부터 내려온 전통이라 생각하며, 할례를 해야 '시집'을 잘 갈 수 있다고 굳게 믿는다. 또한 여성 대부분이 경제적 문제 때문에 조혼을 많이 하고 히잡을 써 몸을 감춘다. 그래서 이집트 사람에게 있어 상대적으로 자유로워 보이는 여행자들의 옷차림은 신기한 광경이며, 그 때문에 여성 여행자를 상대로 캣콜링(성희롱)을 던지거나 부담스럽게쳐 다보는 경우가 자주 있다. 이런 부분까지 문화의 차이라고 하기에는 기분이 상할 수 있으니, 이집트에서는 예쁜 옷은 잠시 가방에 곱게 넣어두고 몸의 윤곽이 보이지 않는 펑퍼짐한 옷을 입기를 추천한다. 물론 다합, 후루가다, 카이로 중심가 같은 여행자가 많은 곳은 상대적으로 덜하다.

## 이집트의 일부다처제

이집트에 대해 가장 많이 듣는 소리. 바로 일부다처제. 하지만 실제 이집트에서는 일부다처제를 거의 볼 수 없다. 물론 법적으로는 아내를 최대 네 명까지 둘 수 있으며 할아버지 세대까지만 해도 실제 일부다처제를 하는 경우가 있었지만 현대사회에서는 거의 없다. 이집트에서 결혼이란 한 여성의 인생을 책임지는 것이기 때문이다. "여자는 시집 갈 때 몸만 간다"는 말이 이집트에서는 현실이다. 그래서 이집트의 젊은 남성들은 결혼을 위해 굉장히 열심히 돈을 벌며, 경제적으로 풍족하지 않아 한 여성만 책임지기에도 힘든 탓에 일부다처제는 거의 없다고 한다. 하지만 앞에서도 말했듯이 법적으로는 가능하다.

## 주의사항

### 식수 주의

유일한 식수는 미네랄 워터로 사서 마시는 편이 좋다. 수돗물도 마실 수 있지만 배탈이 나기 쉬우니 조심해야 한다.

### 주류 관련 유의사항

이집트에서 술은 이슬람 계율에 의해 금지돼 있지만 호텔이나 레스토랑에서는 마시거나 살 수 있다. 물론 시중에서는 좀처럼 사기 어렵고 취한 채 돌아다녀서도 안 된다.

### 화장실 유의사항

변기, 수도, 빈 통이 놓인 아랍식 화장실이 가장 흔하다. 변기의 가운데에는 둥근 구멍이 뚫려있으며, 용변 후 빈 통에 수돗물을 받아서 뒤를 씻고 그 물로 변기를 씻으면 된다. 고급 호텔이나 레스토랑 등은 점차 서구식 화장실로 바뀌고 있지만 휴지는 꼭 따로 가져가야 한다.

## 의료기관

이집트의 의료기관은 전반적으로 낙후돼 있으며 위생관념이 전혀 없다. 그러니 최대한 현지에서의 수술은 피하는 것이 좋고 수술을 해야 하거나 장기적인 치료가 필요하면 인근 국가(프랑스, 독일 등 유럽)에서 치료받기를 추천한다. 특히 오상이나 골절상 등의 경우에는 반드시 의사소통이 가능한 곳으로 가야 한다. 이집트 의사 대부분은 전문적으로 영어를 하지 못하므로 잘못된 처방을 내릴 때도 많다. 하지만 간단한 질병은 현지 의료시설을 이용해도 괜찮으며 보통 약 10~30달러의 병원비를 요구한다. 또한 개인병원이 보건소에 비해 비싼 편이다.

### 기타

이집트에서는 서서 음식을 먹는 레스토랑이나 포장마차식 음식점을 흔히 볼 수 있다. 그 중 서서 먹는 레스토랑의 경우 안쪽의 앉는 자리에 앉아서 먹으면 서서 먹을 때보다 가격이 조금 더 비싸다. 참고로 카이로의 서양식 레스토랑은 매우 비싸니 염두에 둬야 한다.

# 교통

## 항공

### 카이로 국제공항
Cairo International Airport
코드 CAI
와이파이 무료
아쉽게도 이집트에는 직항 비행기가 없어 무조건 경유해야 한다. 카이로 공항은 이집트에 가면 가장 먼저 들르게 되는 곳이다. 생각보다 작은 규모와 체계 없는 시스템에 놀라지 말기를 바란다.

### 샴엘쉐이크 국제공항
Sharm-el-Sheikh International Airport
코드 SSH
와이파이 무료
다합에는 공항이 없다. 하지만 다합에서 두세 시간 거리에 샴엘쉐이크라는 쾌적한 공항이 있다. 이집트 국내선을 이용할 때는 보통 이곳에서 내려 택시를 타고 다합으로 이동한다.

# 버스

### 로컬 버스

현지인이 많이 이용하는 버스는 가격이 가장 저렴하지만 여행자가 이용하기는 어렵다. 노선이 복잡하며 아랍어로 표시돼 있다.

### 미니버스

일정 구간을 운행하나 정해진 목적지가 없으며 구간에 따라 요금이 차등 적용되는 식이다. 요금은 최대 2파운드다. 또 현지인이 많이 타는 교통수단이므로 외국인에게는 위험할 수 있고 과속 때문에 대형 교통사고가 빈번하니 이용하지 않는 편이 낫다.

## 시외버스

### 고 버스(카이로)

보통 이곳에서 시외버스를 타고 다른 지역으로 이동한다. 하지만 슬리핑 버스도 없고 90도 각도로 가야 한다.

정류장 위치 Abdel Moniem Ryiad 4 El Galaa street, Abd el Moneim Ryad Square

### 고 버스(다합)

원래는 여덟 시간 정도 걸리지만 중간에 짐 검사를 하므로 넉넉잡아 열 시간이라고 생

각하자. 여기에 90도 의자에 짐 검사까지. 여러모로 힘든 버스지만 착한 가격 때문에 많이 이용한다.
설명과 정보
정류장 위치 El Salam Road - Dahab
가격 카이로→다합: 200~300파운드(등급마다 가격 상이)
홈페이지 https://go-bus.com/

# 기차

## Egyptian National Railways
홈페이지 https://enr.gov.eg.

## leeper trains Cairo-Luxor-Aswan
홈페이지 www.wataniasleepingtrains.com.

### 철도

이집트 철도청에서 관장하며 총 5000킬로미터로 주요 도시와 연결돼 있으나 카이로-알렉산드리아 구간 등 일부 구간을 제외하면 권장할 만한 교통수단은 아니다. 특히 남부 지역은 치안이 불안정하므로 철도를 이용한 여행은 삼가는 것이 좋다. 또 외국인은 슬리핑 좌석에만 탈 수 있으며 가격은 100달러 선으로 이집트 국내선 비행기와 비슷하다.

## 지하철

카이로 시내에는 총 길이 50여 킬로미터에 달하는 지하철도 있다. 역 이름이 영문으로 표기돼 있어 여행자도 편리하게 이용할 수 있다. 기본요금은 1파운드며 이용 거리에 따라 요금이 추가된다. 또 재밌게도 이슬람의 남녀 분리 관습에 따라 여성 전용 객실을 운영하는데, 열차의 중간 부분에 있으니 위치를 헷갈리지 말자.

## 택시

### 일반 택시

카이로에는 택시가 많다. 하지만 미터기가 없어 말도 안 되는 가격을 요구할 때도 있으니 주의하기를 바란다.

공항에서 다합으로 이동할 때나 다합 안에서 멀리 이동할 때도 택시를 이용하는 것이 좋다. 마찬가지로 미터기가 없고 흥정을 해야 하므로 주변 사람들에게 적정 가격을 물어보자.

### 트럭 택시

다합에서 가장 많이 이용하는 교통수단으로 트럭을 개조해 만든 택시에 여러 명이 타며 길에서 흔히 볼 수 있다. 기본 요금은 10파운드, 최대 요금은 25파운드를 넘지 않는다. 하지만 안전은 보장할 수 없다. 또한, 불법 개조의 문제로 요즘은 단속을 하는 추세이다.

# 이집트 여행 루트

## 직장인을 위한 단기 코스

### 이집트 완전 정복 코스

역사를 좋아한다면 이집트에 꼭 가야 한다. 하지만 시간이 없는 직장인들은 같은 시간도 더 알차게 보내야 한다. 비용이 더 들어도 8일 동안 알차게 여행하고 싶다면 이 코스대로 여행하자. 휴양부터 역사 공부, 순항까지 완벽한 코스다.

| 기간 | 8일 | 예산 | 150만 원

| 여행 일정 |

1일차 카이로 도착 →스핑크스, 이집트 박물관, 기자 피라미드 관광 →아스완 이동(야간열차 침대칸, 2인 1실)

2일차 아스완 도착 →아스완하이댐, 미완성의 오벨리크 관광 →아부심벨 이동 →아부심벨, 대신전, 하토르 신전 관광 →나일강 유람선 타기(나일 프리미엄 크루즈 2일차~4일차)

3일차 카우움부 이동 →카움움부 신전 관광 →에드프 이동 →에드프 신전 관광

4일차 룩소르 이동 →멤논의 거상, 카르낙 신전, 왕가의 계곡, 룩소르 신전, 하트셉수트 장제전 관광 →룩소르 전통시장 마을 구경 →후루가다 이동

5일차 후루가다 도착 →시내 구경 →이집트 글라스 보트 체험

6일차 스쿠버다이빙 또는 이집트 모터 바이크 체험

7일차 공항 이동 및 비행기 탑승

8일차 인천공항 도착

## 배낭여행자를 위한 자유 코스

### 실속, 비자 기간 맞추기 코스

다합 한 달 살기, 정말 많이 들어봤을 것이다. 하지만 이집트를 다합 하나만 보고 가기에는 아쉽다. 비자 기간 한 달 동안 이집트 완전 정복과 다합 살기를 한 번에 해보자. 다합에서 스쿠버다이빙이나 프리다이빙 자격증을 딴다면 뿌듯함 또한 느낄 수 있을 것이다.

| 기간 | 30일 | 예산 | 160만 원

| 여행 일정 |

1일차 카이로 도착 →스핑크스, 이집트 박물관, 기자 피라미드 관광

2일차 이집트 구시가지 구경 →이집트 칸 엘칼릴리 시장 구경 →아스완 이동(야간버스 탑승, 버스 내에서 숙박)

3일차 아스완 도착 → 아스완하이댐, 미완성의 오벨리크 관광 →아부심벨 이동 → 대신전, 하토르 신전 관광, 나일강 유람선 타기(나일 프리미엄 크루즈 2일차~4일차)

4일차 카움움부 이동 →카움움부 신전 관광 → 에드프 이동 →에드프 신전 관광

5일차 룩소르 이동 →멤논의 거상, 카르낙 신전, 왕가의 계곡, 룩소르 신전, 하트셉수트 장제전 관광 →룩소르 전통시장 마을 구경 →다합 이동(버스)

6~30일차 다합 한 달 살기 시작, 스쿠버다이빙 또는 프리다이빙 자격증 따기

## 다이빙에 미친 홍해 사우스 트립

다이빙에 빠져 있다면 가까운 동남아 말고 홍해로 여행을 떠나보자. 이 투어는 정말 다이빙에 미친 사람만 할 수 있는 투어다. 일정 동안 총 27깡 정도 할 수 있는 투어로 투어가 끝나면 당분간 다이빙 생각이 나지 않을 것이다.

| 기간 | 9일 | 예산 | 150만 원

| 여행 일정 |

1일차 카이로 도착 →포트갈립 이동

2일차 보트 다이빙 →Emperor Elite 승선

3~7일차 전일 다이빙

8일차 리브어보드 하선

9일차 포트갈립 출발 →카이로 도착

### 다이빙 포인트

Abu Dabab, Sha'ab Sharm, Sha'ab Claude, Abu Galawa Soraya, Zabargad Island, Rocky Island, St. Johns, Gota Kebir, Gota Soraya

# Chapter

## 02 카이로 Cairo

카이로는 세계에서 가장 오래된 이슬람 도시 중 하나이자 이집트의 수도다. 고대와 현대의 도시를 동시에 느낄 수 있으며 주요 명소로는 이집트 국립박물관, 이슬람 미술 박물관, 국립 도서관, 피라미드, 스핑크스, 멤피스, 구시가지 지역인 올드 카이로, 알 아즈 하르 이슬람 사원 등이 있다. 세계에서 인구밀도가 가장 높은 도시라 그만큼 혼란스럽고 시끄러운 분위기다. 하지만 도시 한가운데에 있는 피라미드를 보고 있으면 고대 문명에 와 있는 것 같은 착각이 들기도 한다.

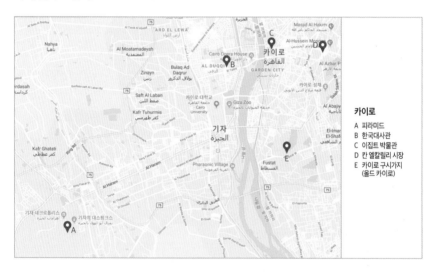

**카이로**

A 피라미드
B 한국대사관
C 이집트 박물관
D 칸 엘칼릴리 시장
E 카이로 구시가지
  (올드 카이로)

## 👀 볼거리

### 기자 피라미드 | Great Pyramid of Giza

이집트의 피라미드 중 가장 웅장한 규모를 자랑하는 이 피라미드는 보존 상태도 훌륭해 언제나 이곳을 찾는 여행자로 북적인다. 지금으로부터 약 4500년 전인 고대 이집트 왕국 제4왕조 시대에 만들어진 것으로 쿠푸 왕의 피라미드, 카프레 왕의 피라미드, 멘카우라 왕의 피라미드 등 크게 세 개로 나눌 수 있다. 이집트의 상징으로서 세계적으로도 널리 알려진 스핑크스는 카프레 피라미드의 남쪽에 위치한다. 세계적인 관광지인 만큼 호객하는 장사꾼이 많고 관광객을 노리는 소매치기나 티켓 사기 등 범죄도 많이 일어나므로 조심해야 한다.

✿ 주소 Al Haram Str. Giza 12611, Egypt  영업 주중: 06:00~17:00/주말: 06:00~17:00  홈페이지 http://www.sca-egypt.org/eng/SITE_GIZA_MP.htm

스핑크스

## 이집트 박물관 | Egyptian Museum

이집트 박물관은 이집트 최대의 박물관으로 꼽힌다. 투탕카멘의 황금관을 비롯한 각종 국보급 보물이 전시된 것으로 유명하다. 자료만 약 10만 점에 다다른다고 알려져 있으며 5300~3500년 전 유물도 만날 수 있다. 워낙 양이 방대해 모든 전시품을 둘러보는 데 적어도 하루 이상 걸리며, 까마득한 과거의 유물들을 보고 있으면 정말 박물관이 살아있음을 느낄 수 있다.

✿ 주소 Midaan it-Tahrir, Cairo

## 룩소르 | Luxor

룩소르는 카이로의 남쪽에 위치하며 카이로와는 비행기로 두 시간, 열차로는 열두 시간 정도 거리로 꽤 멀리 떨어져 있다. '도시 전체가 곧 박물관'이라는 말이 있을 정도로 도시 곳곳에 고대 이집트 유적이 간직돼 있어 역사에 관심이 있다면 꼭 들러야 할 곳이다. 또한 나폴레옹의 군대가 이집트 원정에 실패하고 돌아오는 길에 룩소르의 아름다움에 매료돼 한동안 퇴진을 멈췄다는 이야기가 있을 만큼 손에 꼽히는 아름다운 도시이기도 하다. 룩소르에 있는 신전 중 최대 규모를 자랑하는 칼나크 신전은 건립에만 1000년이 넘는 세월이 소요됐으며, 영화 <트랜스포머: 패자의 역습>의 배경이 돼 더욱 유명해졌다.

## 카이로 구시가지 | Old Cairo

과거 기독교인과 유대인들이 밀집해서 살던 이곳에는 이집트 기독교의 오랜 흔적이 남아있으며 1000년이 넘는 역사를 지닌 초대 교회들도 있다. 초기 그리스도 교회, 공중교회, 모세 기념 교회, 아기 예수 피난회, 콥트 박물관 등 이집트의 옛날을 느낄 수 있는 곳이다.

## 칸 엘칼릴리 시장 | Khan El-Khalili Market

중세의 모습을 그대로 간직하고 있어 아주 매력적인 관광지로 꼽힌다. 전통시장으로서 현재 약 1500개의 상점이 있다. 은, 동, 크리스털로 만든 액세서리 가게, 앤티크 수공예품, 고대 파피루스로 만든 기념품, 이집트 전통 방식으로 만든 향수와 카펫, 향신료, 조명, 스카프, 파라오와 피라미드를 딴 모형은 물론 가구, 의류, 생활 잡화와 유명 브랜드 모사품까지 다양한 기념품과 물건을 만날 수 있다. 바가지가 심한 편이니 마음에 드는 것을 발견하면 흥정을 시도해보자.

## 🏨 숙소

### 켐핀스키 나일 호텔 카이로 | Kempinski Nile Hotel Cairo

카이로 최고의 호텔. 배낭여행자들에게는 조금 부담스러울 수 있는 가격이지만 나일강 앞에서 아침을 먹

을 수 있다는 큰 장점이 있다. 또 훌륭한 와이파이 서비스와 완벽한 영어 실력을 갖춘 리셉션이 있어 편리하고 고급스러운 서비스를 받을 수 있다. 가끔 깜짝 이벤트도 하니 프로모션 기간을 잘 노려보자.

✤ 주소 12 Ahmed Ragheb Street | Cornish El-Nile, Garden City, Cairo 11511, Egypt 전화 +20-202-798-0000 요금 2인 기준 100달러

### 로얄 피라미드 인 | royal pyramids inn

카이로에서 가장 가격 대비 퀄리티가 좋은 호텔. 1박 요금도 저렴하다. 호텔 옥상에서 피라미드가 보여 저녁에 하는 피라미드 레이저 쇼를 숙소에서 볼 수 있다는 장점이 있다. 또한 리셉션에서 환전을 해주기도 한다.

❋ 주소 6 Abou
Al Hool Al Seiahi,
Giza Governorate,
Giza, 34568 Cai
ro, Egypt 전화
1-866-500-4938
요금 2인 기준 35달러

## 쓰리 기자 피라미드 인 | Three Giza pyramids inn

카이로에서 손꼽히는 가격 대비 퀄리티 좋은 호텔. 호텔 옥상
에서 피라미드 레이저 쇼를 볼 수 있으며 친절한 리셉션 직원
들이 대접해준다. 또한 방 컨디션이 좋고 공항 픽업 서비스도
운영해 누구나 만족할 수 있을 것이다.

❋ 주소 Gamal Abd El-Nasir 28 (شارع جمال عبد الناصر
الجيزة المنصورة), Giza, 12557 Cairo, Egypt 전화 +20-114-
430-4049 요금: 2인 기준 35달러

## 기자 피라미드 인 | Giza pyramids Inn

가격 대비 최고인
호텔. 최고의 뷰를
자랑하며 주변 교
통이 편리하고 공
항까지 가는 셔틀
을 운영한다. 이집

트 여행 때 이곳에 묵은 적이 있는데, 리셉션 직원들이 친절하고 숙소 컨디션이 좋아 피라미드에서 사기
꾼들과 실랑이한 노고가 다 풀렸던 좋은 기억이 있다.

❋ 주소 7 Sphinx street Nazlet El-Semman, Al Haram, Giza Governorate, Cairo, Egypt 전화 +20-112-
004-6111 요금 2인 기준 40달러

## 먹거리

### 밥 알 카스 | Bab Al Qasr

카이로 음식점 순위 1위를 차지한 곳이다. 레바논 요리 위주
이며 저녁에는 식사와 함께 공연도 한다. 게다가 가격까지 합
리적이다.

🌸 주소 Royal Maxim Palace Kempinski Hotel | First
Settlement, New Cairo, Cairo 1151 전화 +20-109-711-1151

### 오스 파스타 | O's Pasta

중동 음식이 입에 맞지 않는다면 파스타를 먹어보면 어떨
까? 이곳은 이탈리아 음식 전문점이다. 크기는 아담하지만
항상 사람으로 가득 차 있으며 여행에 지친 사람들을 위한
또 다른 힐링 장소다.

🌸 주소 159 26th of July Street | Zamalek, Cairo 11511,
Egypt 전화 +20-100-415-5756

### 가야 식당 | gaya resraurant

한국 음식이 당긴다면 가야 식당에 가야 한다. 삼겹살부터
한국식 중국 음식까지 다양한 메뉴와 식자재를 판다. 한국인
뿐만 아니라 현지인도 찾는 맛집이다.

🌸 주소 218 32 Rd 253 And 41 Rd | Degla, Maadi, Cairo
11511, Egypt 전화 +20-22-519-7769

### 피자헛 | pizza hut

피라미드를 가장 잘 볼 수 있는 곳은 피라미드 앞 피자헛이라
고 한다. 한국과 똑같은 퀄리티에 저렴한 가격까지, 프랜차이
즈지만 꼭 가봐야 하는 곳이다.

🌸 주소 Abou El Houl Sq. | In Front Of Sound & Light, Giza,
Egypt

# 아스완 Aswan

아스완은 이집트 남동부 아스완 주의 주도로 인구는 약 100만 명이며 예로부터 인근 국가인 수단과 에티오피아와의 상업·교통 중심지 역할을 한 곳이다. 현재는 유명한 나일강을 보기 위해 나일강 투어를 하려고 들르는 도시다.

## 볼거리

### 아부심벨 | Abu Simbel

아부심벨은 람세스 2세|Ramses II 시절 거대한 바위 산을 파서 만든 신전이다. 아스완하이댐|Aswan High Dam의 건설로 수장될 위기에 처했으나 유네스코 및 세계 각국의 노력으로 원형 그대로 이전돼 '인류가 구한 문화유산'이라는 별명이 붙었다.

🏵 주소 Abu Simbel, Egypt 영업 월~일 9:00 ~18:00

### 나일 크루즈 | Nile Cruise

나일강 크루즈는 보통 룩소르를 기점으로 에스나, 에드푸, 카움움부, 아스완 등 강변의 주요 도시를 따라 이동한다. 종착지는 아스완이다. 반대로 아스완에서 룩소르로 가는 크루즈도 있다. 매일 출항하지만 요일에 따라 배의 종류와 등급이 다양하며 배의 등급이나 시기(성수기·비수기)에 따라 요금도 천차만별이다. 2성급에서 6성급까지 있는데, 보통 여행자들이 가장 많이 이용하는 등급은 5성급이다. 각 등급은 다시 일반Standard, 디럭스Deluxe, 프리미엄Premier 등 세 가지로 나뉜다.

## 바토타 누비안 게스트하우스 | Batota House

해변에서 도보로 1
분 거리에 있으며
아스완 기독교 성
당과 엘 만수르 모
스크와는 400미
터 정도밖에 떨어

져 있지 않다. 또한 페리 보트 인근에 위치하며 도심에서 800미터, 아스완 관광 안내소에서 2.2킬로미터
떨어져 있는 등 위치가 좋은 편이다. 객실에는 무료 세면도구가 비치된 전용 욕실이 있다. 와이파이도 무
료로 제공되며 일부 객실에는 테라스가 있다.

🌸 주소 جزيرة اسوان الجن ع القبلي, 81511 Aswan, Egypt  요금 2인 기준 23달러

## 메스라 카토 | Meshra Katto

해변에서 도보로 1분 거리에 있으며 적당한 가격에 걸맞게
청결해 위치로도 퀄리티로도 모두가 만족할 수 있다.

🌸 주소 جزيره اسوان الجن ع القبلي, 81111 Aswan, Egypt  요
금 2인 기준 30달러~

## 소피텔 레전드 올드 카타락트 | Sofitel Legend Old Cataract

엘레판티네 섬 건
너 나일강 유역의
누비아 사막에 위
치하며 객실이 우
아하고 과자류를
제공한다. 또한 야

외 및 실내 수영장이 있다. Oriental Kebabgy Restaurant의 테라스에서는 나일강의 탁 트인 전망을 감상
할 수 있으며 스파에서 사우나, 터키식 목욕탕 또는 온수 욕조를 이용할 수 있다. 배낭여행자에게는 다소
부담스러운 가격이므로 커플 여행용 호텔로 추천한다.

🌸 주소 Abtal El Tahrir Street, 99999, Aswan, Egypt  요금 2인 기준 180달러~

## 먹거리

### 1902 레스토랑 | 1902 Restaurant

고급스러운 프랑스 레스토랑이다. 직원이 친절하고 분위기
가 좋아 저녁식사 하기 안성맞춤이다. 트립어드바이저 1위에
걸맞은 곳이다.

✿ 주소 Abtal El Tahrir Street | Sofitel Legend Old Cataract,
Aswan, Egypt 전화 +20-97-2316-000

©트립어드바이저

### 더 테라스 | the terrace

시원한 강바람을 맞으며 나일강을 내려다보면서 식사할 수
있는 좋은 곳이다. 직원이 친절하고 생과일주스가 맛있으며
커피도 일품이다. 또 채식주의 식단이 있어 많은 관광객이 찾
는다.

✿ 주소 Sofitel Legend Old Cataract Aswan, Aswan, Egypt
전화 +20-97-231-6000

### 비티 피자 | biti pizza

현지인들이 자주 찾는 피자집이다. 로컬 피자라 가격이 저렴
하고 조리 환경이 썩 위생적이지는 않다. 간단하게 한 끼 먹
기에는 좋은 곳이다.

✿ 주소 Midan al;- Mahatta, Aswan, Egypt

# 04 다합 Dahab

세계 여행자들의 블랙홀이라고 불리는, 요즘 한국에서 유행하는 해외에서 한 달 살기의 대표 도시인 다합은 시나이 반도 남부에서 가장 인기 있는 휴양지 중 하나로 해안이 황금빛 모래로 덮여있어 아랍어로 금을 의미하는 '다합Dahab'이라는 이름이 붙었다. 원래는 유목민들이 어업으로 생계를 이어가던 지역이었으나 수질이 깨끗해 산호

ⓒ장원형

초가 아름답고 바람이 많이 불어 다이빙이나 윈드서핑 등의 수상 스포츠를 즐기기 적합해 오늘날에는 세계적인 관광지가 됐다. 그래서 여행자들에게 호의적이며 배낭여행자에게 좋은 호텔을 비롯해 한 달씩 집을 빌려주기도 한다. 또한 스쿠버다이빙 자격증 취득 비용이 전 세계에서 가장 싼 도시이자 프리다이빙의 성지인 블루홀Blue Hole이 있는 곳이기도 하다. 물을 좋아한다면 '꼭 한 번은 들러 살아야 하는 곳'이라고 할 수 있겠다. 현지인은 고작 15000명인데 한국인 여행자는 평균 150명 정도 머물 정도로 특별한 매력이 있는 도시다.

ⓒ최은지

## ⚆ 볼거리

### 스쿠버다이빙

다합에는 세계적으로 유명한 다이빙 포인트 블루홀이 있으며 홍해로 둘러싸여 있어 래빗피쉬, 검은점복
어, 거북이 등 다양한 생물이 살아 구경거리도 많다. 자격증 가격 또한 합리적이며 펀다이빙 가격도 저렴
해 스쿠버다이버들의 마음을 빼앗고 있다.

### 프리다이빙

프리다이빙의 성지이기도 한 블루홀 덕분에 다합에는 항상 프리다이버들이 모인다. 개인교습 강사나 학
원도 있으며 매년 프리다이버 대회가 열려 전 세계 프리다이버들의 고향 같은 곳이 됐다.

### 서핑 & 윈드서핑

바다가 있는 곳에는 언제나 서핑과 윈드서핑을 하
는 사람들이 있다. 다합은 세계에서 가장 좋은 윈
드서핑 사이트 중 하나로 리조트에서 윈드서핑 강
습을 하거나 장비를 대여해주기도 한다.

### 클라이밍 투어

다합에는 사막이 있어 클라이밍 투어도 할 수 있
다. 등산화 대여도 해주니 물놀이에 싫증이 나면
클라이밍 투어를 추천한다.

### 배드윈 카페

다합에서는 별도 볼 수 있다. 유목민 배드윈들이 모여 살던 동네인 만큼 산속에 배드윈 카페가 있다. 1인
왕복 택시비 40파운드, 배드윈 티 20파운드를 내면 산속에서 마음껏 캠핑을 즐기며 별을 볼 수 있다. 게
다가 개인 음식도 반입할 수 있어 너무나도 매력적인 장소다. 가는 법은 아주 간단하다. 택시 기사에게

"배드윈 카페"라고 말하면 알아서 데려다주고 기다리기까지 해준다.

## 쿼드 바이크

다합에서는 쿼드 바이크도 즐길 수 있다. "얄라얄
라(빨리빨리)"를 즐겨 말하는 이집트에서 속도를
내는 쿼드 바이크란 매력적인 스포츠다. 가격 또
한 두 시간에 200파운드, 즉 7,000원 정도로 합
리적이다.

## ⊞ 숙소

### 풀문 | Full Moon

위치가 좋으며 가격 대비 깨끗하다.

✿ 주소 20 El Mashtaba Street, 11234 Dahab, Egypt  요금
1인 기준 10달러~

## 제즈 다하바야 | Jaz Dahabeya

전망 좋은 발코니가 있으며 조식과 석식을 제공한다. 청결은 는 항상 완벽에 가깝게 유지한다.

✿ 주소 P.O.Box 83, Dahab, Egypt 요금 2인 기준 60달러~

# 집 렌트 꿀팁

다합에서는 방을 빌려 사는 경우가 많다. 해외에서 방 빌리기라니, 다들 겁부터 먹지만 생각보다 쉽게 빌릴 수 있다.

가격 시세에 따라 다르다. 2017년 기준 방 두 칸, 에어컨 두 개, 거실 및 부엌이 있는 풀옵션 집이 6,500파운드(한화 405,500원)이었다. 하지만 요즘은 관광객이 많아 집값이 많이 올랐다고 한다. 또한 에어컨의 유무나 위치에 따라서도 가격이 다르니 꼭 주변 여행자들에게 시세를 물어보자.

### 페이스북 페이지 이용하기

요즘은 페이스북 그룹에서도 거래가 이루어진다. 고퀄리티의 숙소는 이곳에 모두 모여있다고 해도 무리가 아니다. 특히 많은 부동산 브로커들이 상주해 있으며, 사진과 정보를 쉽게 보고 고를 수 있어 추천한다.

페이스북 그룹 Dahab Rent & Sell
https://www.facebook.com/groups/308158185886194/

### 브로커 찾아가기

부동산 브로커를 찾아가자. 수많은 브로커가 다합에 상주하고 있다. 이 브로커들은 집을 몇 군데 씩 알고 있으니 운이 좋으면 좋은 가격에 좋은 집을 빌릴 수 있다.

수단 아저씨
수단에서 와서 '수단 아저씨'라고 불리는 부동산 브로커다. 한국인들 사이에서 명성이 자자하며, 좋은 집을 많이 알고 있다. 느림의 미학을 중시하는 분이니 만나려면 기다림은 필수다. 전화하거나 현지인들에게 "where is mr.sudan?"이라고 물으면 어디 있는지 친절하게 알려줄 것이다. 참고로 2g 휴대폰을 사용하니 한국에서 연락할 수는 없다.
전화 010-9665-8827

### 길에서 물어보기

택시 기사나 상점 주인들에게 새로 나온 집이 있는지 물어보자. 작은 동네인만큼 친절하게 알려준다. 이렇게 집을 구하면 집주인과 직접 연결돼 브로커 수수료가 들지 않는다는 장점이 있다.

### 한국인에게 집 양도받기 or 한국인 룸메이트 구하기

이미 집을 빌려 살고 있는 한국인에게 양도를 받을 수 있다. 또한 이미 집을 빌려 살고 있던 한국인 여행자들이 룸메이트를 구하기도 한다. 보통 네이버 카페나 오픈 카카오톡방에서 정보를 주고받는다.

네이버 카페 지중해의 바람과 햇살(https://cafe.naver.com/card1004)

오픈 카카오톡 다이빙에 미치다, 심플 아프리카

요금 1일 50파운드

## 🍴 먹거리

### 박스밀 | BoxMeal

훌륭한 음식과 서비스를 제공한다. 일본, 중국식 도시락이라고 생각하면 편하다. 저렴한 가격으로 한 끼를 먹고 싶다면 추천한다. 우리가 생각하는 도시락과는 다르지만 꽤 동양 느낌이 난다.

✿ 주소 3 El Malel Street, Dahab, Egypt

### 시 하우스 레스토랑 | Sea House Restaurant

아름다운 전망에 서비스가 훌륭하며 맛있는 저녁식사를 할 수 있다. 가격도 매우 합리적이며 낮에는 선베드에서 점심을, 밤에는 야경과 함께 저녁식사를 할 수 있다. 직원의 일처리도 신속하고 효율적이고 또 친절하다. 홍해의 도시에 왔으면 해산물을 먹어봐야 하지 않겠는가!

✿ 주소 Dahab, South Sinai, Masbat Bay, Dahab 069, Egypt 전화 +20-122-299-7391

## 모조 카페 라운지 다합 | Mojo caffe lounge Dahab

다합에서 유일하게 와이파이가 되는 카페다. 음식의 종류는 많지 않지만 대신 음료 종류가 다양해 한국의 시골 카페에 온 듯한 기분이 든다.

✿ 주소 Light house | light house el-masbat ST, Dahab 46617, Egypt 전화 +20-112-618-3864

## 코르코르 레스토랑 | Karkor restaurant

양고기부터 소고기까지 다양한 고기와 음식을 맛볼 수 있다. 개인적으로 다합에서 가장 사랑하는 레스토랑이다. 또한 바로 앞에 있는 맥줏집에서 술을 사와서 마실 수도 있어 한국인들이 사랑하는 음식점이다.

✿ 주소 Light House Area, Dahab 12345, Egypt 전화 +20-100-205-0161

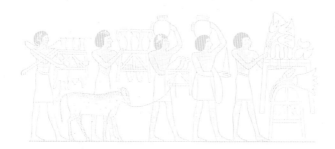

# 05 수중 레포츠 스페셜

홍해의 스쿠버다이빙

## 스쿠버다이빙 기본 정보

스쿠버다이빙이란 스쿠버 장비를 가지고 한계수심 약 30미터의 깊이까지 잠수해 즐기는 레포츠다. 교육만 잘 이수하면 남녀노소 누구나 즐길 수 있으며 다른 수상레저에 비해 비교적 쉽게 배울수 있다. 특히 물과 친한 사람들에게 스쿠버다이빙은 너무나도 쉬운 레포츠다. 간단한 교육을 받아 자격증을 딴 후 바닷속으로 잠수해 흥미롭고 신기한 여행을 즐길 수 있다. 여행자가 스쿠버다이빙 자격증을 갖고 있다는 것은 굉장한 이득이며 이는 여행을 더욱 풍요롭게 해줄 수 있는 장치다. 다합에서 스쿠버다이빙 자격증을 따야 하는 이유는 딱 하나, 가격이 저렴해서다. 레저스포츠인만큼 경험도 중요하니 가격이 저렴한 곳에서 자격증을 딴 후 경험치를 늘리면 삶이 훨씬 행복해질 것이다.

## 자격증 종류 및 협회

가장 유명한 자격증 협회로는 SDI와 PADI가 있다. 둘 다 큰 차이는 없으며, 오픈워터를 딴 후 자격증을 바꿀 수 있는 크로스오버도 가능하니 어느 쪽에서 따야 할지 고민하지 않아도 된다. 다이빙 자격증 코스는 일반인 기준으로 오픈워터와 어드밴스드가 있다.

오픈워터는 다이빙에 입문하는 사람이 처음 얻는 라이선스로 몇 시간의 이론 교육으로 치는 이론 시험을 비롯해 장비 세팅 방법, 입수 절차, 부력 등을 배운다. 바다에서는 4회 정도 교육을 받는다. 강사의 일정에 따라 다르지만 자격증을 따기까지 보통 4~5일 정도 걸리며 개방수역제한수심(18미터)까지만 입수할 수 있다.

어드밴스드는 오픈워터 자격증을 딴 후 얻을 수 있는 라이선스다. 보통 스쿠버 다이빙 자격증을 딴다고 하면 어드밴스드까지를 말한다. 이 자격증을 따면 심해 다이빙(수심 30미터 이상)과 수중 항법, 자연지형물과 수중 나침반을 이용해 수중 길찾기, 야간 다이빙, 보트 다이빙, 동굴 다이빙, 난파선 다이빙 등을 할 수 있다. 어드밴스드는 2일 정도면 딸 수 있다. 이렇게 일주일에서 열흘 정도 교육을 받으면 쓸모 있는 자격증을 모두 딸 수 있다.

## 자주 묻는 질문

**Q 왜 다합에서 해야 하나요?**

**A** 앞에서도 말했듯이 가격이 저렴하다. 이것으로 모든 설명이 가능하다. 전 세계에서 가장 싼 자격증과 펀다이빙 가격, 그리고 한국인 강사도 상주하고 있어 다합을 추천한다. 또한 도시 전체가 바다로 둘러싸여 있기 때문에 다합에서는 스쿠버다이빙이 일상이다.

**Q 수영을 못해도 할 수 있나요?**

**A** 수영과는 별개의 개념이므로 수영 실력과 상관없이 교육받을 수 있으며 공기통이라는 든든한 보조장치 덕분에 물을 무서워하는 사람 또한 다이빙을 먼저 배우면 자연스럽게 수영도 배울 수 있다. 물론 원래 수영을 할 줄 안다면 조금 더 쉽게 배울 수 있지만 수영과 크게 상관이 있는 것은 아니다.

**Q 꼭 한국인 강사에게 배워야 하나요?**

**A** 상관없다. 위험한 레포츠라는 생각에 보통 한국인 강사를 선호하지만 어차피 물 안에서는 수신호로 대화하기 때문에 외국인 강사도 큰 차이가 없다.

# 다이빙 샵 이용하기

### 옥토퍼스 월드 다합Octopus World Dahab

다합에서 옥토퍼스 사장님 '이메드'를 모르면 간첩이다. 굉장한 다이빙 실력의 소유자라고 소문이 자자한 사람이다. 또 이곳은 한국

인 강사를 영입해 한국인의 편의를 신경쓰는 다이빙 샵으로 유명하다. 라이트하우스 바로 앞에 있어 접근성도 좋고 친절한 사장님과 조나단, 쥴리아 한인 강사님이 가족 같은 분위기를 내 의사소통에 불편함이 없다. 많은 다이버가 참새가 방앗간에 들르듯 이곳에 매일 출근 도장을 찍는다. 한인 강사님의 귀여운 두 쌍둥이 공주님이 하는 문어 손모양은 옥토퍼스의 마스코트!

주소 Lighthouse Area, Dahab 46617, Egypt

홈페이지 http://www.octopusworlddahab.com

### 오르카 다이브 다합Orca dive dahab

한국인을 사랑하는 오르카, 한국인이 사랑하는 오르카.

초반에 한국인을 타깃으로 공격적인 마케팅을 해 다합에 자리 잡았다. 강사 수도 많고 DM(다이빙마스터)도 많다. 그러다보니 펀다이빙에 강하며 매일매일 다양한 스팟으로 펀다이빙을 가기 때문에 항상 사람으로 북적거린다. 라이트하우스 앞에 있지만 살짝 안으로 들어가야 한다는 불편함이 있다. 그럼에도 불구하고 사람이 많이 모이는 데는 이유가 있지 않을까?

주소 Masbat Beach | Dahab South Sinai Egypt, Dahab 46617, Egypt

홈페이지 http://orcadivedahab.com

### 따조 아시안 테이블Ddajo asian table

한국인 사장님이 있는 따조. 사장님이 직접 요리도 하고 스쿠버다이빙 수업도 한다. 기숙사와 레스토랑이 있어 단기적으로 자격증을 따려는 관광객에게는 최고다. 메인거리에 있어 바다와 좀 멀다는 단점이 있지만, 물질이 끝난 후 먹는 사장님의 우육탕면 한 그릇이 있으니 그 정도는 감수할 만하다.

주소 anar street, Dahab, Egypt
홈페이지 https://www.facebook.com/ddajodahab


### 에이치투오 다이버 다합H2O divers dahab

꼭 한국인이 있는 샵을 찾아갈 필요는 없다. 이곳은 외국인들 사이에서 강사가 친절한 것으로 유명하다. 다이빙을 진심으로 즐길 수 있도록 옆에서 도와주는 이곳이야말로 진정한 다이버들의 휴식처다.

## 프리다이빙 기본 정보

전지현이 나오는 <푸른 바다의 전설>이라는 드라마를 봤다면 프리다이빙은 꽤 익숙한 스포츠일 것이다. 이 드라마에서 인어 대역으로 나오는 여성이 하는 것이 프리다이빙이기 때문이다. 프리다이빙이란 스쿠버다이빙과 달리 별다른 장비 없이 가벼운 맨몸으로 들어가 숨을 참고 잠수를 하는 자신과의 싸움이다. 스쿠버다이빙이 레포츠라면 프리다이빙은 스포츠다.

## 자격증 종류 및 협회

가장 유명한 자격증 협회로는 AIDA와 SSI, PADI 등이 있다. AIDA는 환경 보호를 위해 만들어진 비영리단체. 그래서 자격증을 따도 실물 자격증이 아닌 전자 자격증만 발급해 자격증을 따면 바로 확인할 수 있다. 다른 협회들은 자격증을 따면 플라스틱으로 된 기본 자격증을 주고, 강습이 끝나고 20일 정도 지나면 우편으로 실물 자격증을 보내준다.

단체들의 자격증 종류와 단계는 비슷하며, 스쿠버 다이빙과 마찬가지로 한 단계의 자격증을 딴 후 다음 자격증을 딸 때는 크로스오버가 가능하다.

| SSI | | PADI | | AIDA | |
|---|---|---|---|---|---|
| Basic (Pool) | ☐ | 1 Star | ☐ | Basic Freediver | ☐ |
| CWT 5m | ☐ | CWT 10m | ☐ | CWT 6m | ☐ |
| DYN 30m | ☐ | DYN 25m | ☐ | | |
| | | STA 1:15 | | | |
| Level 1 | ☐ | 2 Star | ☐ | Freediver | ☐ |
| CWT 10~20m | ☐ | CWT 16~20m | ☐ | CWT 10~16m | ☐ |
| DYN 30m | ☐ | DYN 40m | ☐ | DYN 25m | ☐ |
| | | STA 2:00 | | STA 1:30 | |
| Level 2 | ☐ | 3 Star | ☐ | Advanced Freediver | ☐ |
| CWT 20~30m | ☐ | CWT 24~30m | ☐ | CWT 16~24m | ☐ |
| DYN 50m | ☐ | DYN 55m | ☐ | DYN 50m | ☐ |
| STA 2:30 | | STA 2:45 | | STA 2:30 | |
| Level 3 | ☐ | 4 Star | ☐ | Master Freediver | ☐ |
| CWT 30~40m | ☐ | CWT 32~38m | ☐ | CWT 24~40m | ☐ |
| DYN 75m | ☐ | DYN 70m | ☐ | DYN 70m | ☐ |
| STA 3:30 | | STA 3:30 | | STA 3:30 | |

## CWT

'Constant Weight With Fins'의 줄임말로 프리다이빙 경기 중 가장 대표적인 종목이다. 핀을 신고 가이드 로프를 따라 얼마나 깊이 잠수하는지를 측정한다. 즉 CWT 10미터는 가이드 로프를 따라 수심 10미터까지 내려갔다 왔다는 의미다.

## DYN

'Dynamic Apnea With Fins'의 줄임말로 수직이 아닌 수평으로 잠수한 거리를 재는 종목이다. DYN은 핀을 차고 잠수하고, DNF는 핀을 착용하지 않고 잠수하는 것이다.

## STA

'Static Apnea'의 줄임말로 쉽게 말해서 '숨참기'다. 수면에서 엎드린 상태로 숨을 참는 시간을 측정하는 것으로, 그날의 컨디션과 얼마나 마인드 컨트롤을 잘 하느냐에 따라 결과가 많이 달라진다.


# 자주 묻는 질문


### Q 왜 다합에서 해야 하나요?

A 앞에서도 말했듯이 다합은 다이버의 성지다. 정확하게 말하면 프리다이빙의 성지인 블루홀이 있어서다. 블루홀은 바다에 생긴 동공洞空(싱크홀)으로 지형이 급격하게 깊어져 주변보다 짙은 푸른색을 띠곤 한다. 다합 블루홀의 깊이는 130미터에 이르며, 70미터에는 '아치'라고 부르는 터널까지 있다. 블루홀, 이것 하나만으로도 다합에서 프리다이빙을 할 이유는 충분하다.


### Q 수영을 못해도 할 수 있나요?

A 프리다이빙 자격증을 따려면 꼭 잠수 시험을 봐야 한다. 하지만 걱정할 필요는 없다. 단기 속성으로 배우면 식은 죽 먹기다.


### Q 꼭 한국인 강사에게 배워야 하나요?

A 영어를 잘하고 이미 배워본 적이 있다면 누구에게 배워도 상관없다. 하지만 프리다이빙은 사전교육과 커뮤니케이션이 중요한 스포츠다. 그러니 아무것도 모르는 상태라면 첫걸음은 한국인 강사와 함께 하기를 추천한다. 다합에는 회사에 소속된 강사부터 프리랜서까지 다양한 프리다이빙 강사가 상주하고 있다. 그러니 걱정 말고 우선 가자.

# 다이빙 샵 이용하기

### 바라던 바다

SSI 교육을 기본으로 하며, 한국 기록 소유자의 한국인 강사님들
이 상주해 있어 체계적인 교육을 해준다. 전 세계 4명밖에 없는
SSI 프라디빙 트레이닝 디렉터 중, 한국 유일 트레이닝 디렉터
강현진 트레이너님이 이곳을 이끄니, 실력 좋은 강사님이 계시는

건 당연한 이야기. 이곳의 매력은 다합 뿐만 아니라 전 세계 어디에나 이곳 출신 교육생들이
있어, 각 나라에서 번개를 하기도 한다는 점이다. 또한 기초부터 강사까지 3개월-6개월 코스
로 배울 수 있는 "제로투히어로" 가 바라던 바다의 시그너쳐 프로그램이다. 내가 진짜 "바라던
바다" 를 이룰 수 있는 곳.

인스타그램 bdbdfreedive

### 프라디어버스 다합 Freedive Dahab

아이다 자격증 교육을 하는 프리다이빙 샵이다. 깨끗한 시설로 유명
해 많이 찾는다. 모든 교육 슈트는 이탈리아 명품 엘리오스 슈트로 3
밀리미터, 5밀리미터짜리가 모두 준비돼 있다. 쾌적한 환경에서 교
육을 받을 수 있다는 말이다. 또한 유명 다이버들과의 세미나가 자
주 열려 많은 이의 가슴을 뛰게 한다.

위치 El Fanar street, Dahab, Egypt  홈페이지 https://freedivedahab.com

### 다합 프리 다이브 아지트 FREEDIVE AZIT

한국인 강사들이 차린 곳이다. 한국에서 유명한 프리다이빙 강사는 이곳에 다 모여 있다. 프리
다이빙 특성상 안전에 주의해야 하므로 영어를 못한다면 한국인 강사가 있는 샵을 추천한다.
아지트라는 이름답게 많은 한국인 프리다이버가 모여 서로의 스킬을 공유하고 함께 트레이닝
한다. 또한 가격이 저렴하고 숙소까지 갖춰져 있어 가난한 여행자에게는 최고의 공간이다.

홈페이지 http://orcadivedahab.com

### 블루 오션 프리다이버 Blue Ocean Freedivers

개인 수장장까지 가지고 있는 다이빙 샵이다. 교육
을 위한 모든 장비가 완비돼 있다. 세심하게 신경 써
주는 것으로 유명하다.

위치 Assalah, Dahab, South Sinai Governorate, Egypt
홈페이지 http://blueoceanfreedivers.com

# 나의 사랑, 나의 친구

다합을 돌아다니다 보면 신발도 신지 않은 아이들이 실로 만든 5파운드(한화 325원)짜리 팔찌를 파는 모습이 심심치 않게 보인다.

이 아이들은 팔찌를 파는 데는 관심이 없고 내 카메라에 관심을 보이거나 영어 실력을 뽐내기 바쁘다. 골목에서 마주칠 때마다 아이들과 인사를 하다 보니 어느새 친해졌다. 저녁 일곱 시쯤 골목길에 가면 사라라는 아이가 "나다!"라며 말을 건다. 나다는 나의 이집트 이름이다. 그럼 길에 앉아서 아이들과 '쎄쎄쎄'도 하고 사진도 찍으면서 시간을 보내곤 한다. 처음엔 워낙 관광지 아이들에게 당한 것이 있어서 경계를 많이 했는데, 이 아이들은 그냥 처음 본 동양 언니가 신기한 것 같다. 저 언니는 어디서 왔길래 맨날 콜라를 마시고 옷을 홀랑 벗고 다니지(이 친구들 기준) 싶은 듯하다. 아, 물론 지나가는 한국 사람들도 신기해한다. "쟨 뭐길래 이집트 아이들에게 둘러싸여 있지?" 하며 날 보고 웃는다. 그렇게 놀다 저녁이 되면 사라는 내 손을 잡고 자기 집으로 간다.

집이라고 하기도 민망한 판자촌으로 가면 엄마들이 모여서 수다를 떨고 있다. 아이들이 이미 내 소문을 다 내놔서 엄마들도 배드윈 차를 한 잔 내놓으며 반겨준다. 고마운 사람들! 그나마 영어가 통하는 언니가 있는데, 어디서 영어를 배웠냐고 물어보니 어릴 때부터 관광지에서 팔찌 팔면서 배웠다며 수줍게 웃는다. 내가 다합을 떠나기 전에 이 언니의 히잡 벗은 모습을 볼 수 있을까?

이집트의 엄마들은 남편의 소유물이기 때문에 골목 이상으로는 나가지 못한다고 한다. 수다를 떨 때도 남편의 감시하에 모여서 앉아있는데, 남편은 내가 굉장히 못마땅한 것 같다. 저 문란하게 반바지 입는 동양 여자애가 아내 허파에 바람 넣는 것은 아닌지 걱정되는 듯하다. 그렇게 앉아서 못 알아듣는 언어로 한참 수다를 떨다 나중에 우리 집에 놀러 오라는 형식적인 말을 한다. 꼭 가겠다고 했는데, 내가 옆집으로 이사 가지 않는 이상 이 약속은 지켜지지 못할 것이다.

나는 아이들이 그냥 이 골목에만 있는 것이 아니라 더 넓은 세상을 볼 수 있으면 좋겠다. 모든 여행자는 길 위에서 만난다고 한다. 하지만 이 아이들은 이 골목에서만 만날 수 있으니 나에게는 더욱더 소중한 친구들이다.

3-1/0033

# REPUBLIC OF NAMIBIA
## MINISTRY OF HOME AFFAIRS
### DEPARTMENT OF CIVIC AFFAIRS
### IMMIGRATION CONTROL ACT, 1993
## APPLICATION FOR VISA
(Sections 12 and 13 / Regulation 11)

**FOR OFFICIAL USE ONLY**
**Approved / Not Approved**
**Single / Multiple Entry**

File No: _____

Date of Issue: _____

Date of Expiry: _____

1. Surname: 1. 여권 성 _____
2. First Names: 2. 여권 이름 _____
3. Maiden name (if applicant is or was a married woman): _____
   3. 중간 이름 (*여권에 기재된 경우만) _____

Remarks: _____

ITEMS 4 TO 10 TO BE COMPLETED BY INSERTING AN "X" IN THE APPROPRIATE BOX

4. Sex: 4. 성별 | Male | | Female |
5. Marital 5. 혼인 상태
   Status | Never Married | | Married | | Divorced | | Widow/Widower |
6. Have you at any time applied for a permit to settle permanently in Namibia? 6. 나미비아에 영주권 신청을 한 적이 있습니까?
7. Have you ever been restricted or refused entry to Namibia? 7. 나미비아 입국이 제한되거나 거절된 적이 있습니까? _____
8. Have you ever been deported or ordered to leave Namibia? 8. 나미비아에서 추방된 적이 있습니까? | Yes | | No |
   Date: _____
9. Have you ever been convicted of any crime in any country? 9. 국내외 모든 나라에서 과거 유죄 판결을 받은 적이 있습니까? | Yes | | No |
10. Are you suffering from tuberculosis, or any other contagious lung disease; trachoma, or any other chronic eye infection,
    10. 결핵 또는 다른 전염성 질환이 있습니까?(트라코마 또는 다른 만성적인 안구 감염증, 골반염, 요법, 옴 또는 기타 전염성 박테리아 및 기타 피부 질환, 매독 또는 다른 성병, 나병 또는 후천성 면역 결핍증 증후군 바이러스[AIDS 바이러스], 또는 정신병)
11. If the reply to any one of the questions 6 to 19 is in the affirmative, 11. 6~19번까지 '예'라고 대답한 경우, 추가 서류를 첨부하세요.
12. Birth: (a) Date: 12(a). 생년월일 _____ (b) Place: 12(b). 출생도시 _____ Country: 12(c). 출생국
13. Citizenship: 13. 최초 국적 _____ (if acquired by naturalization, state original citizenship)
14. Passport: (a) Number 14(a). 여권번호 _____ (b) Place of issue: 14(b). 발행국
    (c) Date of issue 14(c). 발급일 _____ (d) Date of expiry: 14(d). 기간만료일
    (e) Is passport valid for travel to Namibia? 14(e). 나미비아 여행에 유효한 여권입니까?
15. (a) Present residential address: 15(a). 현 거주지 주소 _____
    (b) Telephone number: (Code: 15(b). 연락처 _____ ) No: _____
16. Address and period of residence in country of which you are a permanent resident:
    (a) Residential address: 16(a). 거주지 주소 _____
    (b) Telephone number: (Code: 16(b). 연락처 _____ ) No: _____
    (c) Period: 16(c). 거주기간 _____
17. Occupation or profession: 17. 직업 _____
18. Firm, company, university, etc., to which you are attached or which you represent: _____
    (a) Name and address of employer: 18(a). 직장명, 직장 주소 _____
    (b) Telephone number: (Code: 18(b). 직장 연락처 _____ ) No: _____
    (c) Nature of business: 18(c). 직업 종류(교사, 디자이너, 농부 등) _____
    (d) If a student, name of university to which you are attached and the course pursued: _____
       18(d). 학생일 경우 대학명, 학과
19. If accompanied by your wife and children, state 19. 배우자 및 자녀가 동반하는 경우 기재

| FIRST NAMES 이름 | DATE OF BIRTH 생년월일 | PLACE OF BIRTH 출생지 |
|---|---|---|
| (a) _____ | (a) _____ | (a) _____ |
| (b) _____ | (b) _____ | (b) _____ |
| (c) _____ | (c) _____ | (c) _____ |

20. (a) What amount of money 20(a). 나미비아에서 지출 예정인 금액(나미비아 달러로 기재)
    (b) Will you be in possessic 20(b). 나미비아에서 출국하는 티켓이 있습니까?

(N.B. Separate applications have to be completed in respect of your spouse or children over the age of 16 years and children travelling with their own passports.)

**350**

## NOTE: COMPLETE ONLY PART A OR B
A 또는 B 하나만 작성하세요.

## (A) HOLIDAY / BUSINESS / WORK / TRANSIT VISA
(A) 관광 / 사업 / 출장 / 경유 비자

1. Intended date and port of arrival in Namibia: <u>1. 나미비아 도착 날짜 및 도착 장소</u>
2. (a) What is the purpose of your visit? <u>2(a). 방문 목적이 무엇입니까?</u>
    (b) If it is for business, explain in detail the nature of business: _____
    <u>2(b). 사업을 위한 것이라면 사업의 업종을 구체적으로 작성하세요.</u>
    (c) Duration of intended visit (number of days, weeks or months): <u>2(c). 예상 방문 기간( 일수, 주수 또는 개월수)</u>
3. Places to be visited in Namibia (full address, including telephone number must be provided): _____
    <u>3. 나미비아에서 방문하고자 하는 장소(주소 및 연락처)</u>
    _____
    _____

4. If the purpose of your visit is for medical treatment, <u>4. 방문 목적이 치료를 위한 것이라면 아래 칸을 작성하세요.</u>
    (a) Name of doctor, hospital or clinic you will visit: <u>4(a). 방문 예정인 병원 및 의사 이름</u>
    (b) Who will pay your medical expenses and hospital fees: <u>4(b). 귀하의 의료비는 누가 부담합니까?</u>
    (c) If you are liable for the expenses and <u>4(c). 의료비에 대한 책임이 본인에게 있다면 이용 가능한 자금 상태를 쓰세요.</u> _____
5. Proposed residential address in Namibia: _____
    <u>5. 나미비아에서 거주할 거주지 주소</u> Telephone number: _____
6. Name and addresses of relatives in Namibia: <u>6. 나미비아 내의 친인척 인적사항</u>

| NAME<br>이름 | ADDRESS AND TELEPHONE NUMBER<br>주소 및 연락처 | RELATIONSHIP<br>관계 |
|---|---|---|
| (a) _____ | _____ | _____ |
| (b) _____ | _____ | _____ |

7. Date of last visit, if any to Namibia: <u>7. 나미비아를 마지막으로 방문한 날짜</u>
8. Do you contribute professionally or otherwise to publications, radio, television or films? If so, please give details: _____
    <u>8. 출판, 라디오, TV 또는 영화 등 미디어와 관련된 일을 하고 있습니까? 그렇다면 자세하게 기재하세요.</u>
9. (a) Destination after leaving Namibia: <u>9(a). 나미비아 이후의 목적지</u>
    (b) Mode of travel to destination: <u>9(b). 목적지까지의 이동 방법</u>
    (c) Intended date and port of departure: <u>9(c). 출발 날짜 및 출발지</u>
    (d) Is you entry to that destination assured, e.g. do you hold visa or permit for permanent or temporary residence? (Proof to be submitted)
    <u>9(d). 다음 목적지에 방문 가능한 비자 또는 유효한 여권이 있습니까?</u> _____
10. Reasons for travelling through Namibia: <u>10. 나미비아 방문 이유</u> _____
    _____

## (B) RETURN VISA

**IMPORTANT**

An applicant has to:
(i) produce his or her passport or travel document; and
(ii) submit proof of his or her right of residence in Namibia if not endorsed in his or her passport.
1. (a) Kind of Permit and number: _____
    (b) Date of departure: _____
    (c) Expected date of return: _____
2. Particulars of residence in Namibia:

| DATE OF FIRST ENTRY | PORT OF ENTRY | PERIODS OF RESIDENCE IN NAMIBIA | |
|---|---|---|---|
| | | From | To |
| _____ | _____ | _____ | _____ |
| _____ | _____ | _____ | _____ |
| _____ | _____ | _____ | _____ |

3. Countries to which you will be travelling:
    (a) _____ (b) _____ (c) _____ (d) _____
4. Purpose of journey (explain fully): _____

I solemnly declare that the above particulars given by me are true in substance and in fact and that I fully understand the meaning thereof.

Date: <u>날짜</u> _____ Signature: <u>서명</u> _____

**(N.B. Only the signature of the applicant will be accepted)**

**IMPORTANT**

To be completed in block letters
The permission of the Ministry of Home Affairs
& Immigration must be obtained before:
A) The purpose and period of residence may be changed; or
B) Employment is accepted; or
C) Employment/employer may be changed; or
D) Study offer is accepted; or
E) Learning institution is changed.

**Immigration Control Act 7 of 1993**
**Arrival Form**
(Section 8 & 29 Regulation 2)

**Departure From Namibia Regulation Act 1993**
(Act 34 of 1993)

**Departure Form**
(Section 9A/Regulation 3)

## ARRIVAL / DEPARTURE FORM

**ARRIVING AND DEPARTING PASSENGERS, PLEASE ANSWER QUESTIONS 1-19. DO NOT FORGET SIGNATURE AND DATE**

1. Surname (Family name):   1. 여권 성          2. First Name (s):   2. 여권 이름
3. Maiden Name    3. 중간 이름 (*여권에 기재된 경우만)
4. Sex (tick): Male      Female  4. 성별          5. Date of Birth: Day   5. 생년월일      Monar
6. Country of Birth (State country):   6. 출생국가    7. Country of present residence:  7. 현재 거주국
8. Nationality of passport:   8. 여권 내 국적    9. Passport Number:   9. 여권번호
10. Passport Expiry Date: Day   10. 여권 만기일   Year
11. Number of accompanying children under the age of 16:  Male  11. 동반 자녀 수(해당 시)
12. Mode of Travel (Please tick one box):  12. 여행수단(하나만 체크)

| Air | Flight No | | 13. Occupation:  13. 직업 |
| Road | Reg No | Sea | Name of Vessel |
| Rail | Other | Specify: | |

14. Physical Address in Namibia:   14. 나미비아 내 숙소 주소

15. Purpose of Entry (Tick one box):  15. 입국 목적(하나만 체크)

| Namibian Citizen | PRP Holder | Visiting Friends/Relatives | Holiday/Tourist/Recreation |
| In Transit/Stopover | Diplomat | Business/Conference/Professional | ORP, EP & SP Holders |

Other (Please specify):
16. Length and intended stay in Namibia: Days/Weeks/Months   16. 나미비아 예상 체류 기간
17. Visitors to Namibia, kindly state the amount of money you intend to spend during your visit
(excluding fare to and from Namibia):   17. 운임비를 제외한, 나미비아에서 지출 예정인 금액
18. Contact Person   18. 접촉할 사람(해당 시)      19. Contact Number   19. 접촉할 사람 연락처(해당 시)

I declare that the above information is correct to the best of my knowledge.

Signature:  서명          Date:  날짜

Official use only (Date Stamp)          Signature of Immigration Officer

**VISA NUMBER:**          Number of days granted:
**VISA TYPE:**
**OFFICE OF ISSUE:**

| N | PRP | T, ST | T/S | B, C, P | D | O | SERIAL NO:  A |

352